中等职业学校示范特色专业及实训基地建设成果教材



# 桥涵工程施工

伍哲成　主编

天津大学出版社
TIANJIN UNIVERSITY PRESS

**图书在版编目(CIP)数据**

桥涵工程施工 / 伍哲成主编. — 天津 : 天津大学出版社, 2020.7

中等职业学校示范特色专业及实训基地建设成果教材

ISBN 978-7-5618-6707-5

Ⅰ. ①桥… Ⅱ. ①伍… Ⅲ. ①桥涵工程－工程施工－职业高中－教材 Ⅳ. ①U445.4

中国版本图书馆 CIP 数据核字(2020)第 120548 号

出版发行　天津大学出版社
地　　址　天津市卫津路 92 号天津大学内(邮编:300072)
电　　话　发行部:022-27403647
网　　址　www.tjupress.com.cn
印　　刷　廊坊市海涛印刷有限公司
经　　销　全国各地新华书店
开　　本　185mm×260mm
印　　张　15.5
字　　数　387 千
版　　次　2020 年 7 月第 1 版
印　　次　2020 年 7 月第 1 次
定　　价　39.00 元

# 前　言

本书以广西中等职业学校示范特色专业及实训基地建设为契机，按照广西城市建设学校市政工程施工专业的人才培养方案和“桥涵工程施工”课程标准的要求，结合“广西城市建设学校道桥管实训中心”的项目建设和市政行业、企业对施工人员应具备的知识、能力和素质的要求，经过调查研究、集思广益、科学选取、精心组织，最终编制而成。

教材编写始终贯彻“精理论、重实践”的原则，以“教师工作页”和“学生工作页”一一对应的方式将全书内容整合为7个学习情境及工作任务。为充分体现“教、学、做”一体化的教学模式，“教师工作页”按照“任务描述、相关知识、任务实施、课后练习”进行编排；“学生工作页”按照“目的和要求、项目准备、项目计划与决策、项目实施、考核评价”进行编排。

本书充分考虑了中等职业学校学生的实际情况和学习特点，力求做到：简明扼要、深入浅出、图文并茂、重点突出；注重理论联系实际，强化实践操作技能，通过完成相关任务，掌握所需职业技能。

本书以国家职业标准为依据，涵盖了有关桥涵工程施工的相关知识，以便学生考取职业技能岗位证书时使用。为适应市政行业的发展趋势，适当加入新技术、新工艺、新材料和新设备等相关内容，以使全书教学内容更加丰富、架构更加合理。

本书是广西中等职业学校示范特色专业及实训基地建设成果教材之一，内容包括：绪论、桥梁基础施工、桥梁墩台施工、桥梁上部结构施工、桥面系及附属工程施工、预应力混凝土施工、涵洞施工。

本书由伍哲成担任主编，在编写过程中得到了广西城市建设学校有关领导、同人的大力支持和帮助，在此向他们表示衷心的感谢！

由于编者的水平有限，书中难免有疏漏、不妥之处，恳请广大读者批评指正。

编　者

2020年7月

# 目　　录

## 教师工作页

## 学生工作页

# 教师工作页

# 学习情境一　绪论

## 一、能力目标

(1)能说出桥梁的建设与发展概况。

(2)能叙述桥梁的组成与分类。

(3)能简述梁桥、拱桥、刚架桥的受力特点。

(4)能叙述桥梁施工准备的分类、内容和要求。

## 二、知识目标

(1)了解桥梁的发展史。

(2)熟悉桥梁的组成、分类及常用尺寸参数。

(3)掌握桥梁的常用术语名称。

(4)熟悉桥梁施工准备的内容和要求。

## 三、内容结构图

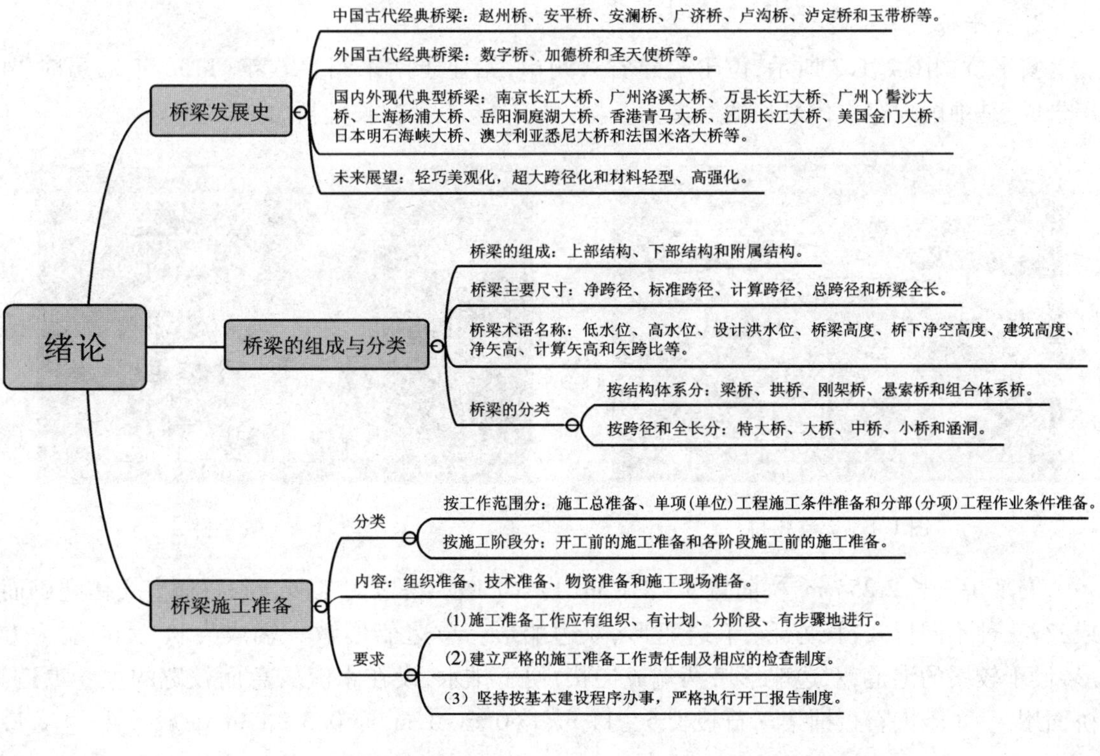

# 任务一 桥梁发展史

## 一、任务描述

通过对相关知识的阅读，能叙述古今中外经典桥梁的结构形式及特点。

建议课时数:2。

## 二、相关知识

桥梁是跨越河流、山谷等障碍的结构物。自古至今，桥梁建设与人类文明的发展息息相关，随着科技的发展和新型材料的应用，桥梁的建造也在不断地创新和飞跃。

### (一)中国古代经典桥梁

四大发明是我国对人类文明的重大贡献，而在古代桥梁方面，我国的祖先也有许多创造性成就为世界所公认。

1. 赵州桥

赵州桥又称安济桥，如图 1.1.1 所示，位于河北省赵县，为我国隋朝的杰出工匠李春于公元594—606 年设计所建，该桥长 50.82 m，主孔跨径 37.02 m，高 7.23 m，拱肩两侧各砌有两个小拱(称为腹拱)形成空腹的拱桥，不但减轻了自重，而且有利于排洪。这种中国首创的“敞肩圆弧拱”直到 14 世纪才在欧洲出现。

2. 安平桥

安平桥如图 1.1.2 所示，位于福建省泉州市，始建于南宋绍兴八年(1138 年)，历时 14 年告成，是中国现存古代最长的海港大石桥，享有“天下无桥长此桥”之美誉。

图 1.1.1 赵州桥

图 1.1.2 安平桥

安平桥全长 2 255 m，桥面宽 3 ~ 3.8 m，共 361 墩。桥墩用花岗岩条石横直交错叠砌而成，有三种不同形式：长方形、单边船形、双边船形。单边船形墩一端成尖状，另一端为方形，设于较缓的港道；双边船形墩两端成尖状，便于排水，设在水流较急而较宽的主要港道。桥面用 4 ~ 8 条大石板铺架。石板长 5 ~ 11 m，宽 0.6 ~ 1 m，厚 0.5 ~ 1 m，一般重 4 ~ 5 t，最大者重 25 t。

3. 安澜桥

安澜桥如图 1.1.3 所示，位于四川省都江堰市，全长约 500 m，横跨在岷江的内江和外

图 1.1.3　安澜桥

江的鱼嘴处，是一座名播中外的古索桥。此桥始建于宋代以前，明末毁于战火。后来在鱼嘴处建立外江水闸，把桥下移 100 多米，将竹索改为钢索，乘托缆索的木桩桥墩改为钢筋混凝土桩，桥身也缩为 240 m。此桥远看如飞虹挂空，又如渔人晒网，形式十分别致。

4. 广济桥

广济桥俗称湘子桥，如图 1.1.4 所示，位于广东省潮州市，曾被著名桥梁专家茅以升誉为“世界上最早的启闭式桥梁”。该桥始建于南宋乾道七年(1171 年)，明嘉靖九年(1530 年)形成“十八梭船廿四洲”的格局。中华人民共和国成立前广济桥已是残破不堪，1958 年对全桥进行加固维修，并拆除了十八梭船，改建为三孔钢架及两处高桩承台式桥梁。2003 年 10 月，广济桥开始进行全面维修，总体以明代风格为修复依据，功能定位为旅游观光步行桥，2007 年竣工。

图 1.1.4　广济桥

5. 卢沟桥

卢沟桥亦称芦沟桥，如图 1.1.5 所示，位于北京市丰台区永定河上。卢沟桥为十一孔联拱桥，拱洞由两岸向桥中心逐渐增大，拱券跨径从 12.35 m 至 13.42 m 不等，桥身中央微微突起 93.5 cm，坡势平缓。河面桥长 213.15 m，加上两端的引桥，总长 266.5 m。桥身总宽 9.3 m。桥面宽 7.5 m。桥两侧雁翅桥面呈喇叭口状，入口处宽 32 m。桥面两侧设置石栏，

南侧有望柱 140 根，北侧有 141 根。望柱间距 1.8～2 m，柱高 1.4 m。柱间各嵌石栏板，栏高约 0.85 m。

6. 泸定桥

泸定桥又称铁索桥，如图 1.1.6 所示，位于四川省西部的大渡河上，是一座由清朝康熙皇帝御批建造的悬索桥。1935 年，中国工农红军在长征途中“飞夺泸定桥”，使之成为中国共产党重要的历史纪念地。1961 年，泸定桥被中华人民共和国国务院公布为第一批全国重点文物保护单位之一。泸定桥长 103 m，宽 3 m，13 根铁链固定在两岸桥台落井里，9 根作底链，4 根分两侧作扶手，共有 12 164 个铁环相扣，全桥铁件重 40 余吨。

图 1.1.5 卢沟桥

图 1.1.6 泸定桥

7. 玉带桥

玉带桥如图 1.1.7 所示，位于北京市颐和园昆明湖长堤上，建于清乾隆年间（1736—1795 年）。该桥单孔净跨 11.38 m，矢高约 7.5 m，全部用玉石琢成，桥面是双反向曲线，组成波形线桥型，配有精制白石栏板，显得格外富丽堂皇。

**（二）外国古代经典桥梁**

1. 数学桥

数学桥又名牛顿桥，如图 1.1.8 所示，位于英国伦敦大学的剑河上，建于 1749 年。这座桥是由詹姆斯·小埃塞克斯根据埃斯里奇的设计建造的。它展示出现代钢梁桥的雏形，其桥身相邻桁架之间均构成 11.25°的夹角。在 18 世纪，这种设计被称为几何结构，所以此桥得名“数学桥”。

图 1.1.7 玉带桥

图 1.1.8 数学桥

2. 加德桥

加德桥如图 1.1.9 所示，位于法国境内的尼姆附近，该桥共有 3 层，高 49 m、长 269 m，于公元前 19—20 年为了使长约 50 km 的高架渠横跨加德河所建。据史料介绍，建筑加德桥全部使用当地的石灰岩，最大块石厚 50 cm 长 2 m 多，重约 6 t。加德桥是罗马建筑师和水利工程师创造的技术上和艺术上的一件杰作，1985 年联合国教科文组织将加德桥作为文化遗产列入《世界遗产名录》。

3. 圣天使桥

圣天使桥又名哈德良桥，如图 1.1.10 所示，是一座古罗马桥梁，跨台伯河，是贝尼尼的作品。罗伯托 · 贝尼尼是意大利著名的雕刻家兼建筑师，巴洛克风格的代表人物，是 17 世纪最伟大的艺术大师。该桥于 134 年由罗马皇帝哈德良兴建，连接市中心与他新建的陵墓，即今日的圣天使城堡。这座桥表面用大理石铺砌，有三个桥拱。这座桥目前仅供行人步行。过去，朝圣者经过此桥前往圣彼得大殿，因此它也被称为“圣彼得桥”。

**图 1.1.9 加德桥**

**图 1.1.10 圣天使桥**

**（三）国内外现代典型桥梁**

随着科技和工业水平的提高以及人类文明的发展，现代桥梁已不仅仅局限在石材、木材等天然材料，而是运用钢材、混凝土等现代建筑材料建造出坚固耐用、美观时尚的新型桥梁。

1. 南京长江大桥

南京长江大桥如图 1.1.11 所示，位于江苏省南京市，是钢桁架连续梁桥，是长江上第一座由中国自行设计和建造的双层式铁路、公路两用桥梁，在中国桥梁史乃至世界桥梁史上具有重要意义。该桥上层为公路桥，长 4 589 m，车行道宽 15 m，可容 4 辆大型汽车并行，两侧各有 2 m 多宽的人行道；下层为双轨复线铁路，桥宽 14 m，全长 6 772 m。该桥由正桥和引桥两部分组成，正桥 9 墩 10 跨，长 1 576 m，最大跨度 160 m。通航净空宽度 120 m，桥下通航净空高度为设计最高通航水位以上 24 m，可通过 5 000 t 级海轮。

2. 广州洛溪大桥

广州洛溪大桥如图 1.1.12 所示，位于广东省广州市，该桥为连续刚构桥，全长 1 916 m，宽 15.5 m，主桥长 480 m，双向四车道，跨径布置为 65 m + 125 m + 180 m + 110 m，该桥于 1984 年 10 月动工，1988 年建成通车。

图 1.1.11 南京长江大桥

图 1.1.12 广州洛溪大桥

3. 万县长江大桥

万县长江大桥如图 1.1.13 所示，位于重庆市万州区，全桥长 814 m，宽 23 m，桥拱净跨 420 m，桥面到江面高 140 m。主桥于 1994 年 5 月开工建设，1997 年 5 月竣工通车，是当时世界上跨径和规模最大的钢筋混凝土拱桥。

4. 广州丫髻沙大桥

广州丫髻沙大桥如图 1.1.14 所示，位于广东省广州市，于 1998 年 7 月动工，2000 年 6 月建成。该桥分跨为 76 m + 360 m + 76 m，桥宽 36.5 m。边跨、主跨拱脚均固结于拱座，边跨设盆式支座，两边跨端部之间设钢绞线系杆，通过边跨半拱平衡主拱水平推力。主拱肋采用悬链线无铰拱，矢高 76.45 m，矢跨比 1/4.5，拱肋中心距为 35.95 m，共设置四组"米"字形、两组"K"字形风撑。

图 1.1.13 万县长江大桥

图 1.1.14 广州丫髻沙大桥

5. 上海杨浦大桥

上海杨浦大桥如图 1.1.15 所示，位于上海市杨浦区，于 1991 年 4 月动工，1993 年 10 月建成。该桥全长 8 354 m（包括主桥、引桥、匝道、引道），主桥全长 1 178 m，杨浦大桥跨径组合为过渡孔 45 m + 边孔（99 m + 144 m）+ 主孔 602 m + 边孔（144 m + 99 m）+ 过渡孔 45 m。主孔采用一跨过江方案，跨径 602 m，两侧边孔跨径 243 m，中间设置辅助墩。主桥桥面总宽 30.35 m。

6. 岳阳洞庭湖大桥

岳阳洞庭湖大桥如图 1.1.16 所示，位于湖南省岳阳市，主桥桥面高 52 m（黄海），设计通航等级为Ⅲ级。主桥桥型为不等高三塔、双索面空间索、全飘浮体系的预应力钢筋混凝土肋板梁式结构的斜拉桥,跨径为 130 m + 310 m + 310 m + 130 m。索塔为双室宝石形断面,中塔高为 125.684 m,两边塔高为 99.311 m。三塔基础为 3 m 和 3.2 m 大直径钻孔灌注桩。引桥为连续梁桥,跨径 20 ~ 50 m,基础为直径 1.8 m 和 2.5 m 的钻孔灌注桩。岳阳洞庭湖大桥是我国首次采用不等高三塔斜拉桥,设计先进,施工难度大,位居亚洲之首。

图 1.1.15 上海杨浦大桥

图 1.1.16 岳阳洞庭湖大桥

7. 香港青马大桥

香港青马大桥如图 1.1.17 所示,是全球最长的行车、铁路双用悬索式吊桥,大桥主跨长 1 377 m,加上引道全长 2 160 m。大桥属于香港 8 号干线青屿干线的一部分,跨越马湾海峡,将青衣和马湾连接起来。青马大桥自开放通车以来,已成为香港一条连接大屿山、香港国际机场及市区的主要干线公路。青马大桥亦属香港主要的建筑标志和旅游观光景点,所以吸引了世界各地的游客前来参观。不过,青马大桥只有车行道,不设人行道,因此游客无法步行于青马大桥观光,且车速限制 80 km/h。

8. 江阴长江大桥

江阴长江大桥如图 1.1.18 所示,是我国首座跨径超千米的特大型钢箱梁悬索桥梁,也是 20 世纪"中国第一、世界第四"大钢箱梁悬索桥。该桥全长 3 071 m,索塔高 197 m,两根主缆直径为 0.870 m,桥面按六车道高速公路标准设计,宽 33.8 m,设计行车速度为 100 km/h;桥下通航净高为 50 m,可满足 5 万吨级轮船通航。该桥于 1994 年 11 月 22 日动工,1999 年 9 月 28 日竣工通车。

图 1.1.17 香港青马大桥

图 1.1.18 江阴长江大桥

9. 美国金门大桥

美国金门大桥如图 1.1.19 所示，是世界著名大桥之一，被誉为 20 世纪桥梁工程的一项奇迹，也被认为是旧金山的象征，于 1933 年 1 月动工，1937 年 5 月建成。该桥塔高 227 m，钢塔之间的大桥跨度达 1 280 m，从海面到桥中心部的高度约 60 m，即使涨潮，大型船只也能畅通无阻。

金门大桥的最初构想来源于桥梁工程师约瑟夫·施特劳斯。这座桥的其他主要设计者包括决定其艺术造型和颜色的艾尔文·莫罗，合作进行复杂的数学推算的工程师查尔斯·埃里斯，桥梁设计师里昂·莫伊塞弗。

10. 日本明石海峡大桥

日本明石海峡大桥如图 1.1.20 所示，坐落在日本神户市与淡路岛之间(东经 135°01′，北纬 34°36′)，全长 3 910 m，主桥墩跨度 1 990 m。两座主桥墩海拔 297 m，基础直径 80 m，水中部分高 60 m。两条主钢缆每条约 4 000 m，直径 1.12 m，由 290 根细钢缆组成，重约 5 万吨。大桥于 1988 年 5 月动工，1998 年 3 月竣工。明石海峡大桥首次采用 1 800 MPa 级超高强钢丝，使主缆直径缩小并简化了连接构造，首创悬索桥主缆，这也是第一座用顶推法施工的跨谷悬索桥，由法国埃菲尔集团公司承建。

图 1.1.19 美国金门大桥

图 1.1.20 日本明石海峡大桥

11. 澳大利亚悉尼大桥

澳大利亚悉尼大桥如图 1.1.21 所示，在经过了 40 多年的酝酿之后，1857 年悉尼工程师彼得·翰德逊绘成了第一张设计图，其后经过反复修改，到 1923 年才根据督建铁路桥的总工程师卜莱费博士的蓝图进行招标，由英国一家工程公司中标承建。1924 年大桥破土建造桥基，1932 年 3 月 19 日竣工通车，历时 8 年多。该桥桥身长 1 149 m(包括引桥)，从海面到桥面高 58.5 m，从海面到桥顶高达 134 m，万吨巨轮可以从桥下通过。

12. 法国米洛大桥

法国米洛大桥如图 1.1.22 所示，坐落于法国南部，大桥跨越塔恩河(Tarn)河谷，桥下两端为拉尔札克高原和莱伟祖高原。该桥由英国著名国宝级建筑大师福斯特爵士负责设计，打造埃菲尔铁塔的埃法日集团出资承造。

米洛大桥建筑之初曾引起不小的争议，担心其破坏塔恩河河谷周围的景致，但是福斯特以钢骨为主建材配合其设计功力，让这座大桥完工后看起来结构轻巧、细致却不失坚固。他曾说，设计理念就是要让大桥看上去精巧到令人难以置信的程度。

图 1.1.21 澳大利亚悉尼大桥

图 1.1.22 法国米洛大桥

米洛大桥采用斜拉桥形式,为四线道,桥梁采用七个悬臂单塔单索面支撑,横跨塔恩河,桥面高 270 m,悬臂支柱最高处达 343 m,比巴黎埃菲尔铁塔还高,该桥总长 2 460 m,于 2001 年 12 月动工,2004 年 12 月 14 日建成,共花费 3 年时间,其高度、完工时间在当时均居世界第一。

**(四)未来展望**

随着经济的发展和科技的进步,未来桥梁将向新材料、新工艺、新理念的方向迈进,同时桥梁结构的形式也将呈现出多样化发展格局。

1. 轻巧美观化

随着人们审美观的提高,桥梁不仅要满足其固有的使用功能,而且更要向人们提供其赏心悦目的观赏体验。因此,由形体庞大趋向轻巧美观是桥梁今后发展的必然趋势。

2. 超大跨径化

我国已建成杭州湾大桥、胶州湾大桥和港珠澳大桥,规划中的琼州海峡和台湾海峡等跨海大桥,对我国桥梁界是一个挑战,面对超大跨度的桥梁、超深水基础和海上的复杂自然条件和恶劣环境,必须通过创新以实现我们伟大的“桥梁梦”。

3. 材料轻型、高强化

世界各国对桥梁设计理念的不断研究、创新,推动了桥梁技术的飞跃发展。欲使桥跨越来越大,则必须要有轻质、高强度和高模量的材料,当今中国正大力发展基础设施建设,高速铁路、高等级公路的建设必将推动桥梁工程的跨越式发展。

## 三、任务实施

按照学生工作页学习情境一任务一“桥梁发展史”,完成本任务的实施。

## 四、课后练习

**(一)填空题**

(1)赵州桥位于__________,为我国隋朝的杰出工匠______于______年设计所建。

(2)安平桥位于__________,是中国现存古代____的石桥,享有“____________”之美誉。

(3)安澜桥位于____________,横跨在岷江的内江和外江的鱼嘴处,是一座________的古索桥。

(4)广济桥位于______________,曾被著名桥梁专家茅以升誉为"______________"。

(5)泸定桥位于____________________,是一座由清朝康熙皇帝御批建造的________。

(6)数学桥位于____________________,它展示出现代钢梁桥的雏形。在18世纪,这种设计被称为__________,所以此桥得名"数学桥"。

(7)南京长江大桥位于______________,是长江上第一座由__________________的双层式铁路、公路两用桥梁。

(8)岳阳洞庭湖大桥位于____________,是我国首次采用________三塔斜拉桥,设计先进,施工难度大,位居亚洲之首。

(9)美国金门大桥被誉为20世纪桥梁工程的一项奇迹,也被认为是旧金山的象征。从海面到桥中心部的高度约60 m,即使涨潮,大型船只也能畅通无阻。

(10)法国米洛大桥坐落于____________,由英国著名国宝级建筑大师__________负责设计,他曾说,设计理念就是要让大桥看上去精巧到令人难以置信的程度。

**(二)简答题**

(1)请列举你所见的桥梁。

(2)你认为未来的桥梁应该是什么样子的?

# 任务二 桥梁的组成与分类

## 一、任务描述

根据桥梁模型或实体工程指出桥梁的组成及类型,并说出其主要尺寸和术语名称。

建议课时数:4。

## 二、相关知识

### (一)桥梁的组成

桥梁是由上部结构、下部结构和附属结构三部分组成的,如图1.2.1所示。

### (二)桥梁主要尺寸与术语名称

1. 桥梁主要尺寸

桥梁的主要尺寸有净跨径 $l_0$、标准跨径 $l_b$、计算跨径 $l$、总跨径 $\sum l_0$ 和桥梁全长 $L$ 等,如图1.2.2所示。

2. 桥梁术语名称

桥梁术语名称有低水位、高水位、设计洪水位、桥梁高度、桥下净空高度 $H$、建筑高度 $h$、

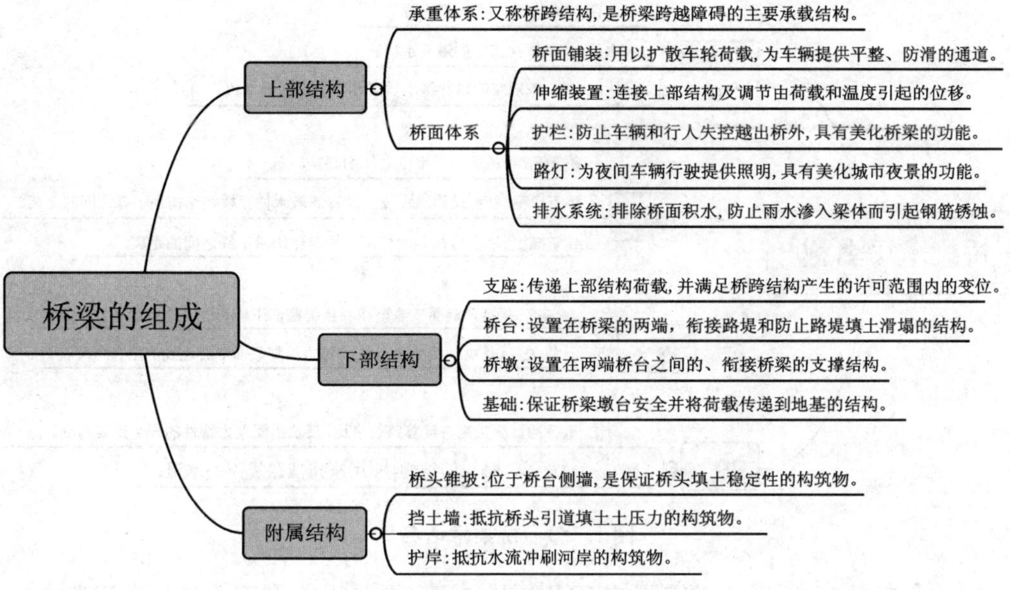

图 1.2.1　桥梁的组成

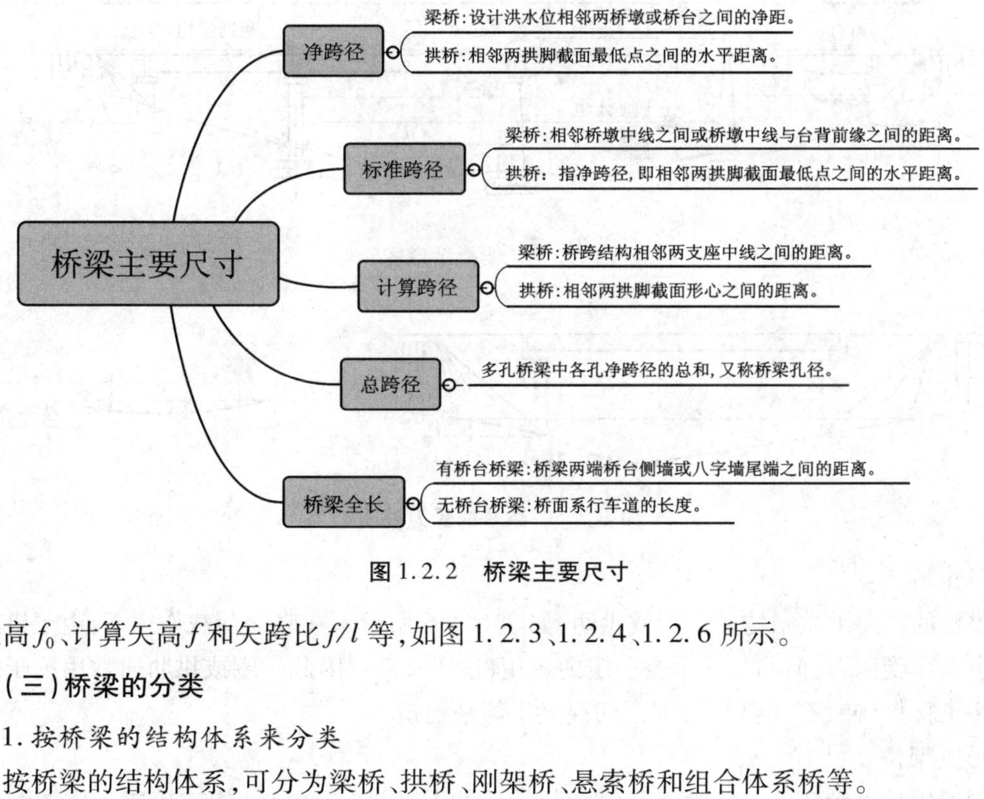

图 1.2.2　桥梁主要尺寸

净矢高 $f_0$、计算矢高 $f$ 和矢跨比 $f/l$ 等,如图 1.2.3、1.2.4、1.2.6 所示。

**(三)桥梁的分类**

1. 按桥梁的结构体系来分类

按桥梁的结构体系,可分为梁桥、拱桥、刚架桥、悬索桥和组合体系桥等。

1)梁桥

梁桥是一种在竖向荷载作用下无水平反力的结构,以梁作为承重结构来承受荷载,如图 1.2.5 所示。由于其主动力与被动力的作用方向接近垂直,因此它与同跨径的其他桥梁

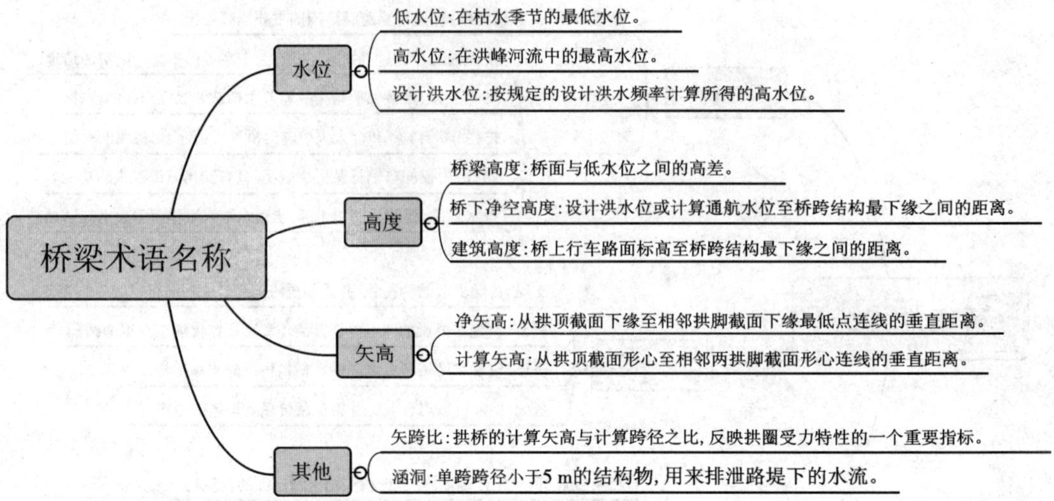


图 1.2.3　桥梁术语名称

相比,梁的弯矩最大,所以通常需用抗弯能力强的钢筋混凝土或型钢等材料来建造。

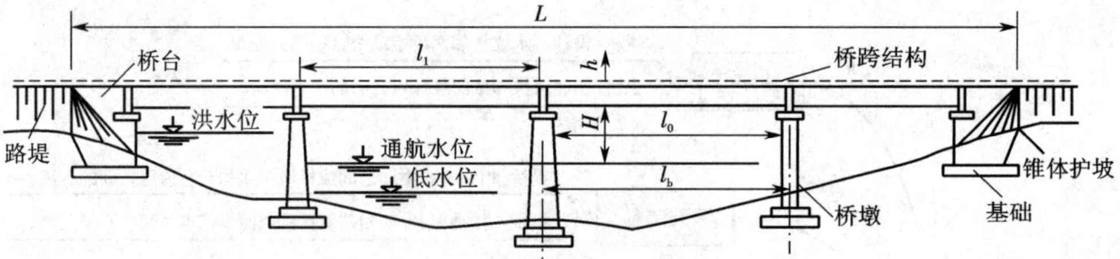


图 1.2.4　梁桥示意图

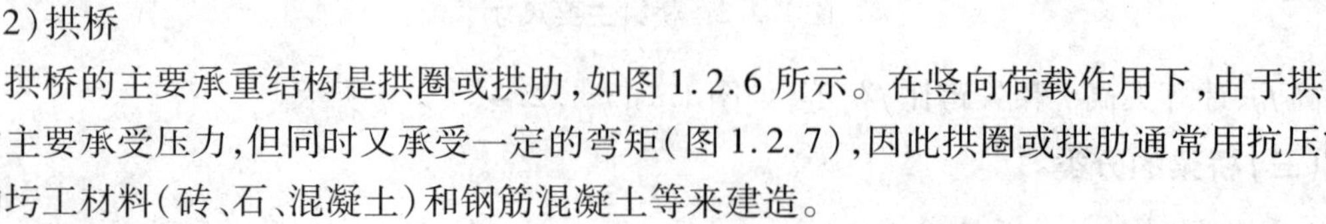


图 1.2.5　梁桥的受力简图

2)拱桥

拱桥的主要承重结构是拱圈或拱肋,如图 1.2.6 所示。在竖向荷载作用下,由于拱圈或拱肋主要承受压力,但同时又承受一定的弯矩(图 1.2.7),因此拱圈或拱肋通常用抗压能力强的圬工材料(砖、石、混凝土)和钢筋混凝土等来建造。

3)刚架桥

刚架桥是由受弯的上部梁(板)结构与承压的下部桩柱(墩)结构连接成一体的刚性结构。在竖向荷载作用下,其梁受弯、柱(墩)脚处承受水平反力,但在同跨径、同荷载的工况下,刚架桥的正弯矩比梁桥要小,其受力状态介于梁桥和拱桥之间,如图 1.2.8 所示。因此,

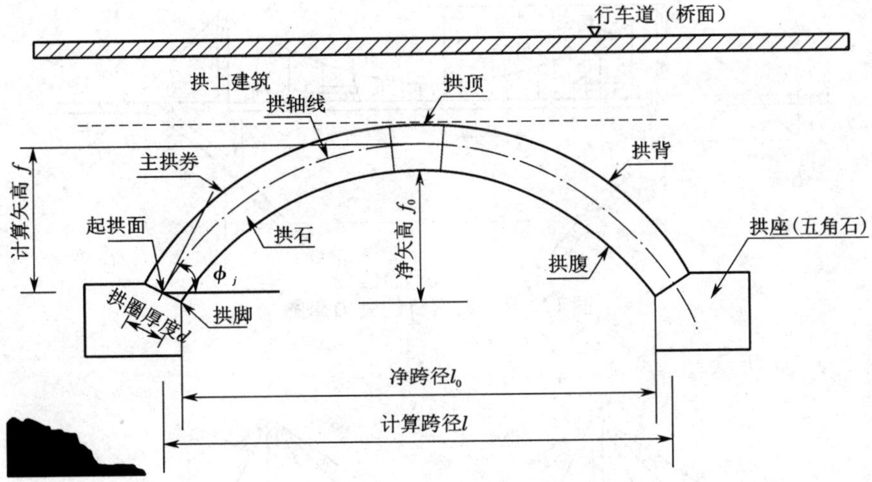

图 1.2.6　拱桥示意图

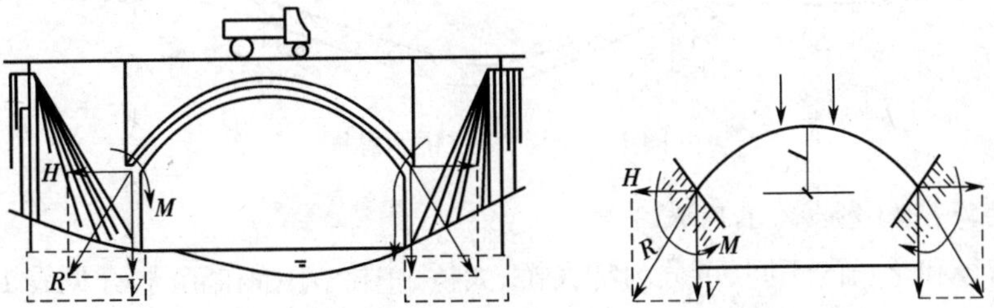
图 1.2.7　拱桥的受力简图

刚架桥的建筑高度可以降低。

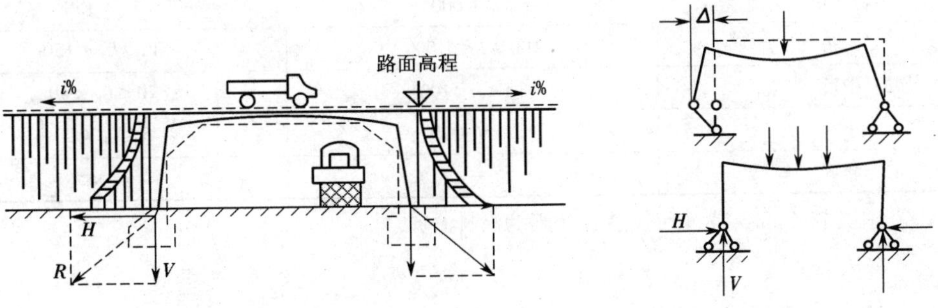

图 1.2.8　刚架桥的受力简图

4）悬索桥

悬索桥以悬索为主要承重结构，结构自重较轻，构造简单，受力明确，能以较小的建筑高度、经济合理地修建大跨度桥梁。但由于这种桥的结构自重轻，刚度差，在车辆动荷载和风荷载作用下有较大的变形和振动，如图 1.2.9 所示。

5）组合体系桥

组合体系桥由几个不同体系的结构组合而成，最常见的为连续刚构，梁、拱组合等，如

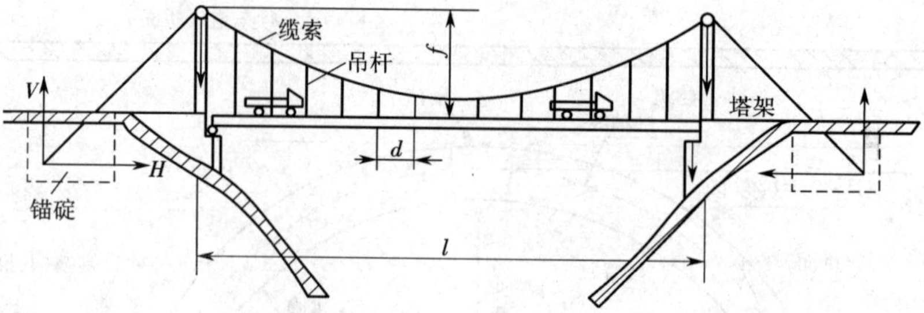


图 1.2.9 悬索桥的受力简图

斜拉桥，图 1.2.10 所示。

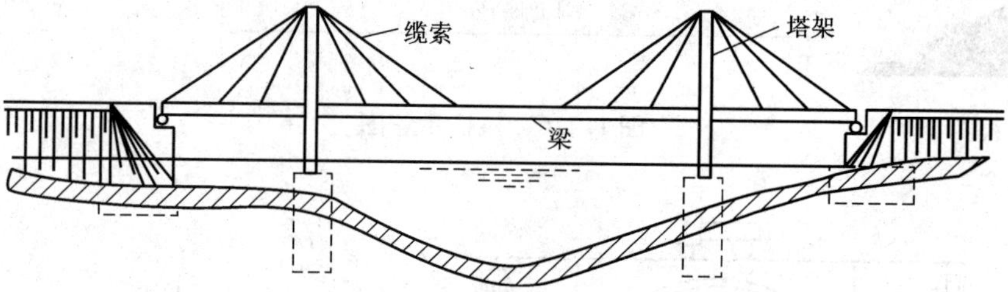


图 1.2.10 斜拉桥示意图

2. 按桥梁跨径和全长的不同来分类

按桥梁跨径和全长的不同，可分为特大桥、大桥、中桥、小桥和涵洞，详见表 1.2.1。

表 1.2.1 按桥梁跨径和全长分类

| 桥涵分类 | 多孔跨径总长 $L$/m | 单孔跨径 $L_K$/m |
| --- | --- | --- |
| 特大桥 | $L>1\ 000$ | $L_K>150$ |
| 大桥 | $100\leqslant L\leqslant 1\ 000$ | $40\leqslant L_K\leqslant 150$ |
| 中桥 | $30<L<100$ | $20\leqslant L_K<40$ |
| 小桥 | $8\leqslant L\leqslant 30$ | $5\leqslant L_K<20$ |
| 涵洞 | — | $L_K<5$ |

注：圆管涵、箱涵不论管径（孔径）大小、孔数多少，均称为涵洞。

## 三、任务实施

按照学生工作页学习情境一任务二“桥梁的组成与分类”，完成本任务的实施。

## 四、课后练习

### （一）填空题

（1）设计洪水位是指桥梁设计中按规定的________计算所得的高水位。

（2）梁桥的净跨径是设计洪水位上相邻两个墩、台（或桥台）之间的______。

(3)梁桥的计算跨径是指桥跨结构相邻两个__________之间的距离。

(4)拱桥的计算跨径是指两相邻拱脚截面________之间的水平距离。

(5)总跨径是多孔桥梁中各孔________的总和,它反映了桥下________的能力。

(6)桥梁全长是桥梁两端两个桥台的侧墙或八字墙________之间的距离。

(7)桥梁高度是指桥面与__________之间的高差。

(8)净矢高是指从拱顶截面下缘至________________________的垂直距离。

(9)计算矢高是指从拱顶截面形心至________________________的垂直距离。

(10)矢跨比是指计算矢高与_____________之比。

**(二)选择题**

(1)对于简支桥梁,其净跨径、标准跨径、计算跨径之间的关系是(　　)。

A. 净跨径 < 标准跨径 < 计算跨径　　B. 净跨径 < 计算跨径 < 标准跨径

C. 计算跨径 < 标准跨径 < 净跨径　　D. 标准跨径 < 净跨径 < 计算跨径

(2)对于梁式桥,其净跨径是指(　　)。

A. 桥台之间的长度

B. 设计洪水位上相邻两个桥墩(或桥台)之间的净距

C. 相邻两个桥墩(或桥台)墩帽(或台帽)之间的净距

D. 通航水位上相邻两个桥墩(或桥台)之间的净距

(3)对于拱式桥,其净跨径是指(　　)。

A. 桥台之间的距离

B. 相邻两个桥墩(或桥台)墩座(或台座)之间的净距

C. 每孔拱跨两个拱桥截面最低点之间的水平距离

D. 通航水位上相邻两个桥墩(或桥台)之间的净距

(4)桥梁总跨径是指(　　)。

A. 多孔桥梁中各孔标准跨径的总和

B. 多孔桥梁中各孔净跨径的总和

C. 桥梁两端两个桥台的侧墙或八字墙后端点之间的距离

D. 桥梁两端伸缩缝之间的距离

(5)建筑高度是(　　)。

A. 桥跨结构最上缘至墩、台基础地面高程的距离

B. 桥跨结构最上缘至桥跨结构最下缘之间的距离

C. 桥上行车路面(或轨顶)高程至墩、台基础地面高程的距离

D. 桥上行车路面(或轨顶)高程至桥跨结构最下缘之间的距离

**(三)判断题**

(1)梁桥的标准跨径是指设计洪水位上相邻两个墩(桥)台之间的净距。　(　　)

(2)桥梁是由上部结构、下部结构和附属结构组成。　(　　)

(3)拱桥的标准跨径是两相邻拱脚截面形心点之间的水平距离。　(　　)

(4)计算矢高是从拱顶截面形心至过拱脚截面形心的水平线间的垂直距离。 (　　)

(5)桥梁全长(简称桥长)是指桥梁两端伸缩缝之间的距离,对无桥台的桥梁为桥面系行车道的全长。 (　　)

**(四)简答题**

(1)按桥梁的结构体系来分,桥梁可分为哪几种?

(2)按桥梁跨径和全长的不同来分,桥梁可分为哪几种?

(3)简述梁桥、拱桥、刚架桥的受力特点。

# 任务三　桥梁施工准备

## 一、任务描述

通过对相关知识的阅读,能叙述桥梁施工准备的内容。

建议课时数:2。

## 二、相关知识

桥梁施工准备是施工企业生产经营管理的重要组成部分。它可有效降低施工风险和提高施工企业的综合经济效益。

**(一)分类**

1. 按工作的范围不同进行分类

1)施工总准备

施工总准备是以整个建设项目为对象而进行的各项施工准备。其作用是为整个建设项目的顺利施工创造条件,既为全场性的施工活动服务,也兼顾单位工程施工条件的准备。

2)单项(单位)工程施工条件准备

单项(单位)工程施工条件准备是以一个建筑物或构筑物为对象而进行的各项施工准备。其作用是为单项(单位)工程的顺利施工创造条件,既要为单项(单位)工程做好一切准备,又要为分部(分项)工程施工进行作业条件的准备。

3)分部(分项)工程作业条件准备

分部(分项)工程作业条件准备是以一个分部(分项)工程或冬雨期施工工程为对象而进行的作业条件准备。

2. 按工程所处的施工阶段不同进行分类

1)开工前的施工准备

开工前的施工准备是在拟建工程正式开工之前所进行的带有全局性和总体性的施工准备。其作用是为工程开工创造必要的施工条件。它包括全场性的施工准备、单项单位工程施工条件准备等。

2)各阶段施工前的施工准备

各阶段施工前的施工准备是在工程开工后,某一单位工程或某个分部(分项)工程或某个施工阶段、某个施工环节施工前所进行的带有局部性和经常性的施工准备。其作用是为每个施工阶段创造必要的施工条件。它一方面是开工前施工准备工作的深化和具体化,另一方面要根据各施工阶段的实际需要和变化情况,随时做出补充修正与调整。

**(二)内容**

桥梁施工准备的内容包括组织准备、技术准备、物资准备和施工现场准备等。

1.组织准备

(1)建立项目组织机构,组建精干的施工队伍(包括施工管理层和作业层)。

(2)建立健全各项管理制度。

(3)建立健全质量管理和保证体系。

(4)优化劳动组合与技术培训。

2.技术准备

(1)调查研究工程所在地的气象资料及地形地貌、工程地质、水文地质等资料。

(2)现行的由国家有关部门制定的技术规范、规程及有关技术规定。

(3)收集企业现有的施工定额、施工手册、类似工程的技术资料等。

(4)图纸自审。项目经理部应尽快组织工程技术人员熟悉、研究所有技术文件和图纸,全面领会设计意图;审查图纸与其各部分之间有无矛盾和错误;在几何尺寸、坐标、标高、说明等方面是否一致;技术要求是否明确;并与现场情况进行核对。

(5)图纸会审。由建设单位组织并主持会议,设计、施工、监理等单位参加。先由设计单位做设计交底,再由施工单位对图纸提出问题,经有关单位发表意见、讨论后达成共识,组织会审的单位汇总成文,各单位会签,形成图纸会审纪要。

(6)编制施工组织设计。施工组织设计是施工单位在施工准备阶段编制的指导拟建工程从施工准备到竣工验收乃至保修回访的技术经济、组织的综合性文件,也是编制施工预算和实行项目管理的依据,是施工准备工作的主要文件。施工单位必须在施工约定的时间内完成施工组织设计的编制与自审工作,并填写施工组织设计报审表,报送项目监理机构。总监理工程师应在约定的时间内,组织专业监理工程师审查,提出审查意见后,由总监理工程师审定批准,需要施工单位修改时,由总监理工程师签发书面意见,退回施工单位修改后再报审,总监理工程师应重新审定,已审定的施工组织设计由项目监理机构报送建设单位。

(7)编制施工预算。施工预算是施工单位根据施工合同价款、施工图纸、施工组织设计或施工方案、施工定额等文件进行编制的企业内部经济文件,它直接受施工合同中合同价款的控制,是施工前的一项重要准备工作。

3.物资准备

(1)工程材料准备,包括对钢材、木材、水泥、砂石等材料的调查分析及对构配件、设备加工的订货准备,见表1.3.1。

表 1.3.1 建筑材料情况调查分析

| 序号 | 企业名称 | 产品名称 | 规格质量 | 单位 | 生产能力 | 供应能力 | 生产方式 | 出厂价格 | 运距 | 运输方式 | 单位运价 | 备注 |
|---|---|---|---|---|---|---|---|---|---|---|---|---|
| | | | | | | | | | | | | |
| | | | | | | | | | | | | |
| | | | | | | | | | | | | |

(2)工程施工机具、生产工艺设备准备。

(3)其他各种小型生产工具、小型配件等的准备。

4. 施工现场准备

(1)建立满足施工要求的施工测量控制网。根据建设单位提供的坐标和高程,按施工图纸的要求,进行现场控制网点的测量,并妥善设置现场永久性标准。

(2)搞好“四通一平”。做到:路通、水通、电通、电信通和场地平整。

(3)材料试验和储存堆放。完成混凝土、砂浆配合比和强度以及钢材的机械性能等试验,并组织材料进场,按规定的地点和指定的方式储存堆放。

(4)搭设临时设施。其中包括仓库、搅拌站、加工厂作业棚、宿舍、办公用房、食堂、文化生活设施等。

(5)确保安全及文明施工。将施工区域用围挡进行封闭,围挡的形式、材料和高度应符合有关规定和要求,并在主要出入口设置标牌挂图,标明工程项目名称、施工单位、项目负责人等。

**(三)要求**

施工准备工作必须贯穿施工全过程,要取得各协作相关单位的友好支持与配合。

1. 施工准备工作应有组织、有计划、分阶段、有步骤地进行

(1)建立施工准备工作的组织机构,明确相应管理落实的人员。

(2)编制施工准备工作计划表,保证施工准备工作按计划落实。

(3)将施工准备工作按工程的具体情况划分为开工前、地基基础工程、主体工程、装饰装修工程等时间区段,分期、分阶段、有步骤地进行。

2. 建立严格的施工准备工作责任制及相应的检查制度

(1)应定期进行检查,发现薄弱环节,不断改进工作。

(2)检查内容:主要检查施工准备工作计划的执行情况。如果没有完成计划的要求,应进行分析,找出原因,排除障碍,协调施工准备工作进度或调整施工准备工作计划。

(3)检查方法:可采用实际与计划对比法,检查施工准备工作情况,当场分析产生问题的原因,提出解决问题的方法。

3. 坚持按基本建设程序办事,严格执行开工报告制度

要取得建设单位、监理单位、设计单位、材料供应单位、当地行政主管部门和交通运输等相关单位的协作、支持,做到步调一致、分工明确、共同做好施工准备工作。

## 三、任务实施

按照学生工作页学习情境一任务三"桥梁施工准备",完成本任务的实施。

## 四、课后练习

### (一)填空题

(1)按工作的范围不同进行分类,施工准备工作可分为________、________和________。

(2)按工程所处的施工阶段不同进行分类,施工准备工作可分为________和________。

(3)桥梁施工准备工作的内容包括________、________、________和________。

(4)桥梁施工准备工作的要求有________、________和________。

(5)工程材料准备包括对________、________、________和________等材料的调查分析及对构配件、设备加工的订货准备。

(6)"四通一平"是指________、________、________、________和________。

### (二)简答题

(1)简述各阶段施工前的施工准备的作用。

(2)简述组织准备的内容。

(3)简述技术准备的内容。

(4)简述施工现场准备的内容。

# 学习情境二　桥梁基础施工

## 一、能力目标

(1)能够对桥梁基础施工进行技术交底。

(2)能根据施工图纸,参与桥梁基础施工方案编制。

(3)能根据施工方案,协助开展现场施工管理。

## 二、知识目标

(1)了解施工围堰种类、适用条件和构造要求。

(2)掌握扩大基础施工工艺流程、技术要求和质量检验评定标准。

(3)掌握钻孔灌注桩施工工艺流程、技术要求、质量检验评定标准和常见问题处理。

(4)熟悉人工挖孔桩施工工艺流程、技术要求和安全要求。

(5)掌握桩基承台施工工艺流程、技术要求和质量检验评定标准。

(6)了解沉井基础施工工艺流程、技术要求、质量检验评定标准和常见问题处理。

## 三、内容结构图

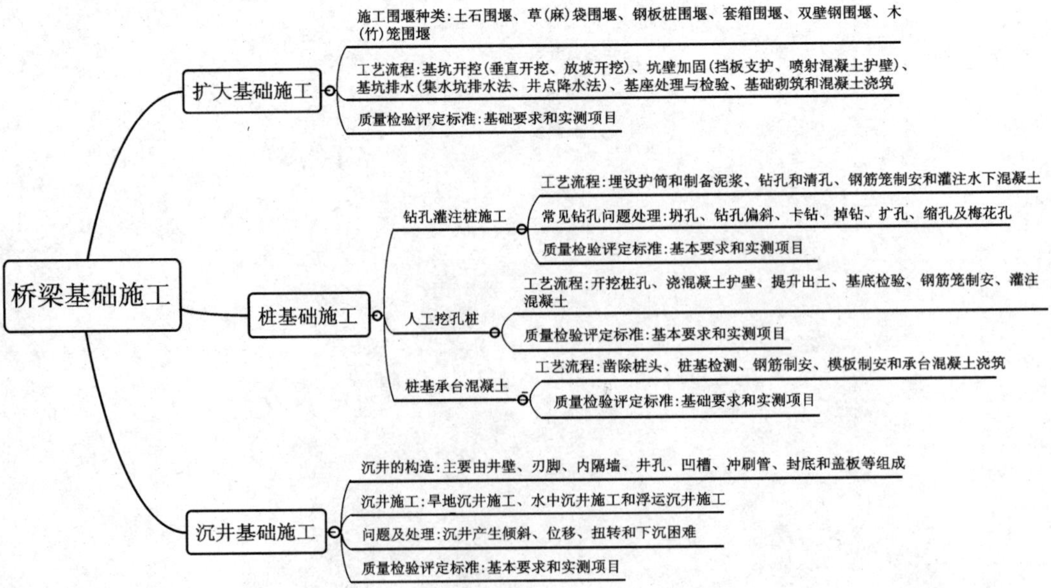

# 任务一　扩大基础施工

## 一、任务描述

根据扩大基础施工的相关知识和设计图纸,在勘探现场的情况下,能参与编制初步施工方案,能进行施工技术交底,能协助开展现场施工管理。

建议课时数:4。

## 二、相关知识

### (一)含义

扩大基础施工一般指采用垂直(或放坡)开挖基坑,然后砌筑圬工(或浇筑混凝土)的扩大基础。由于扩大基础的埋置深度较浅,因此一般采用明挖法进行施工。

### (二)工艺流程

扩大基础施工工艺流程如图 2.1.1 所示。

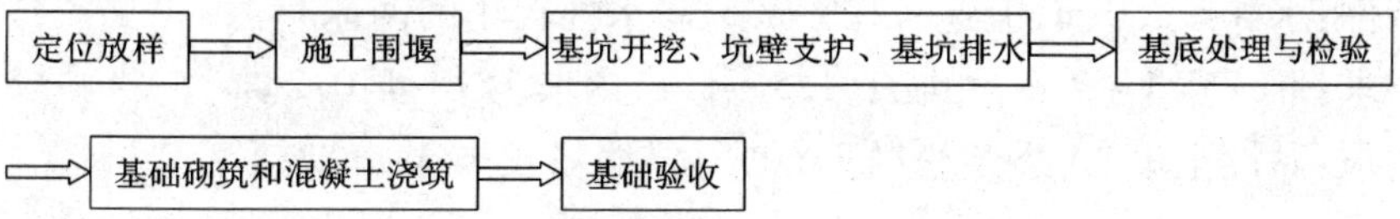


图 2.1.1　扩大基础施工工艺流程示意

### (三)施工要求

1. 定位放样

设置坐标和高程控制网,认真进行施工放样测量,设置控制桩,同时放出相邻几个墩、台的平面位置高程,对其相对位置和坐标进行复核,确保准确无误。

2. 施工围堰

围堰是指为建造永久性设施,在基坑周围修建的临时性挡水结构。围堰的作用是防止水和土进入建筑物修建位置,以确保基坑开挖和建筑物修建的顺利进行;有时还起着支撑基坑坑壁的作用。

1)围堰设置原则

(1)围堰外形应考虑河流断面被压缩后对堰身的冲刷影响。

(2)围堰断面应满足堰身强度及稳定性要求,且防水性要好。

(3)堰内面积应满足基坑开挖、基础施工的要求。

(4)堰顶高程应高出施工期间可能出现的最高水位(包括浪高)0.5 ~0.7 m。

2)围堰形式

围堰形式有土石围堰、草(麻)袋围堰、钢板桩围堰、套箱围堰、双壁钢围堰和木(竹)笼围堰等。

Ⅰ. 土石围堰

土石围堰如图 2.1.2 所示。

适用条件:水深≤1.5 m,流速 <0.5 m/s,渗水性较小的河床。

构造要求:堰顶宽 1 ~2 m,外坡 1:3 ~1:2,内坡 1:1.5 ~1:1。

施工要求:黏性土填筑,由上游至下游合龙。

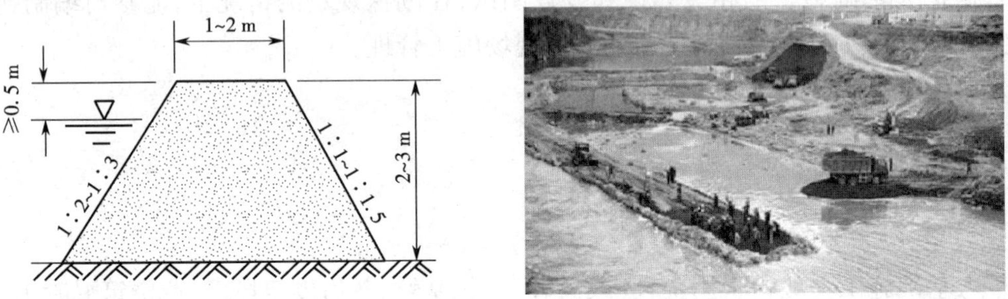


图 2.1.2 土石围堰

Ⅱ. 草(麻)袋围堰

草(麻)袋围堰如图 2.1.3 所示。

适用条件:水深≤3.0 m,流速 <1.5 m/s,渗水性较小的河床。

构造要求:堰顶宽 1 ~2 m,外坡 1:1.5 ~1:1,内坡 1:1 ~1:0.2。

施工要求:黏性土填心,袋装松散土 60% ,错缝搭长 1/3 ~1/2。

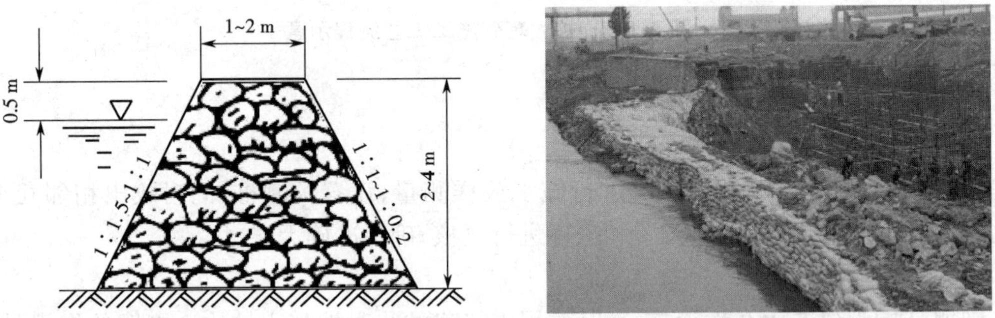


图 2.1.3 草(麻)袋围堰

Ⅲ. 钢板桩围堰

钢板桩围堰如图 2.1.4 所示。

适用条件:深水或深基坑,流速较大的砂类土、黏性土、碎石土及风化岩等河床,不宜在有大漂石及坚硬岩石的河床中使用。

构造要求:防水性能好,整体刚度较强,能穿透砾石、卵石层、软岩、风化岩。

施工要求:

(1)施打钢板桩前,应在围堰上下游及两岸设测量观测点,控制围堰长、短边方向的施打定位,并在锁口处用止水材料捻缝,施打时必须备有导向设备;

图 2.1.4 钢板桩围堰

(2)施打顺序一般从上游向下游合龙；

(3)可用捶击、振动、射水等方法下沉，但在黏土中不宜使用射水下沉法。

Ⅳ.套箱围堰

套箱围堰如图 2.1.5 所示。

适用条件：流速≤2.0 m/s，覆盖层较薄，平坦的岩石河床，埋置不深的水中基础，也可用于修建桩基承台。

构造要求：无底套箱用钢板制作，内设钢支撑。

施工要求：若套箱设置在岩层上，应整平岩面；若岩面有坡度，套箱底的倾斜度应与岩面相同，以增加稳定性和减少渗漏。

Ⅴ.双壁钢围堰

双壁钢围堰如图 2.1.6 所示。

图 2.1.5 套箱围堰

图 2.1.6 双壁钢围堰

适用条件：大型河流的深水基础，覆盖层较薄、平坦的岩石河床。

构造要求：拼焊后应进行焊接质量检验及水密性试验。

施工要求：

(1)尽量安排在能保证浮运顺利进行的低水位或水流平稳时施工，宜在白昼无风或小风时浮运；

(2)在水深或水急处浮运时，可在围堰两侧设导向船；

(3)在浮运、下沉过程中，围堰露出水面的高度不应小于 1 m；

(4)落床后应随时观测水域内流速增大而造成的河床局部冲刷,必要时可在冲刷段用卵石、碎石垫填整平,增加围堰稳定性。

Ⅵ.木(竹)笼围堰

木(竹)笼围堰如图2.1.7所示。

适用条件:水深1.5~4 m,河床难以打桩,流速较大的深层裸露河床。

构造要求:用方木、圆木或竹材叠成框架,内填土石;堰顶宽>水深的3/5。

施工要求:边搭设三角撑,边填筑土石予以稳固,由上游至下游合龙。

图2.1.7 木(竹)笼围堰

3.基坑开挖、坑壁加固与基坑排水

1)基坑开挖

Ⅰ.垂直开挖

垂直开挖如图2.1.8所示。

适用条件:土质湿度正常,结构均匀。

开挖深度:松软土0.75 m,中密土1.25 m,密实土2.0 m。

Ⅱ.放坡开挖

放坡开挖如图2.1.9所示。

图2.1.8 垂直开挖

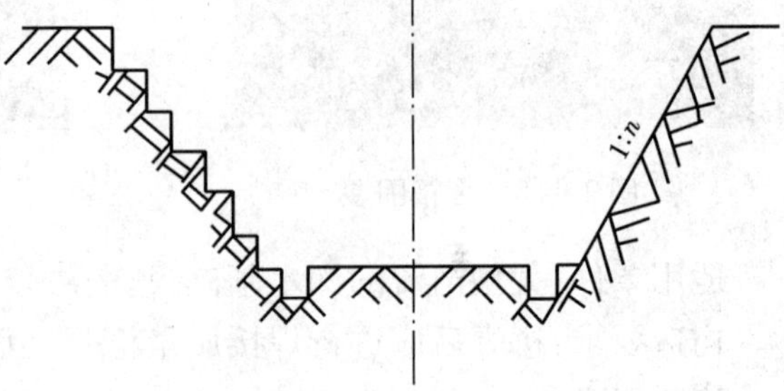


图2.1.9 放坡开挖

当基坑深度在5 m以内,坑底在地下水位以上,施工期较短,土层构造均匀时,坑壁坡度可按表2.1.1确定。

表 2.1.1　基坑坑壁坡度

| 坑壁土类 | 坑壁坡度 | | |
|---|---|---|---|
| | 坡顶无荷载 | 坡顶有静荷载 | 坡顶有动荷载 |
| 砂类土 | 1∶1 | 1∶1.25 | 1∶1.5 |
| 卵石、砾类土 | 1∶0.75 | 1∶1 | 1∶1.25 |
| 粉质土、黏质土 | 1∶0.33 | 1∶0.5 | 1∶0.75 |
| 极软岩 | 1∶0.25 | 1∶0.33 | 1∶0.67 |
| 软质岩 | 1∶0 | 1∶0.1 | 1∶0.25 |
| 硬质岩 | 1∶0 | 1∶0 | 1∶0 |

Ⅲ.注意事项

防水:反坡,截水沟。

边坡稳定:弃土,弃动载。

不中断:开挖、砌筑、回填、夯实连续进行。

2)坑壁加固

适用条件:基坑深、土方量大、场地狭窄、土质松散、渗水量大。

加固方式:挡板支护、喷射混凝土护壁等。

Ⅰ.挡板支护

挡板支护坑壁有垂直挡板支撑和水平挡板支撑两种,如图 2.1.10 和图 2.1.11 所示。

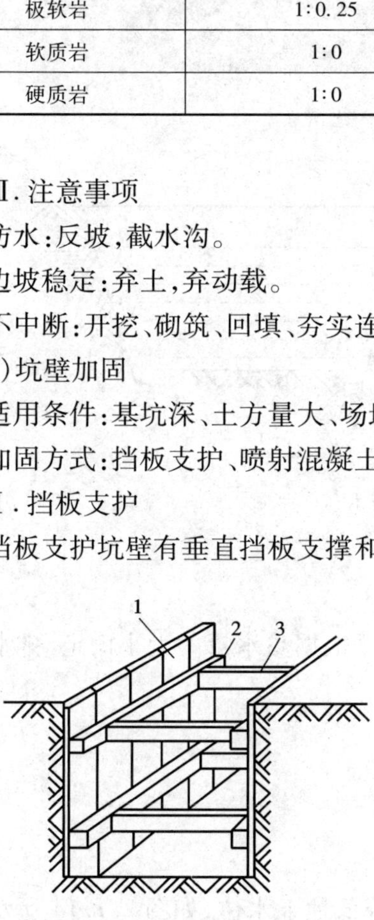


图 2.1.10　垂直挡板支撑

1—垂直挡板;2—水平横枋;3—撑木

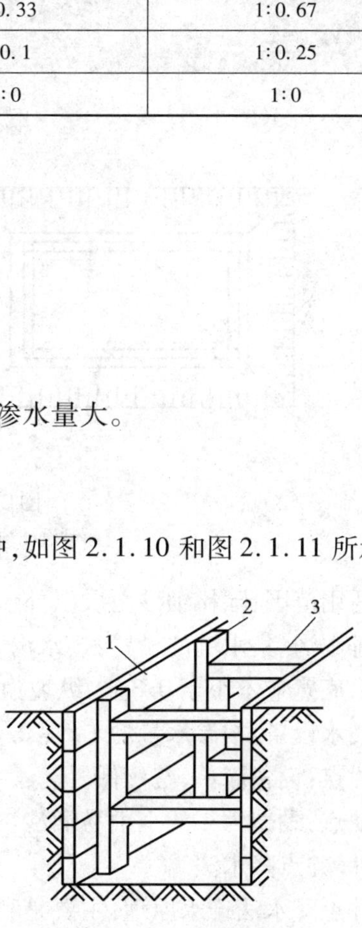


图 2.1.11　水平挡板支撑

1—水平挡板;2—立木;3—撑木

Ⅱ.喷射混凝土护壁

喷射混凝土护壁是在修整过的边坡上采用混凝土喷射机喷射混凝土,厚度为5～10 cm,如图 2.1.12 所示。

3)基坑排水

常用的基坑排水方法有集水坑排水法和井点降水法两种。

Ⅰ.集水坑排水法

集水坑排水法是采用基坑底部的排水沟收集进入基坑的地表水和地下水,然后汇入集水坑,再用水泵集中将水抽出基坑的排水方法,如图 2.1.13 所示。

图 2.1.12　喷射混凝土护壁

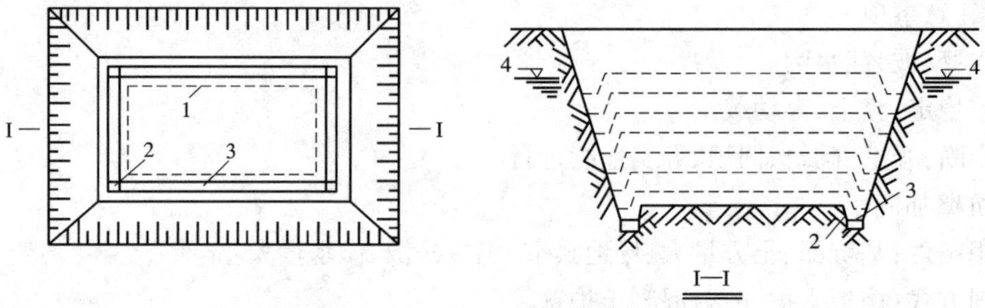


图 2.1.13　集水坑排水法示意

1—基础边线;2—集水坑;3—排水沟;4—地下水位

适用范围:除粉细砂土质以外,一般情况均可适用。

排水沟、集水坑的设置:排水沟、集水坑的大小,主要根据渗水量的大小而定,排水沟深 0.5 m,底宽应不小于 0.3 m,纵坡为 0.1% ~0.2% 。

抽水设备:按渗水量的 1.5 ~2.0 倍配置。

优点:设备简单,费用低。

缺点:黏聚力小的土中易涌沙。

Ⅱ.井点降水法

井点降水法排水原理:主要是利用“下降漏斗”来降低地下水位,如图 2.1.14 所示。基坑开挖前,在基坑四周打入若干根井管(井管下端 1.5 m 范围钻有若干个滤水孔),然后用集水总管将其连接,并接通到抽水设备。开动抽水设备后,地下水经滤水孔、井管、集水总管进入离心泵后被排出。持续抽水,使地下水位下降到基底设计标高以下 0.5 m。

井点类型:轻型井点、喷射井点、射流泵井点、深井泵井点。

抽水设备:真空泵、离心泵、多级离心泵或独立泵。

4. 基底处理与检验

1)基底处理

(1)岩层基底应清除岩面松碎石块、淤泥、杂物,凿出新鲜岩面,表面应清洗干净。倾斜岩层应将岩面凿平或凿成台阶。易风化的岩层基底,应按基础尺寸凿除已风化的表面岩层。在浇筑完基础之后,及时回填封闭。

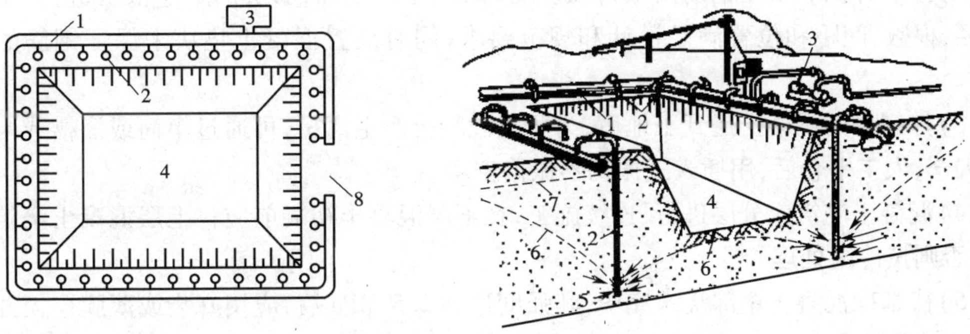


**图 2.1.14 井点降水法示意**

1—集水总管;2—井管;3—抽水设备;4—基坑;5—滤水管;6—地下水降落曲线;7—原地下水位线;8—施工出入口

(2)碎石类及砂土类土层基底应修理平整,浇筑基础前先铺一层水泥砂浆。

(3)黏性土层基底整修时,应在天然状态下铲平,不得用回填土夯平;必要时可向基底夯入 10 cm 以上厚度的碎石,碎石层顶面不得高于基底设计高程。

(4)泉眼可用堵塞或引排的方法处理。

2)基底检验

(1)基底平面位置、尺寸大小、基底高程。

(2)基底地质情况和承载力是否与设计资料相符。

(3)基底处理和排水的情况。

(4)施工记录和有关试验资料。

5. 基础砌筑和混凝土浇筑

1)基础砌筑

(1)基坑超挖部分,严禁回填虚土。

(2)原材料和砂浆强度必须符合有关规范的要求。

(3)轴线位置、平面尺寸、高程应在允许偏差范围内。

(4)砌筑第一层砌块时,如基底为岩层或混凝土垫层,应先将基底表面清洗、湿润,再坐浆砌筑;如基底为土质,可直接坐浆砌筑;如基底为过湿的土基,应铺设一层厚 100 ~ 300 mm 的碎石垫层,夯实后,再铺一层水泥砂浆,然后坐浆砌筑。

(5)砌石应分层卧砌、上下错缝、内外搭砌,不得有通缝。

(6)块石应大面朝下、垫浆坐稳,块石与块石之间用小石块和砂浆挤紧。

(7)砌石顺序应按照先角石、后镶面石、再腹石的原则进行砌筑。

(8)嵌缝料和砂浆应饱满,无空洞、宽缝、大堆砂浆填隙和假缝等现象。

(9)外露面应勾凸缝(或凹缝),隐蔽面可勾平缝。

(10)砌筑面要经常保持湿润,连续养护不小于 7 天。

2)基础混凝土浇筑

(1)基底经监理组织联合验收后,即可由测量人员测放基础中线、边线和高程,然后尽快浇筑混凝土垫层。

(2)按设计图纸安装钢筋及墩台预埋筋,采取先底层、后面层的顺序依次进行,确保钢筋直径、根数、间距和位置满足设计和规范要求,同时放置混凝土垫块来保证钢筋的保护层。

(3)拌制好的混凝土运到工地后,为防止混凝土产生离析,可通过串筒或溜槽或泵送的方式入仓,人工平仓后,用插入式振捣器振捣密实。

(4)混凝土浇筑应分层进行、连续施工,在下层混凝土初凝前应将上层混凝土浇筑振捣密实;否则按冷缝处理。

(5)待基础混凝土全部浇筑完毕,其强度达到2.5 MPa后,应用麻袋或薄膜覆盖并洒水养护,连续保持湿养护7天以上。

**(四)质量检验评定标准**

1. 基本要求

(1)所用的水泥、砂、石、水、外掺剂及混合材料的质量和规格必须符合有关规范的要求,按规定的配合比施工。

(2)不得出现露筋和空洞现象。

(3)基础的地基承载力必须满足设计要求。

(4)严禁超挖回填虚土。

2. 实测项目

扩大基础的实测项目见表2.1.2。

**表2.1.2 扩大基础的实测项目**

| 项次 | 检查项目 | | 规定值或允许偏差 | 检查方法和频率 | 权值 |
|---|---|---|---|---|---|
| 1△ | 强度 | 砌体基础砂浆强度/MPa | 在合格标准内 | 砂浆试件强度 | 3 |
| | | 混凝土基础混凝土强度/MPa | | 混凝土试件强度 | |
| 3 | 平面尺寸/mm | | ±50 | 尺量:长、宽各3处 | 2 |
| 5△ | 基础底面高程/mm | 土质 | ±50 | 水准仪:测量5~8点 | 2 |
| | | 石质 | +50, −200 | | |
| 4 | 基础顶面高程/mm | | ±30 | 水准仪:测量5~8点 | 1 |
| 2 | 轴线位置/mm | | 25 | 经纬仪:纵、横各测量2点 | 2 |

注:"△"标识为关键项目(涉及结构安全和使用功能的重要实测项目)。

**【知识链接一】**

## 砌体材料和砌筑方法

1. 砌体材料

1)岩石

岩石应符合设计规定的类别和强度,石质应均匀、不易风化,无裂缝。岩石分为片石、块石和粗料石三种，其材料要求如下。

(1)片石：用爆破或楔劈法开采的石块，形状大致呈片状，厚度不应小于150 mm。用作镶面的片石，应选择表面较平整、尺寸较大者，并稍加修整。

(2)块石：稍加修凿的石块，形状大致方正，上下面大致平整，厚度200~300 mm，宽度为厚度的1.0~1.5倍，长度为厚度的1.5~3.0倍。

(3)粗料石：按一定尺寸修凿的石块，外形应方正，呈六面体，厚度200~300 mm，宽度为厚度的1.0~1.5倍，长度为厚度的2.5~4.0倍。

2)混凝土预制块

混凝土预制块形状、尺寸应统一，其规格与粗料石相同，表面应整齐美观。

3)砂浆

常用的砂浆强度有M10、M7.5、M5等。砂宜采用中砂或粗砂。砂的最大粒径，当用于片石砌筑时，不宜超过5 mm；当用于块石、粗料石砌筑时，不宜超过2.5 mm。砂浆配制一般采用质量比，并应具有良好的和易性，以用手能将砂浆捏成小团，松手后既不松散，又不从灰铲上流下为度。砂浆的流动性一般为50~70 mm。砂浆要随拌随用，一般在3~4 h内使用完毕。如砂浆发生离析、泌水，砌筑前要重新拌和；对已凝结的砂浆，不得用于砌体施工。

2. 砌体强度

影响砌体强度的主要因素是岩石强度，其他因素有岩石规格和砂浆强度。强度稍低的岩石，如果形状方正平整，用较高强度等级的砂浆砌筑，就可获得较高的砌体强度。如果为形状不规则的岩石(片石)，则把岩石和砂浆强度都提高，也可获得要求的砌体强度。

3. 砌筑方法

1)铺浆法

先铺一层坐浆，然后把片石放上，用手使劲推紧，每层高度视岩石尺寸确定，一般不应超过0.4 m，随时选择厚度适合的石块，用作砌平整理，空隙处先填满较稠的砂浆，用灰刀或捣固棒插实，再用适当的小石块卡紧填实，然后再铺上层坐浆，以同样方法继续铺砌上层石块。

2)挤浆法

挤浆法一般分层砌筑，每层的高度宜在0.7~1.2 m。层与层间的砌缝应大致砌成水平，即每3~4层石块找平一次，层内的每层石块不必铺通层找平砂浆，而按岩石的形状，逐段铺好安砌上层石块的坐浆。每砌一块片石，均应先铺坐浆，再将石块安上，经左右轻轻揉动，再用锤子轻击石块，将灰缝砂浆挤压密实。在已砌好片石侧面继续安砌时，应在相邻侧面先抹砂浆，再砌片石，并向下面及抹浆的侧面用手挤压，用锤子轻击，使下面和侧面的砂浆挤实。

**【知识链接二】**

## 钢筋施工

1. 材料

桥梁常用的普通钢筋有强度等级代号为R235(即Ⅰ级)的热轧光圆钢筋、牌号为

HRB335 和 HRB400 的热轧带肋钢筋以及强度等级代号为 KL400 的余热处理钢筋,其有关符号和抗拉强度标准值 $f_{sK}$、弹性模量 $E_p$ 等指标见表 2.1.3。

表 2.1.3 普通钢筋抗拉强度标准值和弹性模量

| 钢筋种类 | 公称直径/mm | 符号 | 抗拉强度标准值 $f_{sK}$/MPa | 弹性模量 $E_p$/MPa |
|---|---|---|---|---|
| R235 | 8~20 | Φ | 235 | $2.1\times10^5$ |
| HRB335 | 6~50 | Φ | 335 | $2.0\times10^5$ |
| HRB400 | 6~50 | Φ | 400 | $2.0\times10^5$ |

2. 钢筋的检验

(1)进场的钢材应有出厂质量证明书和试验报告单,并应抽样检验。

(2)钢筋检验包括外观检查和力学性能试验。钢筋检验应分批进行,每批质量不超过 60 t。

(3)每批钢筋中任取试件 9 根。其中:3 根做拉伸试验,以确定屈服点、抗拉强度和伸长率;3 根做冷弯试验;3 根做焊接试验。

(4)拉伸试验和冷弯试验中,如有一项不合格,则应重取双倍试样检验;如仍有不合格,则此批钢筋不能用。

(5)钢筋接头的检验,钢筋的接头有闪光对焊接、电弧焊接、套筒连接。

抽检的共同内容有:拉伸试验。要求 3 个试件的抗拉强度均不得小于规定值,至少有两个试件断于焊缝之外,而且是塑性断裂;否则应双倍取样,若复检出现有一个试件的抗拉强度低于规定值或有一个试件断于焊缝处或 3 个试件均呈现脆性断裂,则该批接头视为不合格品。

3. 钢筋下料长度

钢筋下料长度 = 外包尺寸之和 - 量度差值 + 弯钩增加长度

箍筋下料长度 = 箍筋周长 + 箍筋调整值

(1)外包尺寸:指设计图纸中注明的钢筋尺寸。

(2)量度差值:指弯曲钢筋的外包尺寸与轴线长度之间存在的差值,可参考表 2.1.4 取用($d$ 为钢筋直径)。

表 2.1.4 钢筋量度差值

| 弯曲角度 | 30° | 45° | 60° | 90° | 135° |
|---|---|---|---|---|---|
| 量度差值 | $0.35d$ | $0.5d$ | $0.85d$ | $2d$ | $2.5d$ |

(3)弯钩增加长度:钢筋的弯钩应符合设计要求,如设计无要求,应符合表 2.1.5 的规定。

表 2.1.5 中,半圆弯钩的增加长度为 $6.25d$,如图 2.1.15 所示。

表 2.1.5 钢筋弯钩形状

| 弯曲部位 | 弯曲角度 | 形状图 | 钢筋种类 | 弯曲直径 | 平直部分长度 | 备注 |
|---|---|---|---|---|---|---|
| 末端弯钩 | 180° | 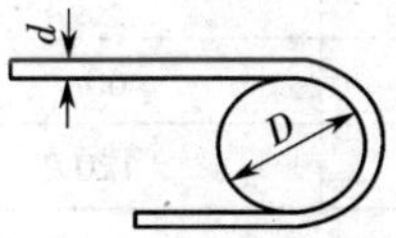 | R235 | ≥2.5$d$ | ≥3$d$ | $d$ 为钢筋直径 |
| | 135° | 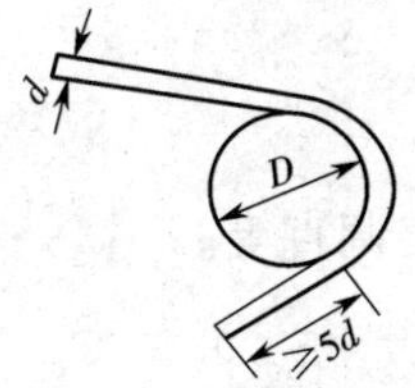 | HRB335 | 8～25≥4$d$ | ≥5$d$ | |
| | | | HRB400 | 8～25≥5$d$ | | |
| | 90° | 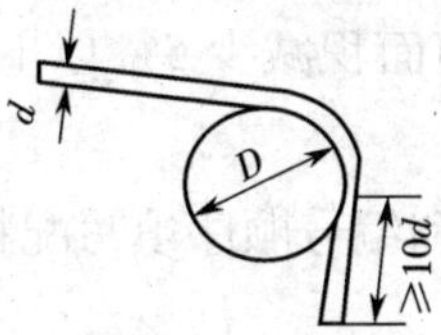 | HRB335 | 8～25≥4$d$ | ≥10$d$ | |
| | | | HRB400 | 8～25≥5$d$ | | |
| 中间弯钩 | 90°以下 | 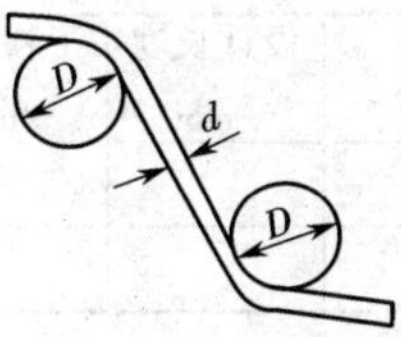 | 各类 | ≥20$d$ | | |

(4)箍筋调整值:用 R235 钢筋制作的箍筋,其末端应做弯钩,弯曲直径应大于主筋直径,且不小于箍筋直径的 2.5 倍。弯钩平直部分长度,不应小于箍筋直径的 5 倍;有抗震要求的结构,不应小于钢筋直径的 10 倍。箍筋弯钩的形式,如设计无要求,可按图 2.1.16(a)、(b)加工如有抗震要求,应按图 2.1.16(c)加工。

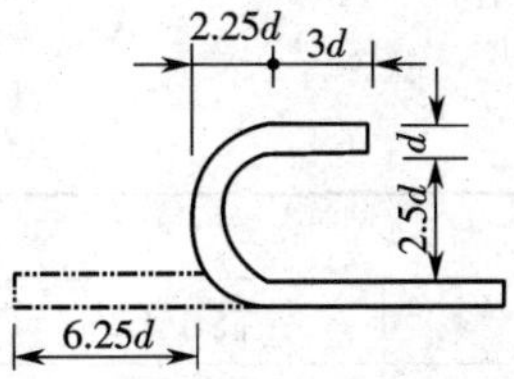


图 2.1.15 半圆弯钩示意

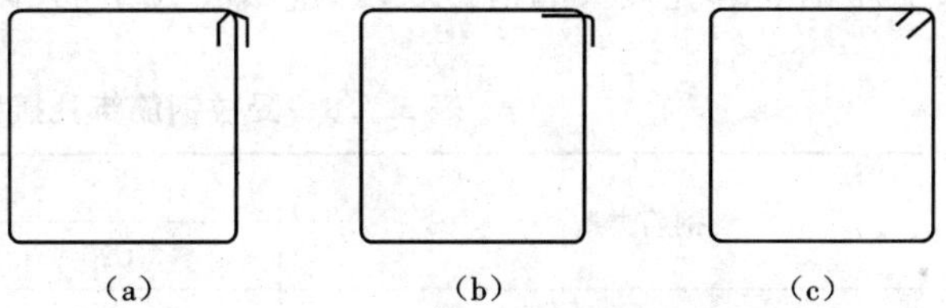


图 2.1.16 箍筋弯钩示意

箍筋调整值为箍筋弯钩增加长度和量度差值两项的总计,可参照弯钩增加长度和量度差值来确定。对非抗震结构,R235 钢筋的箍筋调整值可参考表 2.1.6 取用。

表 2.1.6 箍筋调整值

mm

| 箍筋周长度量方法 | 箍筋直径 | | | |
|---|---|---|---|---|
| | 4～5 | 6 | 8 | 10～12 |
| 量外包尺寸 | 40 | 50 | 60 | 70 |
| 量内包尺寸 | 80 | 100 | 120 | 150～170 |

4. 钢筋加工

1) 钢筋调直

钢筋调直的方法有调直机调直、冷拉调直和人工调直等。

2) 钢筋除锈

可用钢丝刷或喷砂枪喷砂对钢筋进行除锈去污，也可将钢筋在砂堆中来回抽动以除锈去污。调直去污后的钢筋表面伤痕不应使钢筋截面面积减少 5% 以上。

3) 钢筋配料

应根据设计图将不同直径和长度的钢筋按规格和编号顺序填写配料单，见表 2.1.7。

表 2.1.7 钢筋配料单

| 构件名称 | 图号 | 钢号 | 钢筋编号 | 直径/mm | 形状 | 设计长度/mm | 下料长度/mm | 根数 | 总质量/kg |
|---|---|---|---|---|---|---|---|---|---|
| | | | | | | | | | |
| | | | | | | | | | |

4) 钢筋配料的注意事项

(1) 对于有接头的钢筋，配料时应注意使接头设置在内力较小处，并错开布置；对轴心受拉构件中的钢筋接头，不得采用绑扎接头；普通混凝土中直径大于 25 mm 的钢筋，应采用焊接。

(2) 当采用绑扎搭接连接时，受拉钢筋绑扎接头的最少搭接长度，应符合表 2.1.8 的规定；受压钢筋绑扎接头的搭接长度，应取受拉钢筋绑扎接头搭接长度的 7/10。

表 2.1.8 受拉钢筋绑扎接头的搭接长度

| 钢筋类型 | | 混凝土强度 | | |
|---|---|---|---|---|
| | | C20 | C25 | 高于 C25 |
| R235 | | $35d$ | $30d$ | $25d$ |
| 月牙纹钢筋 | HRB335 | $45d$ | $40d$ | $35d$ |
| | HRB400 | $55d$ | $50d$ | $45d$ |

注：$d$ 为钢筋直径。

(3) 当钢筋接头连接采用电弧焊时，接头双面焊缝的长度不应小于 $5d$，单面焊缝的长度不应小于 $10d$（$d$ 为钢筋直径）。

(4)在接头长度区段内,同一根钢筋不得配置有两个接头。在接头长度区段内的受力钢筋,其接头的截面面积占总截面面积的百分率应符合表2.1.9的规定。接头长度区段对于焊接接头是指钢筋长度方向35$d$($d$为钢筋直径)范围内,但不得小于500 mm;对于绑扎接头是指1.3倍的搭接长度。

**表2.1.9 接头长度区段内的受力钢筋接头截面面积的最大百分率**

| 接头形式 | 接头截面面积占总截面面积的最大百分率 | |
|---|---|---|
| | 受拉区 | 受压区 |
| 主钢筋绑扎接头 | 25% | 50% |
| 主钢筋焊接接头 | 50% | 不限制 |

(5)电弧焊接头和绑扎接头与钢筋弯曲处的距离不应小于10倍的钢筋直径,也不宜位于构件最大弯矩处。

(6)受拉区内R235钢筋绑扎接头的末端应做弯钩,HRB335、HRB400钢筋绑扎接头末端可不做弯钩。直径等于或小于12 mm受压R235钢筋的末端,可以不做弯钩,但搭接长度不应小于钢筋直径的30倍。

(7)配料时,要考虑钢筋的形状和尺寸在满足设计要求的前提下有利于加工安装,还要考虑施工需要的附加钢筋。例如,在双层钢筋网中保证上层钢筋网位置用的钢筋撑脚等。

(8)预应力钢筋有对焊接头时,要将接头设置在受力较小处。在结构受拉区及在相当于预应力筋30$d$($d$为预应力筋直径)长度且不小于500 mm范围内,对焊接头的预应力筋截面面积不得超过该段预应力钢筋总截面面积的25%。

5)钢筋切断

可用切割机或裁断机进行切断,也可用电焊机电弧切断;但对预应力钢筋应用砂轮机进行锯断。

6)钢筋弯曲

操作程序:画线→试弯→弯曲成型。

(1)画线:如图2.1.17所示,在钢筋的中心线处画第一道线;取中段的一半并减除钢筋弯曲伸长值0.5$d$,画第二道线;取斜段长减钢筋弯曲伸长值0.5$d$,画第三道线;取直段长减$d$,画第四道线。

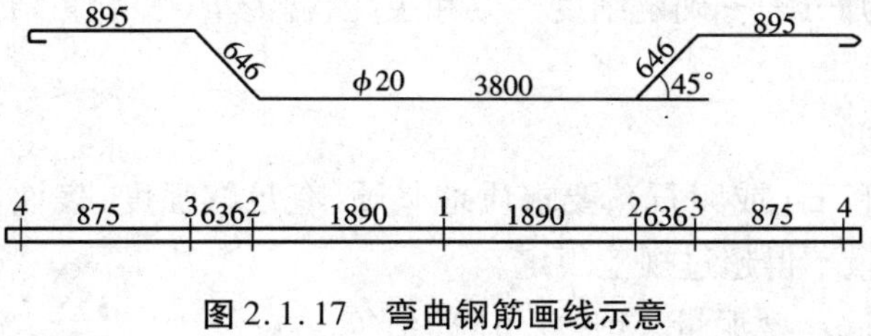


图2.1.17 弯曲钢筋画线示意

(2)试弯:成批钢筋弯曲操作前,首先对各种类型的弯曲钢筋都要试弯一根,待检查合格后,再进行成批弯曲。

(3)弯曲成型:有手工弯曲成型和机械弯曲成型等方法。

7)钢筋连接

钢筋连接方法有闪光接触对焊、电弧焊、螺套及套筒挤压连接和绑扎搭接等。

(1)闪光接触对焊。其优点是传力性能好,能适应直径大于10 mm的各种钢筋,是钢筋接长的首选方案。外观检查应满足:焊接接头要有适当的镦粗和均匀的金属毛刺,表面没有裂纹和明显的烧伤,接头无弯折,轴线无偏移。拉伸试验应满足:断裂部位不能出现在接头处,接头的抗拉极限强度不能小于该种钢筋的抗拉极限强度。绕规定直径的芯棒做冷弯试验时应满足:不得出现裂纹,亦不得沿焊接部位破坏。

(2)电弧焊。外观检查应满足:焊缝没有缺口、裂缝和较大的金属焊瘤;接头处钢筋的轴线偏角不得大于4°;轴线的偏移不得大于钢筋直径的1/10,且不得大于3 mm;焊缝的宽度、高度和长度应符合要求。力学性能试验:同“闪光接触对焊”。

(3)螺套及套筒挤压连接:先用机床将钢筋两端铰出锥形螺纹,再用特制的螺套连接器将钢筋连接起来。或者在两根待接钢筋的端头处先后插入一个优质钢套筒,用压接器在侧向将钢筋接头处的钢套筒压紧,当套筒发生塑性变形后,即与钢筋紧密咬合,达到连接效果。其优点是使用方便,能缩短工期,适用范围大;缺点是需要大量钢材,成本较高。

(4)绑扎搭接:当采用绑扎连接时,应在搭接中心和两端用铁丝扎牢;搭接长度应满足设计要求和规范规定。

**【知识链接三】**

## 混凝土施工

1.原材料

1)水泥

(1)每批进场水泥,必须附有质量证明书,对标号、品质不明或超过出厂日期三个月者,应取样试验,鉴定后方可使用。

(2)检查项目:水泥细度、凝结时间、安定性、强度等。

(3)常用水泥在出厂超过三个月后视为过期水泥,使用时必须重新检验确定强度等级。

2)砂

(1)混凝土用的砂子,应采用级配合理、质地坚硬、颗粒洁净的天然砂,砂中有害杂质含量不得超过规范规定。

(2)试验项目有筛分——确定细度模数和级配、含泥量(影响黏结力或引起裂缝)、有机质含量等。

3)碎石(或卵石)

(1)混凝土用的碎石(或卵石),要求质地坚硬、有足够强度、表面洁净,针状、片状颗粒以及泥土、杂物等含量不得超过规范规定。

(2)试验项目:筛分、含泥量、针片状、压碎值等。

4)水

水中不得含有妨碍水泥正常硬化的有害杂质,不得含有油脂、糖类和游离酸等。pH值小于5的酸性水及硫酸盐含量较高的水不得使用。

5)外加剂

常用的外加剂有减水剂、早强剂、促凝剂和缓凝剂等几种。

2. 混凝土配合比

(1)按试配强度,进行初步配合比的确定。

(2)通过调整工作性能确定实验室配合比。

(3)通过强度试验,提出更安全、更经济的配合比。

(4)现场检测砂和石的含水量,计算施工配合比。

3. 混凝土拌制

混凝土拌制有人工拌制、机械拌制等方式。在桥梁施工中,一般均采用机械拌制。

1)投料

(1)投料前,各种衡量器应定期校验,以保持测量准确;投料时,为严格控制混凝土的配合比,原材料的数量应采用质量计量,且必须准确。一般袋装水泥以包为单位,砂、石必须过秤,其质量偏差不得超过规范规定。

(2)投料顺序:有一次投料法和两次投料法两种。

①一次投料法是目前普遍采用的方法。它是将石子、水泥、砂和水同时加入搅拌筒中进行搅拌。

②两次投料法常分两次加水、两次搅拌。即先将全部石子、砂和适量拌和水(约70%)投入搅拌机拌和并使骨料湿润,再投入全部水泥进行搅拌,然后加入余下的拌和水再进行糊化搅拌即可。

2)搅拌时间

搅拌时间是指从原材料全部投入搅拌筒开始搅拌时起,到卸料为止所经历的时间。搅拌的最短时间应符合表2.1.10的规定。

表2.1.10 混凝土搅拌的最短时间

| 搅拌机类型 | 搅拌机容量/L | 混凝土坍落度/mm | | |
|---|---|---|---|---|
| | | <30 | 30~70 | >70 |
| | | 混凝土搅拌的最短时间/min | | |
| 自落式 | ≤400 | 2.0 | 1.5 | 1.0 |
| | ≤800 | 2.5 | 2.0 | 1.5 |
| | ≤1 200 | — | 2.5 | 1.5 |
| 强制式 | ≤400 | 1.5 | 1.0 | 1.0 |
| | ≤1 500 | 2.5 | 1.5 | 1.5 |

3)注意事项

混凝土拌制以石子表面包满砂浆、拌和均匀、颜色一致为标准,不能有离析和泌水现象。随时检查与校正混凝土的坍落度,严格控制水灰比,并观察其黏聚性和保水性。

4. 混凝土运输

混凝土运输包括水平运输、垂直运输等。

(1)水平运输:有双胶轮车、机动翻斗车和混凝土搅拌运输车等运输工具。

(2)垂直运输:有提升机、塔吊和混凝土泵等运输工具。

无论采取哪种运输工具,在运输过程中,应保持混凝土不漏浆、不析水,避免发生离析现象,并尽量缩短运输时间。混凝土从搅拌机卸料到浇筑完毕的延续时间不宜超过表2.1.11中的规定。

**表2.1.11 混凝土从搅拌机卸料到浇筑完毕的延续时间** min

| 混凝土强度等级 | 气温 | |
|---|---|---|
| | ≤25 ℃ | >25 ℃ |
| ≤C30 | 120 | 90 |
| >C30 | 90 | 60 |

5. 混凝土浇筑

1)入仓

为保证混凝土在自由倾落过程中不发生离析现象,应遵守下列规定。

(1)从高处直接倾卸时,自由倾落高度不宜超过2 m。

(2)当倾落高度超过2 m时,应通过串筒、溜管(槽)或振动溜管等设施输送;当倾落高度超过10 m时,应设置减速装置。

(3)在串筒出料口下面,混凝土堆积高度不宜超过1 m。

(4)当钢筋较密时,混凝土自由倾落高度不宜超过30 cm,以免因钢筋碰撞而导致石子与砂浆分离。

2)分层浇筑

混凝土浇筑应按一定厚度、顺序和方向进行。在下层混凝土初凝或能重塑前应浇筑完成上层混凝土。分层厚度应根据拌和能力、运输距离、浇筑速度、气温及振捣器工作能力决定,不宜超过表2.1.12中的规定。

**表2.1.12 混凝土分层浇筑厚度**

| 振捣方法 | | 浇筑层厚度/mm |
|---|---|---|
| 用插入式振动器 | | 300 |
| 用附着式振动器 | | 200 |
| 用表面振动器 | 无筋或配筋稀疏时 | 250 |
| | 配筋较密时 | 150 |
| 人工捣实 | 无筋或配筋稀疏时 | 200 |
| | 配筋较密时 | 150 |

分层浇筑有全面分层、分段分层、斜面分层等几种方式。

(1)全面分层,如图 2.1.18(a)所示。在整个混凝土内部全面分层浇筑混凝土,第一层浇完后,在混凝土初凝前立即浇筑第二层,如此逐层进行直至浇筑完毕。

(2)分段分层,如图 2.1.18(b)所示。混凝土从底层开始浇筑,进行一定距离后再回来浇筑第二层。如此依次向前浇筑以上各层。上下层浇筑间距应保持在 1.5 m 以上。

(3)斜面分层,如图 2.1.18(c)所示。在倾斜面上浇筑混凝土时,应从低处开始逐层扩展升高,保持水平分层。振捣时从浇筑层的下端开始,逐渐上移,以保证混凝土浇筑质量。

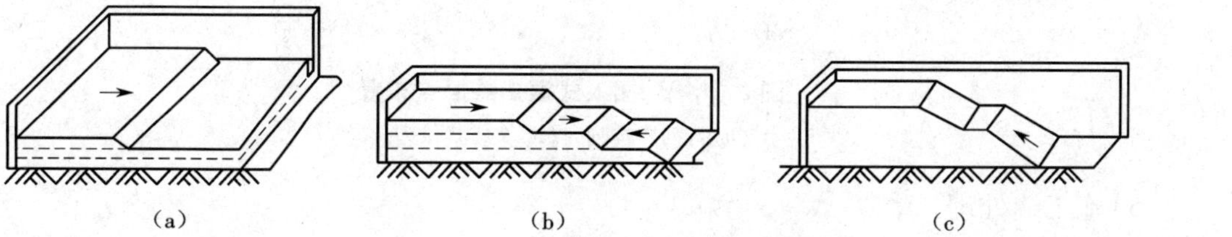

**图 2.1.18 混凝土分层浇筑**

(a)全面分层 (b)分段分层 (c)斜面分层

3)大体积混凝土浇筑

由于混凝土在凝结过程中产生大量的水化热,表层混凝土比其内部散热快,在内外温差的作用下,使混凝土表面产生裂缝。因此,应采取分层、分块的方式进行浇筑,并采取以下措施。

(1)尽量安排在夜间气温较低时进行浇筑,把厚大的混凝土体分成块和减小浇筑层厚度,加快混凝土散热速度。

(2)用改善骨料级配、降低水灰比,以及掺加混合料、外加剂等方法减少水泥用量;采用水化热低的大坝水泥、矿渣水泥、粉煤灰水泥或低强度水泥。

(3)在混凝土内埋设冷却管通水冷却;混凝土用料要遮盖,避免日光暴晒,并用冷却水搅拌混凝土,以降低出料温度。

(4)在气温骤降的天气或寒冷季节浇筑混凝土后,应注意覆盖保温,加强养生。

4)混凝土振捣

混凝土振捣有插入式振捣、平板式振捣和附着式振捣等几种方式。振捣密实的标志是该部分混凝土停止下沉、不再冒出气泡、表面平坦并开始泛浆。

(1)插入式振捣:振动棒插入混凝土时要垂直,不可触及模板和钢筋;振捣时快插慢拔,插点要均匀,可按行列式或交错式进行,两点间距离以 1.5 倍或 1.75 倍作用半径(作用半径约为振动棒半径的 8 ~10 倍)为宜,如图 2.1.19 所示。该方式适用于非薄壁构件的振捣。

(2)平板式振捣:在混凝土浇筑层的表面进行振捣,适用于混凝土面积较大的振捣,如实心板、空心板的底板和顶板等。平板式振捣时,前后交接处应搭接 100 mm 左右,振捣时间为 20 ~40 s。

(3)附着式振捣:安装在模板外部进行振捣,适用于薄壁构件的振捣,如 T 形梁等,一般只有在钢筋过密而无法采用插入式振捣器时才采用。

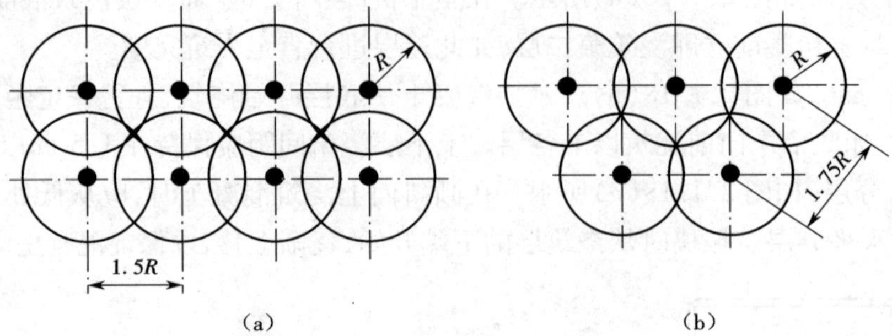


**图 2.1.19　插入式振捣器插点布置**

(a)行列式排列　(b)交错式排列

5)施工缝处理

混凝土浇筑需连续进行,如必须间断,则要设置施工缝。施工缝的要求如下:

(1)一般留置在结构受剪力和弯矩较小且便于施工的部位;

(2)浇筑混凝土前应凿除施工缝处下层混凝土表面的水泥砂浆和松散层,并用水冲洗干净,待下层混凝土强度达到1.2 MPa(钢筋混凝土为2.5 MPa)后,方可浇筑上层混凝土;

(3)在浇筑上层混凝土前,垂直接缝应刷一层净水泥浆,水平接缝应铺一层厚为10~20 mm的1∶2水泥砂浆;

(4)无筋构件的施工缝应加锚固钢筋和石榫;

(5)对施工缝处的混凝土,振捣器应离先浇筑混凝土50~100 mm,并加强振捣,以使新旧混凝土紧密结合。

6)混凝土养护

混凝土一般应在收浆后尽快予以覆盖(如用土工布覆盖)和洒水养护,并保持在湿润状态。混凝土洒水养护时间一般不小于7 d。

常用的养护方法有覆盖浇水养护、薄膜布养护和蒸汽加热法养护等。

6. 混凝土季节性施工

混凝土季节性施工包括雨季施工、高温季节施工及低温季节施工。

1)雨季施工

(1)按时收集本地气象预报资料,在浇筑现场设置排水沟、集水井,并做好现场排水措施。

(2)施工现场的道路必须做到排水畅通。

(3)做好电气设备防雨、防潮工作,并有可靠的防漏电触电的保护措施,雷区应设置防雷措施。

(4)混凝土浇筑面不宜过大,应逐段、逐片进行,施工完毕后,用塑料布及时覆盖。

2)高温季节施工

(1)对砂石料采取遮阴防晒、喷水降温等措施。

(2)降低拌制混凝土用水水温(如用冷却装置降温)。

(3)掺减水剂以减少水泥用量和降低水化热。

(4)尽量选择在夜间温度较低时浇筑混凝土。

(5)混凝土浇筑后应立即覆盖塑料布,初凝后换浸湿的粗麻布,并保持潮湿状态至少7 d。

3)低温季节施工

Ⅰ.一般措施

减少用水量,增加拌和时间,改进运输工具,并在其周围设置保温装置,减少热量损失。

Ⅱ.原材料加热

对拌和用水加热,再对集料进行加热(除水泥外)。各项材料加热的温度不得超过表2.1.13 中的规定。

**表 2.1.13　拌和水及集料最高加热温度**　(℃)

| 项目 | 拌和水 | 集料 |
|---|---|---|
| 强度等级小于 52.5 级的普通硅酸盐水泥、矿渣硅酸盐水泥 | 80 | 60 |
| 强度等级等于及大于 52.5 级的普通硅酸盐水泥、矿渣硅酸盐水泥 | 60 | 40 |

注:当集料不加热时,水可加热到 100 ℃,但水泥不应与 80 ℃以上的水直接接触,投料顺序为先投集料和已加热的水,然后再投入水泥。

投料前,用热水或蒸汽冲洗搅拌机,集料不得带有冰雪和冻结块。

拌和时,先将集料和水拌和一定时间,再加水泥搅拌,以避免水泥与热水接触,产生“假凝现象”。拌和时间应较常温时延长 50%。混凝土拌和物的出机温度不宜低于 10 ℃,入模温度不得低于 5 ℃。

Ⅲ.掺早强剂

掺早强剂,可防止混凝土早期冻结。常用的早强剂有氯化钙、氯化钠、三乙醇胺、亚硝酸钠复合剂等。

Ⅳ.提高养护温度

(1)蓄热法:养护时不得低于 10 ℃,外界气温不低于 -20 ℃。一般采用加厚模板、双层模板或覆盖稻草、草帘、锯末等作为保温材料。

(2)暖棚法:把结构物用棚子盖起来,在棚内生火,使温度保持在 10 ℃左右,不低于 5 ℃。

(3)电热法:在混凝土内埋入导线(钢筋或铅丝)通电,使电能变为热能。

(4)蒸汽加热法:把构件放在封闭的养护室内,通以湿热蒸汽加以养护。蒸汽养护分为如下三个阶段。

①升温阶段:为防止混凝土因体积膨胀太快而产生裂缝,升温时塑性混凝土不宜超过 10 ~ 15 ℃/h,干硬性混凝土不宜超过 30 ~ 35 ℃/h,厚大构件不宜超过 10 ℃/h,且当表面系数小于 6 时,也不得超过 10 ℃/h。

②恒温阶段:硅酸盐水泥、普通水泥拌制的混凝土养护温度不宜超过 60 ℃,其他水泥拌制的混凝土不宜超过 80 ~ 85 ℃。恒温时间为 8 ~ 12 h。

③降温阶段:降温时不宜超过 15～20 ℃/h,对厚大构件不宜超过 10 ℃/h。

7. 混凝土的质量检查

1)混凝土浇筑前的质量检验

(1)检查混凝土浇筑要用到的设备、场地、原材料和配合比。

(2)检查钢筋和预埋件等隐蔽工程及支架、模板、拱架。

2)混凝土浇筑过程中的质量检查

(1)每日开工前(1 次)及气候有较大变化时,检测砂、石的含水率,并根据砂、石实际含水率调整搅拌用水量。

(2)每个工作班至少检查 2 次混凝土组成材料的质量,砂石料有显著变化时,则进行级配调整;同时检查混凝土的用量,要求投料量偏差在允许范围内。

(3)每个工作班至少检查 2 次混凝土的和易性(坍落度等)。

(4)随时检查混凝土的拌和时间、拌和方法、运输方法、浇筑方法和模板支架的稳固性等。

3)混凝土浇筑后的质量检查

(1)检查养护情况、混凝土外观、拆模时间和外形尺寸。

(2)检查所制取混凝土试件的强度。

4)混凝土试件制取

混凝土强度的大小直接反映构件的质量,检测强度用的试块,一组为 3 块,根据工程量大小,按下列要求留置。

(1)不同强度等级及不同配合比的混凝土应分别制取试件,试件在浇筑地点或搅拌点随机制取。

(2)浇筑一般体积的结构物(如基础、墩台、柱梁等)时,每个结构物制取 2 组。

(3)连续浇筑大体积结构物混凝土时,每 80～200 $m^3$ 或每一工作班制取 2 组。

(4)每片梁长 16 m 以下制取 1 组,16～30 m 制取 2 组,31～50 m 制取 3 组,50 m 以上者不少于 5 组。

(5)就地浇筑的混凝土小桥涵,每一座或每一工作班制取不少于 2 组;当原材料和配合比相同,并由同一拌和站拌制时,可合并制取 2 组。

(6)根据施工需要,制取多组与构件相同养护条件的混凝土试块,可以通过这些试块反映构件的实际强度情况,并在如拆模、出槽、吊装、张拉、加载等施工阶段为施工提供可靠的控制依据。

5)试块抗压强度代表值

(1)混凝土抗压强度采用边长为 150 mm 的立方体标准试件在温度为(20±3)℃及相对湿度不低于 90% 的环境中养护 28 d 做抗压试验测得(单位 MPa)。在进行混凝土强度试配和质量评定时,取其保证率为 95%。

(2)混凝土试块抗压强度代表值按以下方法确定。

①一般取 3 个试块强度的算术平均值作为每组试块的抗压强度代表值。

②当一组试块中强度的最大值或最小值与中间值之差,有一个超过中间值的 15% 时,

取中间值作为该组试块的抗压强度代表值。

③当一组试块中强度的最大值和最小值与中间值之差,两个都超过中间值的15%时,该组试块的试验结果无效。

(3)当采用非标准尺寸试件做抗压强度试验时,其抗压强度应按表2.1.14所列系数进行换算。

表2.1.14 混凝土试件抗压强度换算系数

| 骨料最大粒径/mm | 试件尺寸/(mm×mm×mm) | 换算系数 |
|---|---|---|
| 60 | 200×200×200 | 1.05 |
| 30 | 100×100×100 | 0.95 |

注:采用150 mm×150 mm×150 mm的标准试件,其骨料最大粒径为40 mm。

## 三、任务实施

按照学生工作页学习情境二任务一"扩大基础施工",完成本任务的实施。

## 四、课后练习

### (一)填空题

(1)土石围堰适用于水深________,流速________,渗水性较小的河床。

(2)草(麻)袋围堰适用于水深________,流速________,渗水性较小的河床。

(3)围堰的作用是________________________。

(4)垂直开挖的适用条件:________________________。

(5)坑壁加固的适用条件:________________________。

(6)基坑排水方法有________和________两种。

### (二)选择题

(1)喷射混凝土护壁的厚度为______cm。

A. 5~10　　B. 5~15　　C. 10~15　　D. 15~20

(2)井点类型有______。

A. 轻型井点　　B. 喷射井点　　C. 射流泵井点　　D. 深井泵井点

(3)砌石应遵循______的原则。

A. 分层卧砌　　B. 上下错缝　　C. 设置通缝　　D. 内外搭砌

(4)影响砌体强度的主要因素是______,其他因素有______和______。

A. 岩石质量　　B. 岩石强度　　C. 岩石规格　　D. 砂浆强度

(5)基底检验内容有______。

A. 基底承载力　　B. 是否有地下水　　C. 井点降水的布置　　D. 施工记录

(6)基础底面高程的允许偏差,对土质为______,对石质为______。

A. ±50　　B. +50，-200　　C. ±100　　D. +50，-200

(7)混凝土分层浇筑有______等几种方式。

A. 全面分层　　B. 分段分层　　C. 斜面分层　　D. 局部分层

**(三)判断题**

(1)集水坑排水法是采用基坑底部的排水沟收集进入基坑的地表水和地下水，然后汇入集水坑，再用水泵集中将水抽出基坑的排水方法。 (　　)

(2)如基坑开挖存在超挖，可回填虚土到设计标高。 (　　)

(3)泉眼可用堵塞或引排的方法处理。 (　　)

(4)砌筑方法有铺浆法和挤浆法。 (　　)

(5)钢筋检验，每批质量不超过 80 t。 (　　)

(6)当钢筋接头连接采用电弧焊时，接头双面焊缝的长度不应小于 $10d$，单面焊缝的长度不应小于 $20d$。 (　　)

(7)混凝土的搅拌时间是指从原材料全部投入搅拌筒开始搅拌时起，到卸料为止所经历的时间。 (　　)

(8)混凝土自由倾落高度不宜超过 3 m。 (　　)

(9)在串筒出料口下面，混凝土堆积高度不宜超过 1.5 m。 (　　)

(10)振捣密实的标志是混凝土停止下沉、不再冒出气泡、表面平坦并开始泛浆。 (　　)

**(四)简答题**

(1)简述扩大基础施工的工艺流程。

(2)简述围堰设置原则。

(3)简述大体积混凝土浇筑应采取的措施。

(4)简述施工缝的要求。

(5)简述混凝土低温季节施工应采取的措施。

# 任务二　桩基础施工

## 一、任务描述

根据钻孔灌注桩施工的相关知识和设计图纸，在勘探现场的情况下，能参与编制初步施工方案，能进行施工技术交底，能协助开展现场施工管理。

建议课时数:4。

## 二、相关知识

### (一)含义

钻孔灌注桩是采用钻机在土中钻出满足设计要求的桩孔，将钢筋骨架吊入桩孔中，然后灌注混凝土(或水下灌注混凝土)而形成的桩基础。

### (二)工艺流程

钻孔灌注桩施工工艺流程如图 2.2.1 所示,施工过程如图 2.2.2 所示。

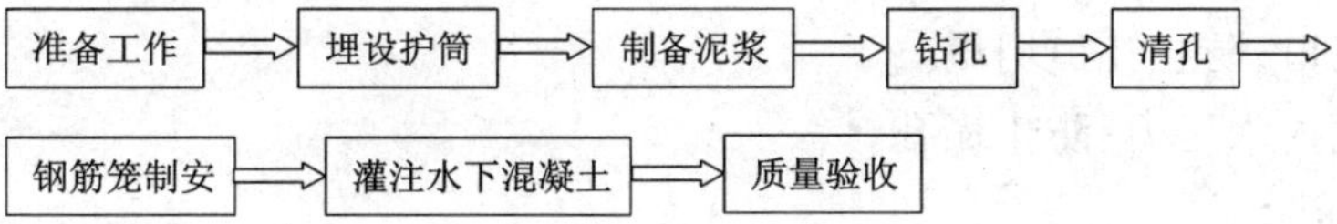


图 2.2.1　钻孔灌注桩施工工艺流程示意

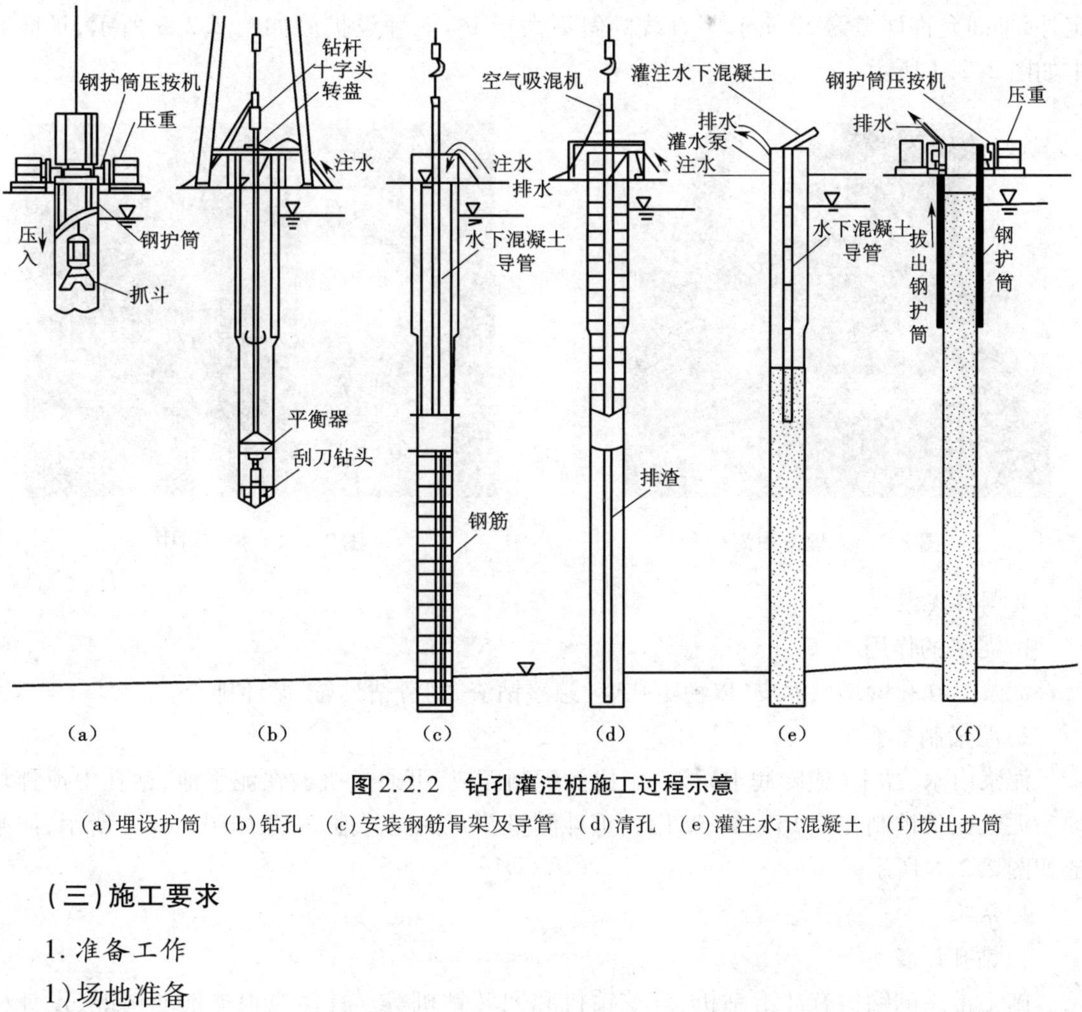


图 2.2.2　钻孔灌注桩施工过程示意

(a)埋设护筒　(b)钻孔　(c)安装钢筋骨架及导管　(d)清孔　(e)灌注水下混凝土　(f)拔出护筒

### (三)施工要求

1. 准备工作

1)场地准备

(1)干旱场地:应清除杂物,整平夯实。

(2)浅水场地:宜采用筑岛法施工。筑岛高度应高于最高施工水位 0.5~1.0 m。

(3)深水场地:搭设施工平台。平台须坚固稳定,并能承受所有动、静荷载。

2)测放桩位

(1)施工前应用全站仪测量放出桩位,并设置好控制桩,以便施工时随时校核。

(2)桩位偏差不得超过规范及设计的要求。

2. 埋设护筒

1)护筒的作用

(1)固定桩位,对钻孔作导向。

(2)保护孔口,防止孔口坍塌。

(3)增加孔内水压力,防止塌孔。

2)埋设要求

一般情况埋置深度宜为 2 ~4 m,特殊情况应加深以保证钻孔和灌注混凝土的顺利进行。护筒内径宜比桩径大 20 ~40 cm。护筒中心竖直线应与桩中心线重合,除设计另有规定外,平面允许误差为 50 mm,竖直线倾斜不大于 1% 。埋设护筒如图 2.2.3 所示,护筒对中如图 2.2.4 所示。

**图 2.2.3 埋设护筒**

**图 2.2.4 护筒对中**

3. 制备泥浆

1)泥浆的作用

泥浆是在孔壁形成泥皮,以稳定孔壁、悬浮钻渣、润滑钻具、正循环排渣。

2)泥浆制备要求

泥浆由水、黏土(或膨润土)按一定比例配制而成,可通过机械在泥浆池、钻孔中搅拌均匀。泥浆比重控制在 1.15 ~1.20,用比重计测量。开挖泥浆池、造浆如图 2.2.5 所示,泥浆池如图 2.2.6 所示。

4. 钻孔

1)钻孔设备

施工常用的钻机有冲击钻机、旋挖钻机和回转钻机等。具体应根据地质情况、设计桩长和桩径以及施工条件选择钻机类型,同时应兼顾施工工期、经济成本等影响因素。

(1)冲击钻机:主要适用于卵(漂)石土、岩层中钻孔,如图 2.2.7 所示。

(2)旋挖钻机:适用于砂性土、砂卵石和风化岩层,如图 2.2.8 所示。

(3)回转钻机:可分为正循环回转钻机和反循环回转钻机。其特点是泥浆循环方式不同,压入泥浆为正循环,抽出泥浆为反循环。

图 2.2.5　开挖泥浆池、造浆

图 2.2.6　泥浆池

图 2.2.7　冲孔钻机

图 2.2.8　旋挖钻机

①正循环回转钻机:适用于黏(粉)土、砂砾土等土层,如图 2.2.9 所示。

②反循环回转钻机:适用于黏性土、砂性土、砂卵石和风化岩层,如图 2.2.10 所示。

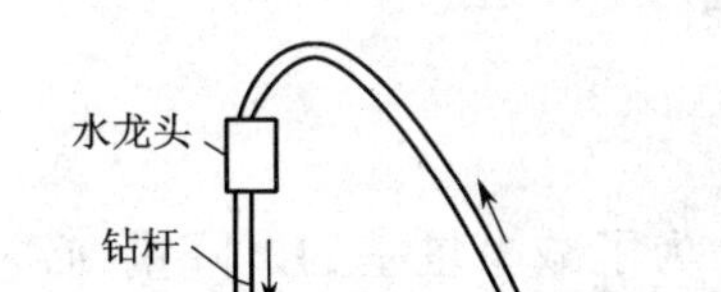


图 2.2.9　正循环回转钻机

(成孔示意图)

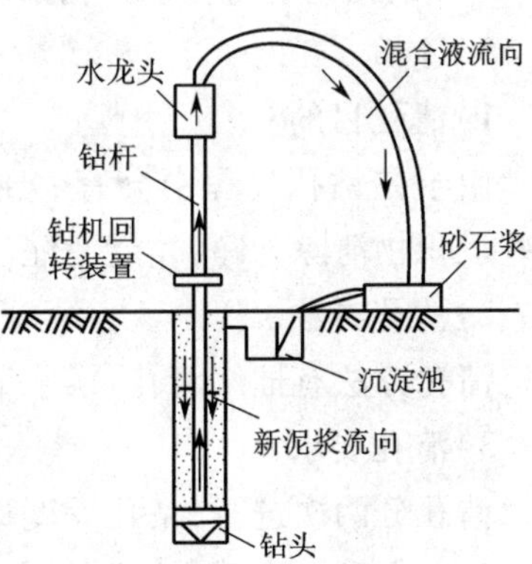


图 2.2.10　反循环回转钻机

(成孔示意图)

2)钻孔施工

(1)钻机就位时,应采取措施使钻具中心和桩位中心重合,其偏差不应大于 20 mm。钻机就位后应平整稳固,确保在钻进过程中不产生位移和摇晃,如图 2.2.11 所示。

(2)开钻时,在一定范围内应慢速钻进,待导向部位或钻头全部进入土层后,方可加速钻进,如图2.2.12所示。

图2.2.11　**钻机就位**

图2.2.12　**钻机开钻**

(3)如果护筒外侧土质松散发生漏浆,可提起钻锥,向孔内倒入黏土,然后再放下钻锥倒转,使胶泥挤入孔壁堵住漏浆孔隙,稳定泥浆后继续钻进。

(4)钻进过程中,每钻进5~8 m应检查钻孔直径和垂直度;同时注意始终保持孔内水位差和泥浆浓度,以使泥浆起到护壁作用。

(5)钻孔作业应分班连续进行、一气呵成,不宜中途停钻,以避免塌孔。

(6)处理孔内事故或因故停钻,必须将钻头提出孔外。

(7)交接班时应交代钻进情况及下一班应注意事项,及时填写钻孔施工记录。

(8)钻孔完毕时,应及时报请监理验收,合格后,方可进入下一道工序。

5. 清孔

1)清孔目的

由于在钻孔过程中会有一部分泥浆和钻渣沉于孔底,为了减少桩基的沉降量,必须将这些沉积物清除干净,才能使灌注的混凝土与地层或岩层紧密结合,以保证桩的承载能力。

2)清孔方法

清孔方法有抽浆清孔、换浆清孔、掏渣清孔等。

3)清孔要求

清孔分两次进行,钻孔深度达到设计要求,对孔深、孔径、孔的垂直度等进行检查,符合要求后进行第一次清孔;钢筋骨架、导管安放完毕,混凝土浇筑之前,应进行第二次清孔。第一次清孔根据设计要求,施工机械采用换浆方法进行;第二次清孔根据孔径、孔深、设计要求采用正循环方法进行。不允许采取加深钻孔深度的方法代替清孔。

6. 钢筋笼制安

1) 钢筋笼制作

(1) 钢筋笼应按设计图纸要求进行制作，长桩钢筋笼应分段制作，分段长度应根据吊装设备的高度确定，同一截面的钢筋接头数量不得超过钢筋总根数的 50%；钢筋笼制作的尺寸偏差应满足设计与规范的要求。

(2) 在钢筋笼外侧设置控制保护层厚度的垫块，其间距竖向为 2 m，横向圆周不得少于 4 处；同时钢筋笼的顶端应设置吊环，如图 2.2.13 所示。

2) 钢筋笼吊放

钢筋笼搬运和吊装时，应防止变形；钢筋笼吊放入孔时，应居中、防止碰撞孔壁；钢筋笼吊放入孔后，应采用钢丝绳或钢筋固定，使其位置符合设计及规范要求，并保证在安放导管、清孔及灌注混凝土过程中不发生位移，具体如图 2.2.14 至图 2.2.16 所示。

图 2.2.13 钢筋笼制作

图 2.2.14 钢筋笼起吊

图 2.2.15 钢筋笼沉放

图 2.2.16 钢筋笼定位

7. 灌注水下混凝土

1) 基本原理

灌注水下混凝土是将导管上口漏斗中储存的首批混凝土在一定的落差压力作用下，通过密封连接的导管冲入孔底，将孔底沉渣和泥浆顶托上浮到距导管底口一定的高度，以阻止孔内水倒灌，然后随着混凝土连续不断地从导管内灌入，继续顶托孔内混凝土及面层泥浆逐步上升，直至设计桩顶高程以上 0.5 ~ 1.0 m，从而形成连续密实的混凝土桩身，如图

2.2.17 所示。

2）施工要点

（1）水下混凝土一般采用钢制导管灌注，导管接口采用丝扣或法兰连接，连接时必须加垫密封圈或橡胶垫，并上紧丝扣或螺栓。

（2）将导管居中插入到离孔底约 0.4 m 处，导管上口接漏斗，在接口处设球栓，以隔绝混凝土与导管内水的接触。

（3）灌注水下混凝土时，其混凝土拌和物供应能力应满足桩孔在规定时间内灌注完毕；混凝土灌注时间不得长于首批混凝土初凝时间。

（4）水下混凝土必须具备良好的和易性，坍落度宜为 180 ~ 220 mm。

（5）首批混凝土的数量应能满足孔内首次灌注的混凝土，其表面距导管底口不小于 1.0 m，以保证孔内水倒流到导管内。

（6）随着混凝土不断地从导管内灌注，孔内混凝土不断上升；为减少顶托阻力，应及时监测混凝土的上升高度，适时拆除导管以调整导管埋深。

（7）灌注过程中，如发生故障应及时查明原因，并按确定的处理方案进行处理。

（8）桩身混凝土的灌注标高应比设计桩顶标高高出 0.5 ~ 1.0 m，以确保桩身混凝土的浇筑质量；多余部分在浇筑承台混凝土前凿除。

（9）及时做好灌注时间、导管埋深、探测检查、故障处理等记录。

水下混凝土灌注示意如图 2.2.18 所示。

图 2.2.17 灌注水下混凝土

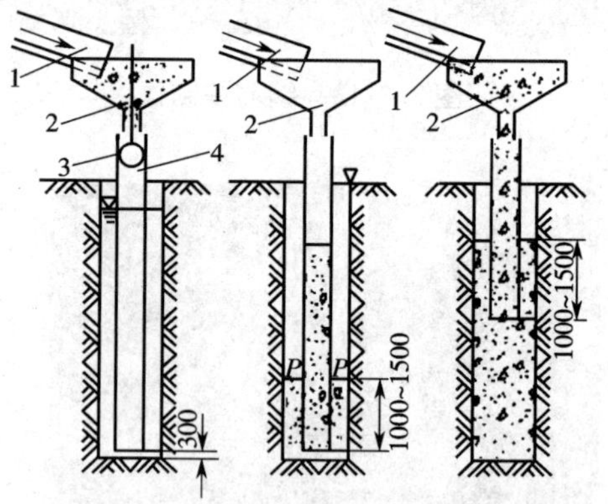


图 2.2.18 水下混凝土灌注示意

1—溜槽；2—漏斗；3—球栓；4—导管

**（四）质量验收**

1. 基本要求

（1）桩身混凝土所用的水泥、砂、石、水、外掺剂及混合材料的质量和规格必须符合有关规范的要求，按规定的配合比施工。

（2）成孔后必须清孔，测量孔径、孔深、孔位和沉淀层厚度，确认满足设计或施工技术规范要求后，方可灌注水下混凝土。

（3）水下混凝土应连续灌注，严禁有夹层和断桩。

(4)嵌入承台的锚固钢筋长度不得低于设计规范规定的最小锚固长度要求。

(5)应选择有代表性的桩采用无破损法进行检测,重要工程或重要部位的桩宜逐根进行检测。设计有规定或对桩的质量有怀疑时,应采取钻取芯样法对桩进行检测。

(6)凿除桩头预留混凝土后,桩顶应无残余的松散混凝土。

2. 实测项目

钻孔灌注桩的实测项目见表 2.2.1。

表 2.2.1 钻(挖)孔灌注桩实测项目

<table>
<tr><th>项次</th><th colspan="3">检查项目</th><th>规定值或允许偏差</th><th>检查方法和频率</th><th>权值</th></tr>
<tr><td>1△</td><td colspan="3">混凝土强度/MPa</td><td>在合格标准内</td><td>混凝土试件强度</td><td>3</td></tr>
<tr><td rowspan="3">2△</td><td rowspan="3">桩位/mm</td><td colspan="2">群桩</td><td>100</td><td rowspan="3">全站仪或经纬仪:<br>每桩检查</td><td rowspan="3">2</td></tr>
<tr><td rowspan="2">排架桩</td><td>允许</td><td>50</td></tr>
<tr><td>极限</td><td>100</td></tr>
<tr><td>3△</td><td colspan="3">孔深/m</td><td>不小于设计</td><td>测绳量:每桩测量</td><td>3</td></tr>
<tr><td>4△</td><td colspan="3">孔径/mm</td><td>不小于设计</td><td>探孔器:每桩测量</td><td>3</td></tr>
<tr><td>5△</td><td colspan="3">钻孔倾斜度/mm</td><td>1% 桩长,且不大于 500</td><td>用测壁(斜)仪或钻杆垂线法:<br>每桩检查</td><td>1</td></tr>
<tr><td rowspan="2">6△</td><td rowspan="2">沉淀厚度/mm</td><td colspan="2">摩擦桩</td><td>按设计要求,设计未规定时<br>按施工规范要求</td><td rowspan="2">沉淀盒或标准测锤:每桩检查</td><td rowspan="2">2</td></tr>
<tr><td colspan="2">支撑桩</td><td>不大于设计规定</td></tr>
<tr><td>7△</td><td colspan="3">钢筋骨架底面高程/mm</td><td>±50</td><td>水准仪:<br>测每桩骨架顶面高程后反算</td><td>1</td></tr>
</table>

注:“△”标识为关键项目(涉及结构安全和使用功能的重要实测项目)。

3. 检测方法

(1)混凝土试件检测。

(2)检测管超声波检测。

(3)钻孔取芯样检测。

(4)动力试桩检测承载力。

**【知识链接一】**

## 常见钻孔问题处理

1. 坍孔

(1)因泥浆起不到护壁作用而引起的塌孔。如轻度坍孔,则加大泥浆相对密度和提高水位;如严重坍孔,则投入黏土泥膏,待孔壁稳定后采用低速钻进。

(2)因护筒孔口漏水、填土不实而引起的塌孔,则改用深埋护筒,并将护筒周围回填土方,夯实后重新钻孔。

(3)因在松软砂层中钻进、进尺太快而引起的塌孔,则应控制进尺速度,并采用高质量泥浆护壁。

2. 钻孔偏斜

(1)因钻孔中遇有大孤石或探头石而引起的钻孔偏斜,则用钻机钻透。

(2)因倾斜的、软硬不匀的土层而引起的钻孔偏斜,则应控制进尺速度或用混凝土填平,待其凝固后再钻进。

(3)因钻杆弯曲或接头不正而引起的钻孔偏斜,则应及时调正钻杆或接头。

3. 卡钻

采用冲击锥钻进时,常发生卡钻现象。

(1)因遇到探头石或孔内掉入物体而引起的卡钻,则用小冲击锥冲击或用冲吸的方法将卡钻周围的钻渣松动后再提钻。

(2)因下钻太猛或钢绳过长而引起的卡钻,可松动钢丝绳,左右拔移、旋转。

(3)因孔内出现梅花孔而引起的卡钻,则下钻时应控制钻进速度。

4. 掉钻

(1)因卡钻时强提钢丝绳或钻杆疲劳断裂而引起的掉钻,则应在设有保护绳时才可适度强提,禁止钻头空打。

(2)因钻杆接头不良或滑丝而引起的掉钻,则应迅速用打捞叉钩、打捞活套等工具打捞,若钻头已被泥沙埋住,则可先用冲吸的方法清除泥砂后再打捞。

(3)因钻机反转、钻杆松脱而引起的掉钻,则在施工过程中,应经常检查钻具(杆)、钢丝绳和连接装置。

5. 扩孔、缩孔及梅花孔

(1)扩孔是因孔壁坍塌或钻锥摆动过大所致。若只是孔内局部发生坍塌,可不必处理;若因扩孔后继续坍塌而影响钻进,则按坍孔处理。

(2)缩孔是由于钻锥磨损过甚、焊补不及时或由于地层中有软塑土遇水膨胀后使孔径缩小,则可用钻锥上下反复扫孔以扩大孔径。

(3)梅花孔常发生在冲击锥钻进施工中。如出现梅花孔,则可用片石(或卵石)混合黏土回填钻孔后重新冲击;同时应经常检查转向装置的灵活性,选用适当稠度和相对密度的泥浆,适时掏渣。

**【知识链接二】**

## 人工挖孔桩

1. 含义

人工挖孔桩是采用人工挖掘的方法成孔,然后放置钢筋笼,并浇筑混凝土而成的桩基础。它由承台、桩身和扩大头组成,如图 2.2.19 所示。

2. 特点

人工挖孔桩的特点是桩身直径大,承载能力高;施工时可在孔内直接检查成孔质量,观察地质土质变化情况;桩孔深度由地基土层实际情况控制,桩底清孔除渣彻底、干净,易保证混凝土浇筑质量。

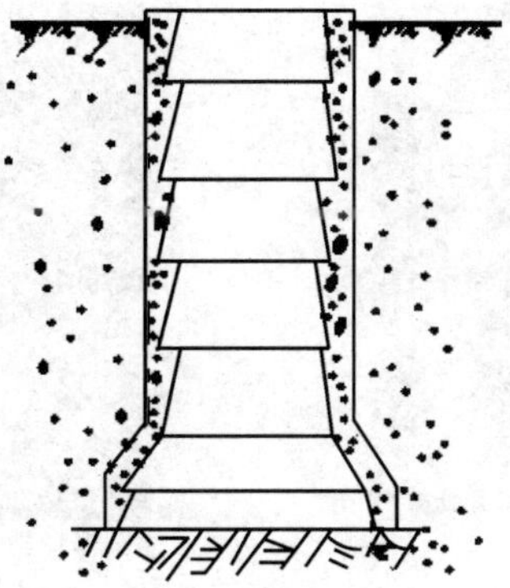

图 2.2.19　人工挖孔桩构造

3. 适用范围

人工挖孔桩适用于无地下水或少量地下水，且较密实的土层或风化岩层。

4. 工艺流程

人工挖孔桩施工工艺流程如图 2.2.20 所示。

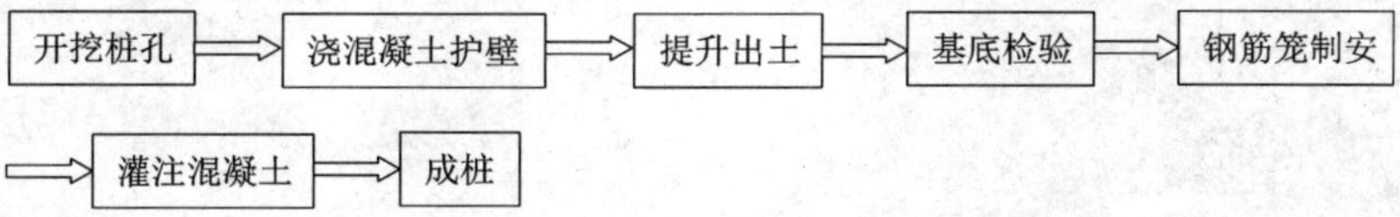


图 2.2.20　人工挖孔桩施工工艺流程示意

5. 施工要求

1) 开挖桩孔

开挖前，平整场地，铲除松软土层，利用全站仪测放孔桩的轴线、定出桩孔准确位置，孔口四周挖水沟，并做好排水系统。

设置护桩并经常校核，报监理验收后，即可进行开挖孔位施工，如图 2.2.21 所示。

2) 浇混凝土护壁

为防止塌孔和渗水，应采取分段开挖、分段护壁的方式进行施工，即每向下掘进 1 m，即支模浇筑 1 m 护壁混凝土。如此往复，直至挖至设计孔底高程，如图 2.2.22 和图 2.2.23 所示。

护壁混凝土的强度等级一般不低于 C15。当其强度达到 2.5 MPa 时，才可拆除模板，进入下一施工段。

若为梅花式排列的桩孔，则先开挖中心孔，待混凝土灌注后再对角开挖其他孔，以免桩孔间距太小而造成塌孔。

当土层密实、地下水位不高时，所有桩孔可同时开挖，但渗水量大的孔应超前开挖，集中抽水，以降低其他孔内水位；当土层松软、地下水位较高时，宜对角开挖。

挖孔过程中，应经常检查桩孔尺寸、平面位置和竖轴线倾斜情况，如有偏差应随时纠正。

图 2.2.21 开挖孔位

图 2.2.22 浇混凝土护壁

3)提升出土

采用手摇式卷扬机提升出土,如图 2.2.24 所示。

图 2.2.23 分层支护

图 2.2.24 提升出土

4)基底检验

挖到设计深度后,清除松渣,及时向监理报验。如地质复杂,应报监理、设计单位研究处理。

5)钢筋笼制安

经监理组织联合验收后,即可吊放钢筋笼,如图 2.2.25 所示。

6)灌注混凝土

如孔底无水,则按常规方法浇筑混凝土;如孔底有水,则按水下灌注混凝土方法进行施工。灌注时,应连续不断、一气呵成。

6. 安全要求

(1)井面应设置安全防护栏,挖掘成孔区内,不得堆放余土和建筑材料,并防止局部集中荷载和机械振动。

(2)如遇到岩层须爆破时,宜采用浅眼松动爆破法,并严格控制用药量;爆破后应先通风排烟 15 min,并经检查无有害气体后,方可下井继续作业。

(3)应备有供人上下的扶梯,以应付孔内塌方、冒水等紧急意外事故。

(4)当桩孔净距小于 2 倍桩径且小于 2.5 m 时,应用间隔法挖孔施工。

图 2.2.25　钢筋笼制安

(5)孔口或孔内要有安全盖板,以便提升弃土时,供孔内人员躲避;孔内照明采用具有保护灯罩的 36 V 以下的防水灯泡。

(6)随时检测孔内的空气、污染物是否超过现行《环境空气质量标准》规定的浓度限值,如超过应采取通风措施。

7. 质量检验评定标准

1)基本要求

(1)桩身混凝土所用的水泥、砂、石、水、外掺剂及混合材料的质量和规格必须符合有关规范的要求,按规定的配合比施工。

(2)挖孔达到设计深度后,应及时进行孔底处理,必须做到无松渣、淤泥等扰动软土层,使孔底情况满足设计要求。

(3)嵌入承台的锚固钢筋长度不得小于设计规范规定的最小锚固长度要求。

2)实测项目

人工挖孔桩的实测项目见表 2.2.2。

表 2.2.2　人工挖孔桩实测项目

<table>
<tr><th>项次</th><th colspan="3">检查项目</th><th>规定值或允许偏差</th><th>检查方法和频率</th><th>权值</th></tr>
<tr><td>1△</td><td colspan="3">混凝土强度/MPa</td><td>在合格标准内</td><td>混凝土试件强度</td><td>3</td></tr>
<tr><td rowspan="3">2△</td><td rowspan="3">桩位/mm</td><td colspan="2">群桩</td><td>100</td><td rowspan="3">全站仪或经纬仪:<br>每桩检查</td><td rowspan="3">2</td></tr>
<tr><td rowspan="2">排架桩</td><td>允许</td><td>50</td></tr>
<tr><td>极限</td><td>100</td></tr>
<tr><td>3△</td><td colspan="3">孔深/m</td><td>不小于设计</td><td>测绳量:每桩测量</td><td>3</td></tr>
<tr><td>4△</td><td colspan="3">孔径/mm</td><td>不小于设计</td><td>探孔器:每桩测量</td><td>3</td></tr>
<tr><td>5</td><td colspan="3">挖孔倾斜度/mm</td><td>0.5% 桩长,且不大于 200</td><td>垂线法:每桩检查</td><td>1</td></tr>
<tr><td>6</td><td colspan="3">钢筋骨架底面高程/mm</td><td>±50</td><td>水准仪测骨架顶面高程后反算:<br>每桩检查</td><td>1</td></tr>
</table>

注:“△”标识为关键项目(涉及结构安全和使用功能的重要实测项目)。

## 【知识链接三】

### 桩基承台混凝土

桩基承台混凝土施工工艺流程如图 2.2.26 所示。

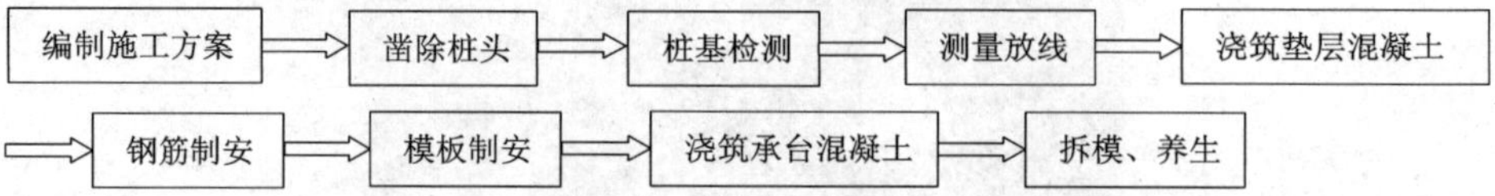


图 2.2.26　桩基承台混凝土施工工艺流程示意图

1. 编制施工方案

组织技术人员进行施工方案编制，待审批后，根据施工方案、图纸和相关的施工规范进行技术交底，以便工程施工能顺利开展。

2. 凿除桩头、桩基检测

按设计要求凿除桩头混凝土并对桩基进行检测，合格后才可进入下一道工序，如图 2.2.27所示。

3. 测量放线

依据施工图纸测放基础（或承台）中心线、边线，报监理复核无误后，方可进入下一道工序。

4. 浇筑垫层混凝土

在监理见证下先对进场的原材料、钢筋进行现场取样，送有资质的试验单位进行检测，合格后才可浇筑垫层混凝土，如图 2.2.28 所示。

图 2.2.27　凿除桩头

图 2.2.28　浇筑垫层混凝土

5. 钢筋制安

钢筋制安如图 2.2.29 和图 2.2.30 所示。

（1）钢筋下料前，应将表面的油渍、漆皮、鳞锈等清除干净，带有颗粒状或片状老锈的钢筋不得使用。钢筋应平直、无局部弯折，成盘的钢筋和弯曲的钢筋均应调直。

（2）钢筋的形状、尺寸应按照设计的规定进行加工。加工后的钢筋，其表面不应有削弱钢筋截面的伤痕。

图 2.2.29　安装底层钢筋

图 2.2.30　安装面层钢筋

(3)钢筋制作先在钢筋加工场地做成半成品,然后运输到位,在混凝土垫层上进行现场绑扎成型,并采用梅花型设置混凝土垫块,以保证钢筋保护层厚度。

(4)钢筋安装顺序依次为绑扎底板、侧板、顶板钢筋,桩基钢筋应插入承台。

(5)在浇筑混凝土前,对已安装好的钢筋进行检查,填写工序检查记录,如有误差立即纠正。在浇筑混凝土时,严格按照操作程序施工,保证已安装好的钢筋不移位。

6. 模板制安

模板制安如图 2.2.31 所示。

(1)尽量采用钢模板组合,其表面必须光洁平整、接缝紧密,并涂刷脱模剂。

(2)模板内侧连接缝采用胶带贴缝,模板外侧用槽钢背肋支撑,并用拉杆对拉方式进行模板加固,保证支撑牢固可靠,防止模板在浇筑混凝土时产生移位。

(3)固定在模板上的预埋件或预留孔洞均不得遗漏,安装牢固,位置准确。

(4)模板安装完成后,其尺寸、平面位置和顶部高程等符合设计要求,节点联系牢固。

7. 承台混凝土浇筑

承台混凝土浇筑如图 2.2.32 所示。

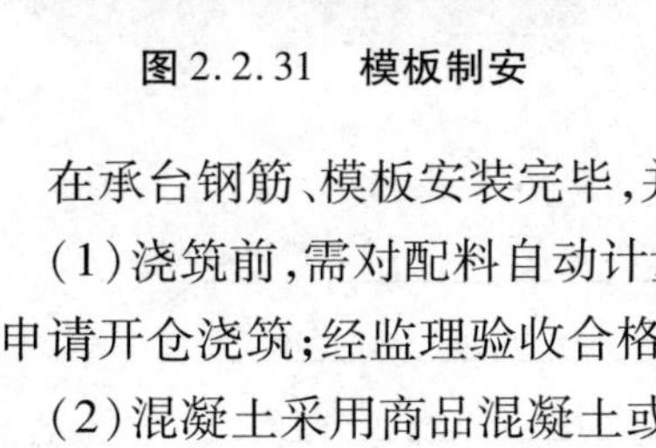

图 2.2.31　模板制安

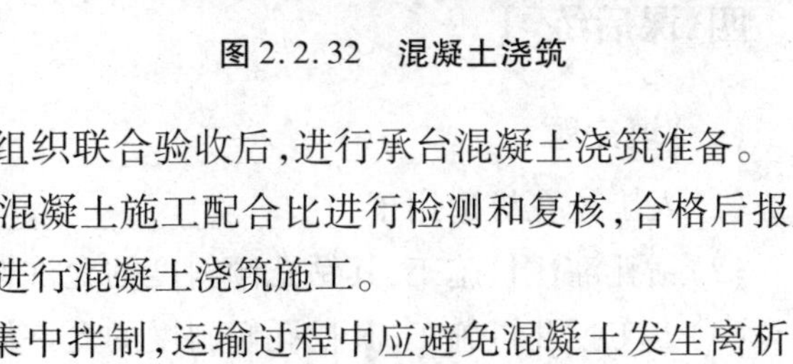

图 2.2.32　混凝土浇筑

在承台钢筋、模板安装完毕,并经监理组织联合验收后,进行承台混凝土浇筑准备。

(1)浇筑前,需对配料自动计量装置和混凝土施工配合比进行检测和复核,合格后报监理申请开仓浇筑;经监理验收合格后,方可进行混凝土浇筑施工。

(2)混凝土采用商品混凝土或拌和站集中拌制,运输过程中应避免混凝土发生离析和泌水等现象。

(3)尽量采用泵送方式入仓浇筑,并分层进行浇筑,振捣时尽量避免碰撞钢筋,做到依次有序振捣,不得漏振。

(4)上下层混凝土结合面处,浇筑上层时振动器需插入下层混凝土 5 cm 左右,如下层混凝土已初凝,则应按冷缝处理。

(5)混凝土浇筑需连续进行,中断间隔时间不能超过混凝土的初凝时间。

8. 拆模、养生

混凝土浇筑完成后,应及时光面收浆,并覆盖薄膜、洒水保湿养生,养护时间不得少于 7 d。

9. 质量检验评定标准

1)基本要求

(1)所用的水泥、砂、石、水、外掺剂及混合材料的质量和规格必须符合有关规范的要求,按规定的配合比施工。

(2)必须采取措施控制水化热引起的混凝土内最高温度及内外温差在允许范围内,防止出现温度裂缝。

(3)不得出现露筋和空洞现象。

2)实测项目

承台实测项目见表 2.2.3。

**表 2.2.3 承台实测项目**

| 项次 | 检查项目 | 规定值或允许偏差 | 检查方法和频率 | 权值 |
|---|---|---|---|---|
| 1△ | 混凝土强度/MPa | 在合格标准内 | 混凝土试件强度 | 3 |
| 2 | 尺寸/mm | ±30 | 尺量:长、宽、高检查各 2 点 | 1 |
| 3 | 顶面高程/mm | ±20 | 水准仪:检查 5 处 | 2 |
| 4 | 轴线偏位/mm | 15 | 全站仪或经纬仪:纵、横各测量 2 点 | 2 |

注:“△”标识为关键项目(涉及结构安全和使用功能的重要实测项目)。

## 三、任务实施

按照学生工作页学习情境二任务二“桩基础施工”,完成本任务的实施。

## 四、课后练习

### (一)填空题

(1)人工挖孔桩适用于________________。

(2)钻孔灌注桩施工,其钻孔倾斜度的允许偏差是________________。

(3)人工挖孔桩施工,其挖孔倾斜度的允许偏差是________________。

(4)桩基承台的轴线偏位的允许偏差是________________。

(5)桩基承台的顶面高程的允许偏差是______。

**(二)选择题**

(1)泥浆的作用是在孔壁形成(　　)。

A. 泥皮稳定孔壁　B. 悬浮钻渣　C. 润滑钻具　D. 正循环排渣

(2)钻孔灌注桩常用的钻机有(　　)等。

A. 定向钻机　B. 冲击钻机　C. 旋挖钻机　D. 回转钻机

(3)清孔方法有(　　)等。

A. 抽浆清孔　B. 换浆清孔　C. 掏渣清孔　D. 加深清孔

(4)人工挖孔桩施工中,为防止塌孔和渗水,应采取(　　)、(　　)的方式进行施工。

A. 分段开挖　B. 整段开挖　C. 分段护壁　D. 整段护壁

(5)常见的钻孔问题有(　　)等。

A. 塌孔　B. 钻孔偏斜　C. 卡钻　D. 掉钻

**(三)判断题**

(1)采用筑岛法施工,筑岛高度应高于最高施工水位0.5~1.0 m。(　　)

(2)首批混凝土的数量应能满足孔内首次灌注的混凝土,其表面距导管底口不小于1.0 m,以保证孔内水倒流到导管内。(　　)

(3)因钻孔中遇有大孤石或探头石而引起的钻孔偏斜,则用钻机钻透。(　　)

(4)如严重坍孔,则加大泥浆相对密度和提高水位。(　　)

(5)因遇到探头石或孔内掉入物体而引起的卡钻,则用小冲击锥冲击或用冲吸的方法将卡钻周围的钻渣松动后再提钻。(　　)

(6)如出现梅花孔,则可用片石(或卵石)混合黏土回填钻孔后重新冲击。(　　)

(7)嵌入承台的锚固钢筋长度不得小于设计规范规定的最小锚固长度要求。(　　)

(8)当桩孔净距小于2倍桩径且小于2.5 m时,应用间隔法挖孔施工。(　　)

**(四)简答题**

(1)简述钻孔灌注桩施工的工艺流程。

(2)简述埋设护筒的作用。

(3)简述钻孔施工的技术要求。

(4)简述灌注水下混凝土的施工要点。

(5)简述人工挖孔桩施工工艺流程。

(6)简述人工挖孔桩施工的安全要求。

(7)简述桩基承台混凝土施工工艺流程。

# 任务三　沉井基础施工

## 一、任务描述

根据沉井施工的相关知识和设计图纸，在勘探现场的情况下，能参与编制初步施工方案，能进行施工技术交底，能协助开展现场施工管理。

建议课时数:4。

## 二、相关知识

### (一)沉井的含义与构造

1. 沉井的含义

沉井基础是以沉井法施工的地下结构物和深基础的一种形式，是先在地表制作成一个井筒状的结构物(沉井)，然后在井壁的围护下通过从井内不断挖土，使沉井在自重作用下逐渐下沉，达到预定设计标高后，再进行封底，并构筑内部结构，使其成为桥梁墩台或其他结构物的基础。

沉井具有埋置较深、稳定性好、承载力大的特点。它既是基础，又是施工时的围挡结构物，如图 2.3.1 所示。

2. 沉井的构造

沉井在构造上主要由井壁、刃脚、内隔墙、井孔、凹槽、封底和盖板等组成，如图 2.3.2 所示。

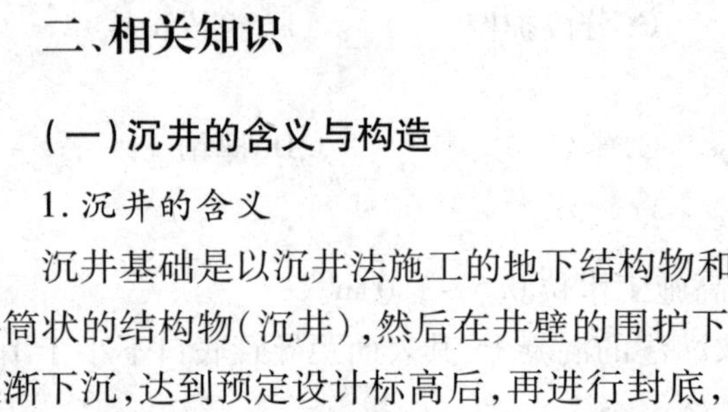

图 2.3.1　沉井基础示意

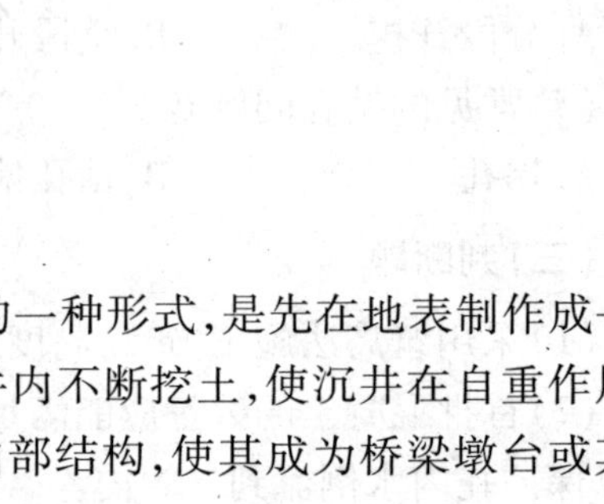


图 2.3.2　沉井构造示意

1)井壁

作用:井壁是沉井的主体部分，在下沉过程中起挡土、隔水的作用。

构造要求:井壁必须具有足够的刚度和承载力。井壁厚度一般为 0.8 ~ 1.2 m，混凝土的强度要大于 C15。

2)刃脚

作用:井壁下端一般都做成刀刃状的“刃脚”，以起到切土下沉的作用。

构造要求:刃脚底部做成尖端形,其高度为0.7~2.0 m,一般宜采用C20以上的钢筋混凝土制成。

3)内隔墙

作用:设置在井筒内,以增加沉井在下沉过程中的刚度;由于把整个沉井分隔成多个施工井孔(取土井),使挖土和下沉可以较均衡地进行,也便于沉井偏斜时的纠偏。

构造要求:内隔墙的厚度为0.8~1.2 m,为避免妨碍沉井下沉,其底面应高出刃脚底面0.5 m以上。

4)井孔

作用:人行与机械的工作场所。

5)凹槽

作用:设置在刃脚上方井壁内侧,使封底混凝土和底板与井壁间有更好的联结,以传递基底反力。

6)封底和盖板

封底作用:防止地下水渗入井内,使荷载均匀传递到地基。

盖板作用:井顶浇筑钢筋混凝土盖板,以支撑上部结构荷载。

**(二)沉井施工**

沉井施工一般可分为旱地沉井施工、水中沉井施工及浮运沉井施工三种。

1.旱地沉井施工

当桥梁墩台位于旱地时,沉井可就地制作、挖土下沉、封底、充填井孔以及浇筑顶板混凝土。其施工工艺流程如图2.3.3所示。

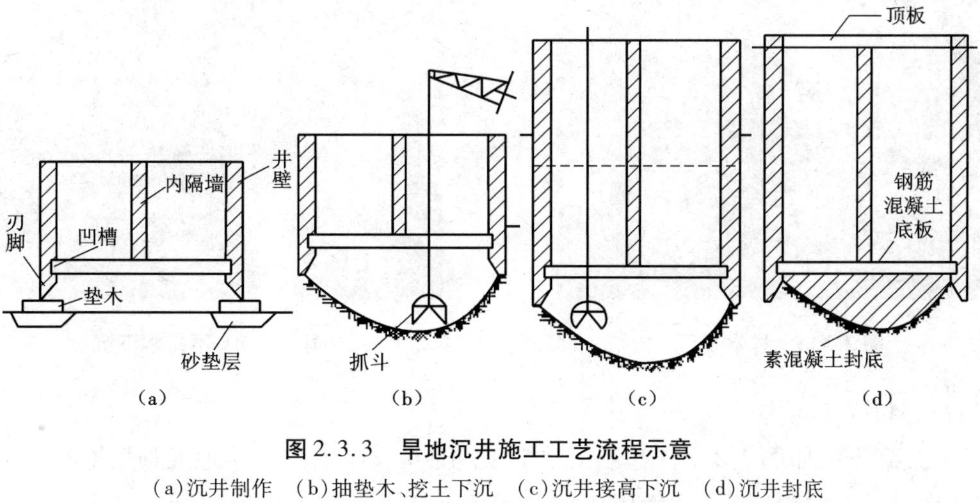


**图2.3.3　旱地沉井施工工艺流程示意**

(a)沉井制作　(b)抽垫木、挖土下沉　(c)沉井接高下沉　(d)沉井封底

1)制作第一节沉井

制作第一节沉井如图2.3.3(a)所示。根据设计图纸平整场地并压实后,进行定位放样,并在地面上铺垫0.3~0.5 m的砂垫层。

安装模板与钢筋,经加固支撑稳定及监理验收后,浇筑第一节沉井混凝土。

2)抽垫木、挖土下沉

抽垫木、挖土下沉如图2.3.3(b)所示。应分区、依次、对称、同步地向沉井外抽出垫木，并随抽随用砂土回填振实。

自中间向刃脚处均匀对称除土，以便保持竖直下沉，并做好下沉观测记录。

对于第一节沉井，抽垫水时应防止沉井偏斜；支承位置处的土应在分层除土中最后同时除去。

大型沉井可采用机械在井内挖土，如图2.3.4所示；相应地也可采用塔吊在井外吊运弃土，如图2.3.5所示。

图2.3.4 井内挖土

图2.3.5 井外吊运弃土

当排水下沉时，可采用边排水边挖土，如图2.3.6所示。

当不排水下沉时，可采用抓土斗或吸泥机等方式除土，如图2.3.7所示。

图2.3.6 排水下沉

图2.3.7 不排水下沉

3)沉井接高下沉

沉井接高下沉如图2.3.3(c)所示。当底节沉井顶面下沉至距地面(或水面)1m左右时，进行沉井接高，接高前不得将刃脚掏空，避免沉井倾斜。

旱地沉井接高如图2.3.8所示，水中沉井接高如图2.3.9所示。

沉井接高施工要求：按前述方法进行施工。

4)沉井封底

沉井封底如图2.3.3(d)所示。沉井沉至设计高程后，应检验井底的地质情况是否符合

图 2.3.8　旱地沉井接高

图 2.3.9　水中沉井接高

设计要求及规范规定。

为便于进行沉降观测,需进行井底修整,如图 2.3.10 所示。

当满足设计要求后,应及时进行沉井封底,如图 2.3.11 所示。

图 2.3.10　井底修整

图 2.3.11　沉井封底

在封底混凝土强度满足设计要求时,才可进行井孔填充。

对于井孔内填充砂石或不填料的沉井,应在沉井顶部浇筑钢筋混凝土盖板。

2. 水中沉井施工

1)适用范围

当水深在 3 ~4 m,流速较小时,可用筑岛法施工,如图 2.3.12 和图 2.3.13 所示。

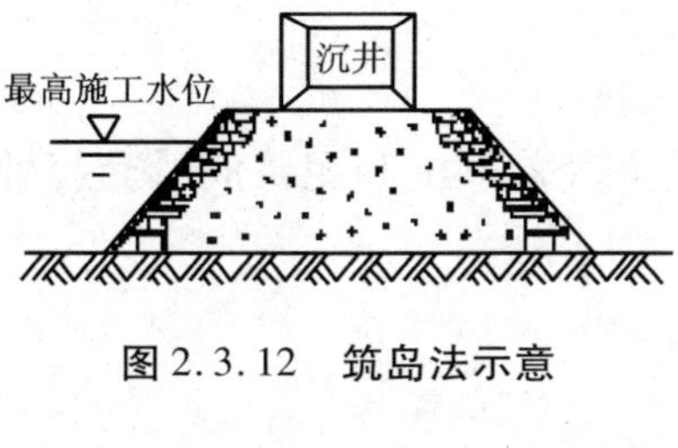


图 2.3.12　筑岛法示意

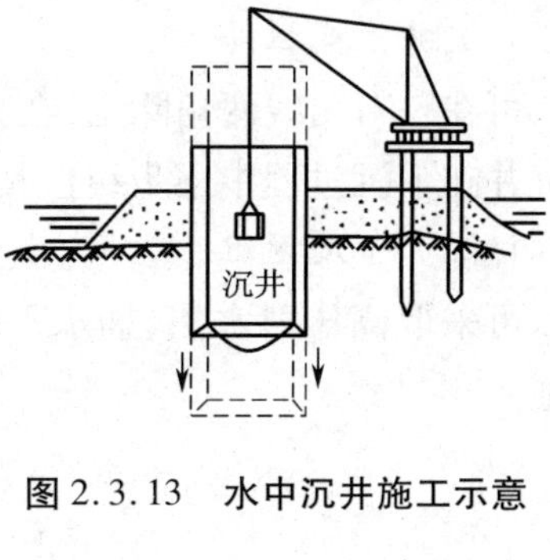


图 2.3.13　水中沉井施工示意

2)施工要点

(1)筑岛材料采用透水性好、易于压实的砂性土或碎石土等。

(2)筑岛尺寸应满足沉井制作及抽垫等施工要求。

(3)在斜坡上筑岛时,应有防滑措施。

(4)在淤泥等软土上筑岛时,应将软土挖除换填或采取其他加固措施。

3. 浮运沉井施工

1)适用范围

当水深较大,筑岛法施工困难时,可采用浮运沉井施工。沉井在岸边浇筑后,利用滑道滑入水中,然后用绳索引到设计桥梁墩台处,如图 2.3.14 所示。

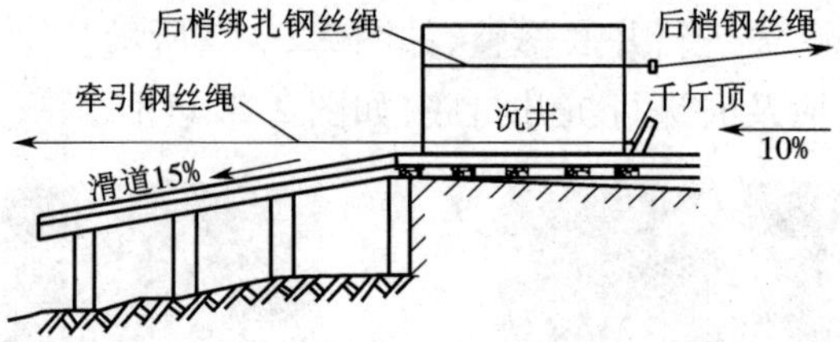


图 2.3.14 浮运沉井施工示意

2)施工要求

(1)根据河岸地形、设备条件,进行技术经济比较,确定沉井结构、制作场地及下水方案。

(2)在浮船上或支架平台上制作沉井时,浮船、支架平台的承载力应满足设计要求。

**(三)问题及处理**

1. 沉井产生倾斜

可采用在刃脚较高的一侧除土,在刃脚较低的一侧加支撑垫,还可以采取不对称压重等方法。

2. 沉井产生位移

可先除土,使沉井底面中心向墩位设计中心倾斜,然后在对侧除土,使沉井恢复竖直,如此反复进行,使沉井逐步移近设计中心。

3. 沉井产生扭转

可在一对角线两角除土,在另外两角填土,借助刃脚下不相等的土压力所形成的扭矩,使沉井在下沉过程中逐步纠正其扭转角度。

4. 沉井下沉困难

可采取高压射水法、抽水下沉法、压重法、炮震下沉、空气幕下沉和泥浆润滑套等处理措施。

### (四)质量检验评定标准

1. 基本要求

(1)混凝土桩所用的水泥、砂、石、水、外掺剂及混合材料的质量和规格必须符合有关规范的要求,按规定的配合比施工。

(2)沉井下沉应在井壁混凝土达到规定强度后进行。浮式沉井在下水、浮运前,应进行水密性试验。

(3)沉井接高时,各节的竖向中轴线应与第一节竖向中轴线相重合。接高前应纠正沉井的倾斜。

(4)沉井下沉到设计高程时,应检查基底,确认符合设计要求后方可封底。

(5)沉井下沉中出现开裂,必须查明原因,进行处理后才可继续下沉。

(6)下沉应有完整、准确的施工记录。

2. 实测项目

沉井基础实测项目见表 2. 3. 1。

**表 2. 3. 1　沉井基础实测项目**

| 项次 | 检查项目 | | 规定值或允许偏差 | 检查方法和频率 | 权值 |
|---|---|---|---|---|---|
| 1△ | 各节沉井混凝土强度/MPa | | 在合格标准内 | 混凝土试件强度 | 3 |
| 2△ | 沉井平面尺寸/mm | 长、宽 | ±5% 边长,大于 24 m 时 ±120 | 尺量:每节段 | 1 |
| | | 半径 | ±5% 半径,大于 12m 时 ±60 | | |
| 3 | 井壁厚度/mm | 混凝土 | +40, -30 | 尺量:每节段沿周边量 4 点 | 1 |
| | | 钢壳和钢筋混凝土 | ±15 | | |
| 4 | 沉井刃脚高程/mm | | 符合设计要求 | 水准仪:测 4~8 处顶面高程反算 | 1 |
| 5△ | 中心偏差(纵、横向)/mm | 一般 | 1/50 井高 | 全站仪或经纬仪:测沉井两轴线交点 | 2 |
| | | 浮式 | 1/50 井高 +250 | | |
| 6 | 沉井最大倾斜度(纵、横向)/mm | | 1/50 井高 | 吊垂线:检查两轴线 1~2 处 | 2 |
| 7 | 平面扭转角/(°) | 一般 | 1 | 全站仪或经纬仪:检查沉井两轴线 | 1 |
| | | 浮式 | 2 | | |

注:“△”标识为关键项目(涉及结构安全和使用功能的重要实测项目)。

## 三、任务实施

按照学生工作页学习情境二任务三“沉井基础施工”,完成本任务的实施。

## 四、课后练习

### (一)填空题

(1)沉井构造上主要由________________________________等组成。

(2)井壁的作用是________________________________。

(3)刃脚的作用是________________________________。

(4)内隔墙的作用是______________________________。

(5)井孔的作用是________________________________。

(6)凹槽的作用是________________________________。

(7)冲刷管的作用是______________________________。

**(二)选择题**

(1)沉井基础施工一般可分为(　　)等三种。

A. 旱地沉井施工　　B. 水中沉井施工　　C. 浮运沉井施工　　D. 水中施工

(2)旱地沉井施工的过程为(　　)。

A. 沉井制作　　B. 挖土下沉　　C. 沉井接长　　D. 沉井封底

(3)沉井下沉困难可采取(　　)、(　　)、压重法、炮震下沉、(　　)和(　　)等处理措施。

A. 高压射水法　　B. 抽水下沉法　　C. 空气幕下沉　　D. 泥浆润滑套

(4)沉井接高时,各节的竖向中轴线应与(　　)竖向中轴线相重合。

A. 第一节　　B. 第二节　　C. 中间节　　D. 任意节

(5)沉井基础的中心偏差(纵、横向)允许偏差,一般为(　　)mm,浮式为 1/50 井高 + 250 mm。

A. 1/30 井高　　B. 1/40 井高　　C. 1/50 井高　　D. 1/60 井高

(6)沉井基础的平面扭转角允许偏差,一般为(　　)mm,浮式为(　　)mm。

A. 1°　　B. 2°　　C. 3°　　D. 4°

**(三)判断题**

(1)当底节沉井顶面下沉至距地面(或水面)1 m 左右时,进行沉井接高。(　　)

(2)沉井沉至设计高程,当检验井底的地质情况符合设计要求及规范规定时,应及时进行沉井封底。(　　)

(3)水中沉井施工,当水深在 3 ~ 4 m,流速较小时,可用筑岛法施工。(　　)

(4)浮式沉井在下水、浮运前,应进行水密性试验。(　　)

(5)沉井下沉中出现开裂,如一时查明不出原因,可继续下沉。(　　)

(6)沉井最大倾斜度(纵、横向)的允许偏差为 1/50 井高(mm)。(　　)

**(四)简答题**

(1)简述水中沉井施工的施工要点。

(2)简述沉井产生倾斜的处理措施。

(3)简述沉井产生位移的处理措施。

(4)简述沉井产生扭转的处理措施。

# 学习情境三　桥梁墩台施工

## 一、能力目标

(1)能说出桥梁墩台和支座的类型、构造、特点和适用范围。
(2)能区分和识读支座型号。
(3)能根据施工图纸,参与桥梁墩台和支座施工方案编制。
(4)能根据施工方案,协助开展现场施工管理。

## 二、知识目标

(1)了解桥梁墩台和支座的类型、构造、特点和适用范围。
(2)掌握圬工墩台施工的工艺流程、技术要求和质量检验评定标准。
(3)掌握混凝土墩台施工的工艺流程、技术要求和质量检验评定标准。
(4)掌握支座安装要求、注意事项和质量检验评定标准。

## 三、内容结构图

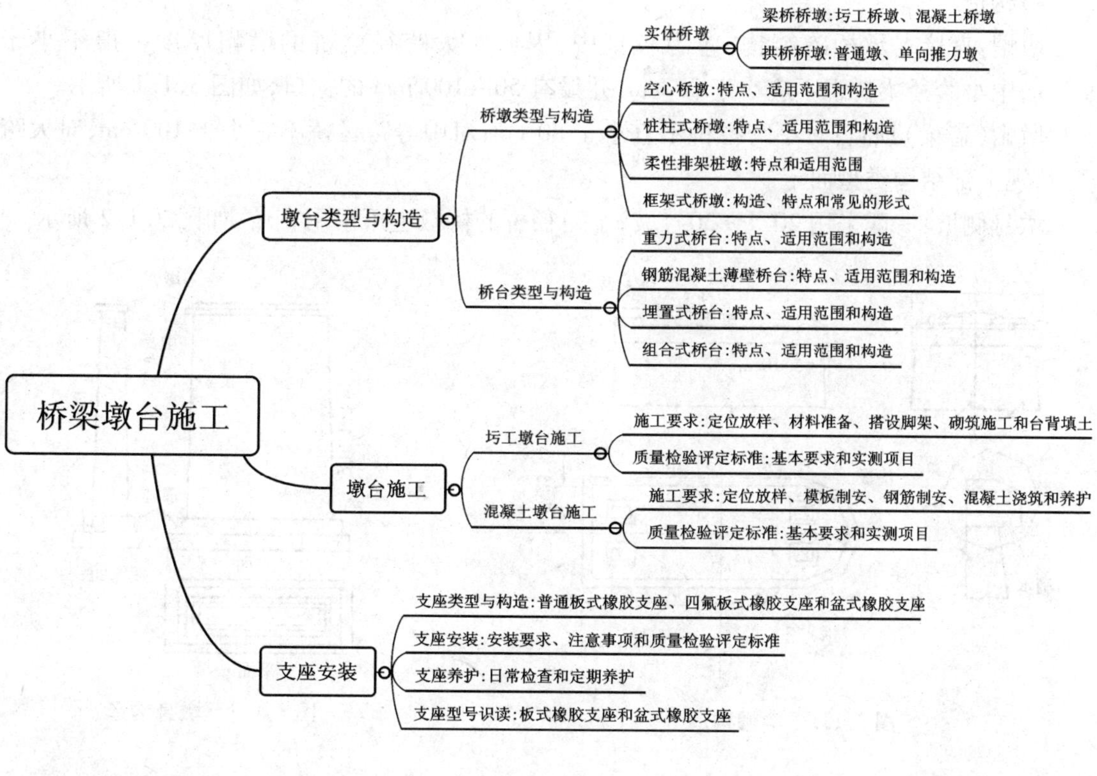

# 任务一　墩台类型与构造

## 一、任务描述

根据墩台类型与构造的相关知识和设计图纸，能说出墩台类型、构造特点和适用范围。

建议课时数:4。

## 二、相关知识

### (一)桥墩类型与构造

桥墩由基础、墩身和墩帽组成。

桥墩按构造来分有实体桥墩、空心桥墩、桩柱式桥墩、柔性排架桩墩和框架式桥墩等。

1. 实体桥墩

1)含义

实体桥墩主要靠自身重量及桥跨结构重力来平衡外力，以保证桥墩的强度和稳定。

2)特点

实体桥墩自身刚度大，具有较强的防撞能力，但同时存在阻水面积大的缺陷。

3)适用范围

实体桥墩比较适合于修建在地基承载力较高、覆盖层较薄、基岩埋深较浅的地基上。

4)构造

墩帽：直接支承桥跨结构，应力较集中，因此对大跨径梁桥的墩帽厚度一般不小于0.4 m，中小跨径梁桥也不应小于0.3 m，并设有50～100 mm的檐口，如图3.1.1所示。

墩帽(盖梁)顶宽：对小跨径桥不宜小于80 cm；对中等跨径桥不宜小于100 cm；对大跨径桥，视上部结构类型而定。

墩身侧坡：一般采用20∶1～30∶1坡，小跨径桥的桥墩也可采用直坡，如图3.1.2所示。

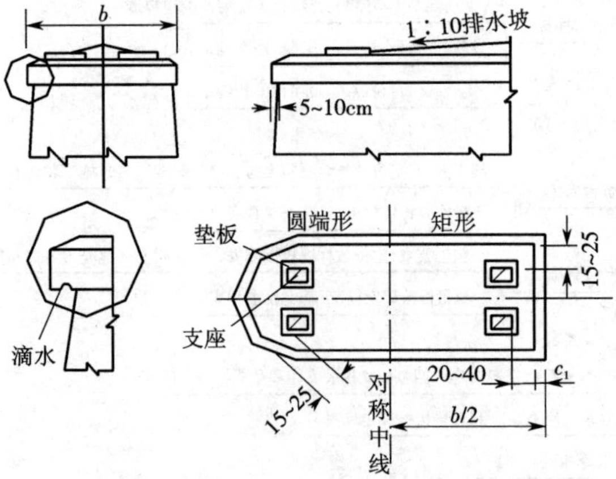


图3.1.1　墩帽构造

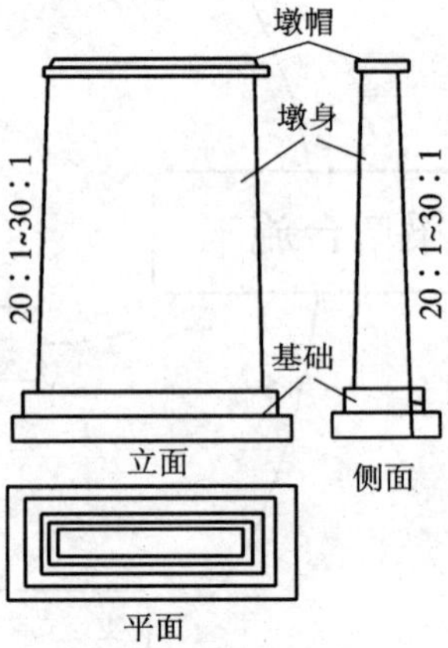


图3.1.2　墩身构造

5）梁桥桥墩

Ⅰ.圬工桥墩

圬工桥墩是用片石、块石、粗料石及混凝土预制块以水泥砂浆砌筑而成的，如图 3.1.3 所示。

考虑到江河中流冰对桥墩的磨损和撞击力，在中等以上流冰河道（冰厚大于 0.5 m，流水速度 1 m/s 左右）及有大量漂流物的河道，应在迎水方向设置破冰棱体，如图 3.1.4 所示。

图 3.1.3　圬工桥墩

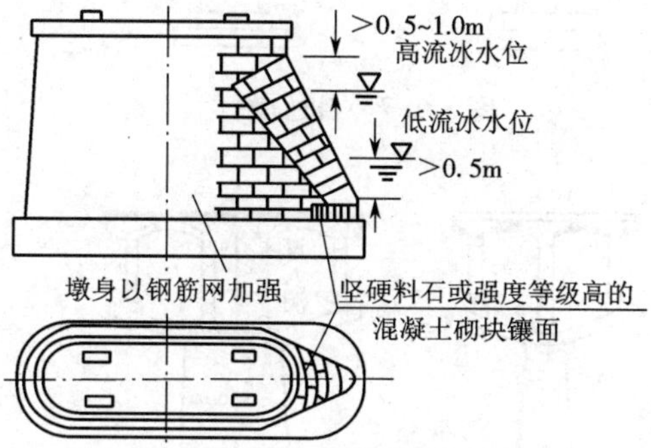


图 3.1.4　迎水方向设置破冰棱体

Ⅱ.混凝土桥墩

混凝土桥墩一般配置钢筋，其截面形式和实例图分别如图 3.1.5 和图 3.1.6 所示。

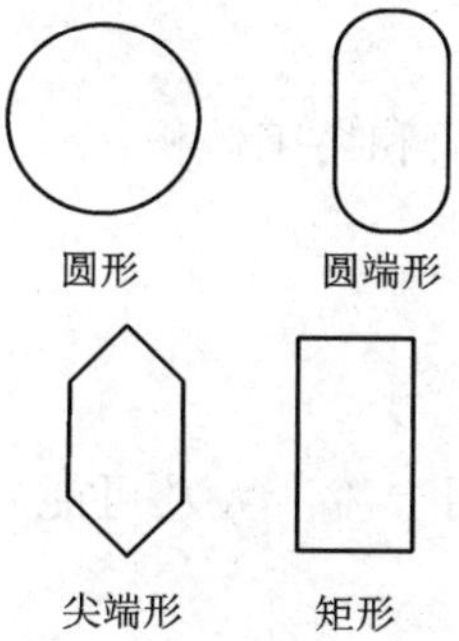


图 3.1.5　混凝土桥墩的截面形式

图 3.1.6　混凝土桥墩

6）拱桥桥墩

拱桥桥墩是在其顶面的边缘设置呈倾斜面的拱座，直接承受由拱圈传来的压力，有普通墩和单向推力墩两种形式。

Ⅰ.普通墩

普通墩除承担相邻两跨的竖向反力，一般不承担恒载水平推力，只在相邻两孔水平推力不同时，承受经过抵消后尚余的不平衡力，如图 3.1.7 和图 3.1.8 所示。

Ⅱ.单向推力墩

单向推力墩又称制动墩，当一侧桥孔毁坏时，能承受单向的恒载水平力，以保证另一侧的拱桥不会坍塌，如图 3.1.9 和图 3.1.10 所示。

图 3.1.7 普通墩

图 3.1.8 普通墩实例

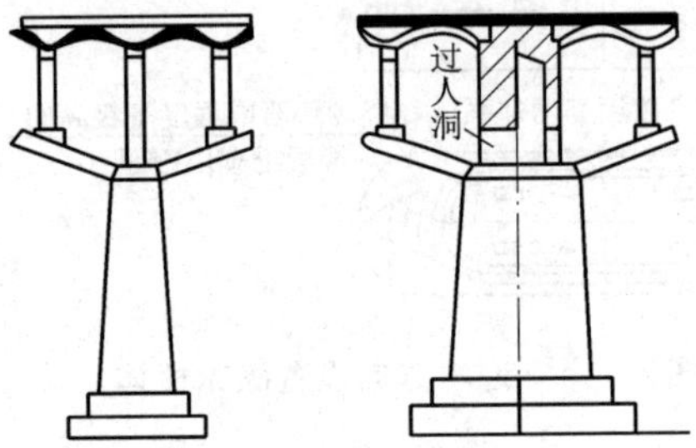


图 3.1.9 单向推力墩

图 3.1.10 单向推力墩实例

2. 空心桥墩

1) 含义

空心桥墩是将墩身内部做成空腔体，以减小软弱地基的负荷和圬工体积。

2) 特点

空心桥墩节省材料和模板、减轻自重、有利于滑动模板施工。

3) 适用范围

空心桥墩比较适用于一些跨越山谷的高大桥墩；但不宜用于流沙大及可能有船舶、冰和漂浮物撞击的河流中。

4) 构造

(1) 墩身最小壁厚，对于钢筋混凝土不宜小于 300 mm，对于混凝土不宜小于 500 mm。

(2) 为增强墩身刚度及抗撞击能力，在墩身内部应设置隔墙。

(3) 为减小风荷载对墩身的影响，应在墩壁上设置不小于 200 mm 的通风孔。

(4) 空心桥墩的截面形式有圆端形、圆端形（中间设隔墙）、矩形、矩形（中间设隔墙）等，如图 3.1.11 和图 3.1.12 所示。

3. 桩柱式桥墩

1) 含义

桩柱式桥墩的墩身是由分离的两根或多根立柱（或桩柱）组成的。它外形美观，圬工体积小。

2) 特点

桩柱式桥墩施工方便、相对刚度较大、可与桩基配合使用。

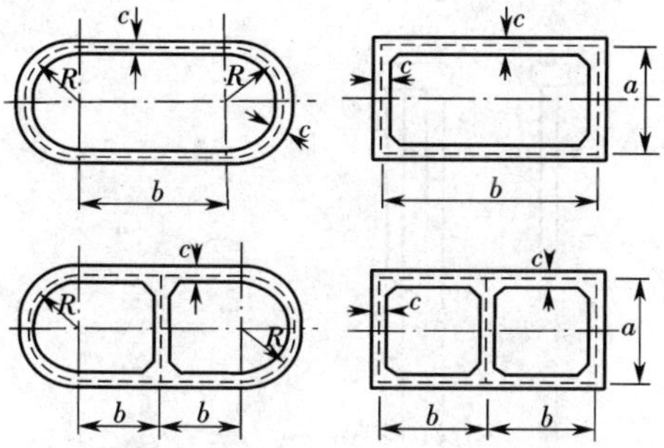


图 3.1.11　空心桥墩的截面形式

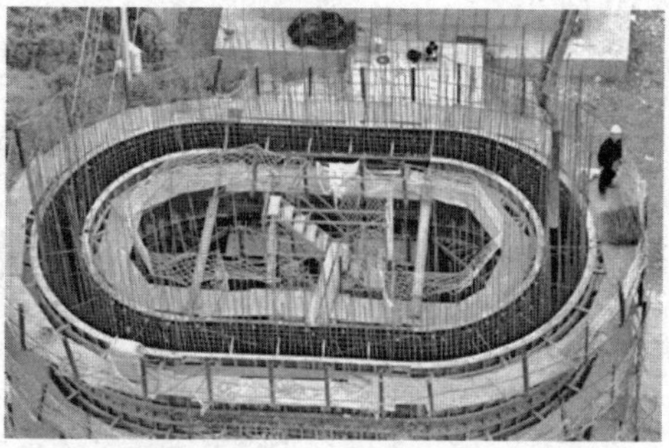

图 3.1.12　空心桥墩实例

3)适用范围

桩柱式桥墩特别适用于桥梁宽度较大的城市桥梁和立交桥,目前在公路桥梁中广泛采用。

4)构造

墩身常由 1～4 根立柱组成,立柱直径一般为 0.6～1.5 m,当墩身高度大于 8 m 时,应设横系梁。其常用的形式有独柱式、双柱式、哑铃式和混合双柱式等,如图 3.1.13 至图 3.1.15 所示。

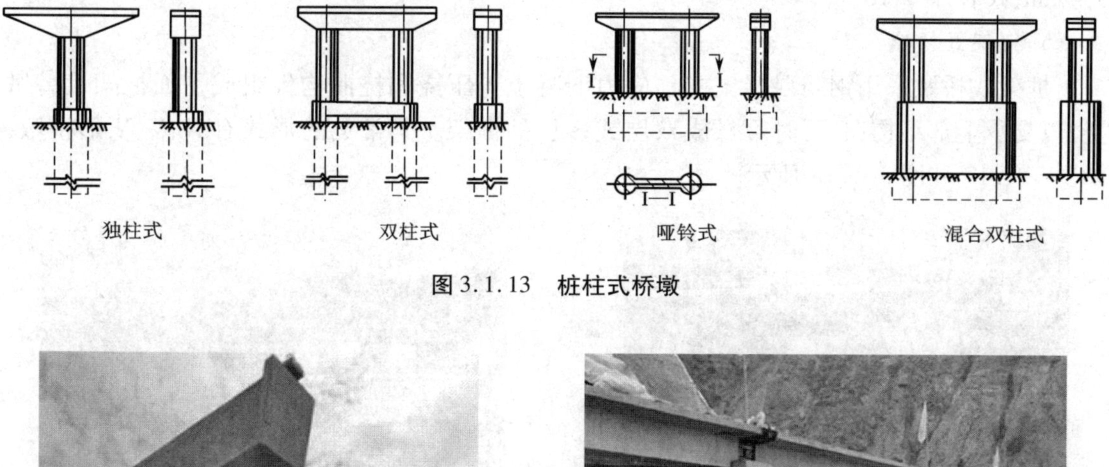


独柱式　双柱式　哑铃式　混合双柱式

图 3.1.13　桩柱式桥墩

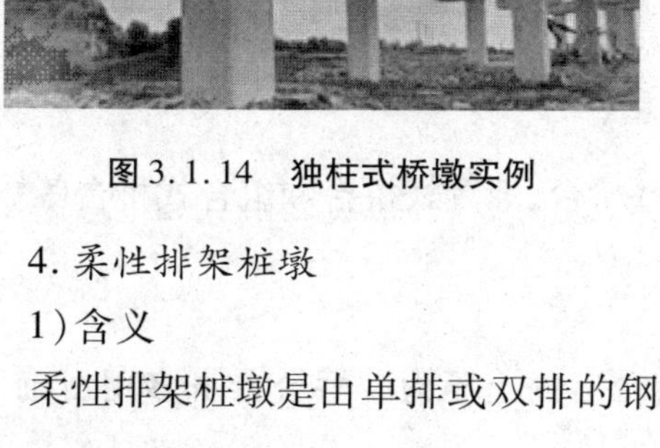

图 3.1.14　独柱式桥墩实例

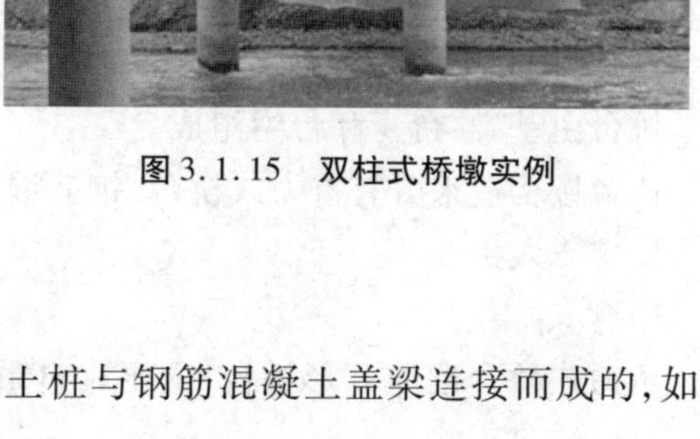

图 3.1.15　双柱式桥墩实例

4. 柔性排架桩墩

1)含义

柔性排架桩墩是由单排或双排的钢筋混凝土桩与钢筋混凝土盖梁连接而成的,如图

3.1.16 所示。

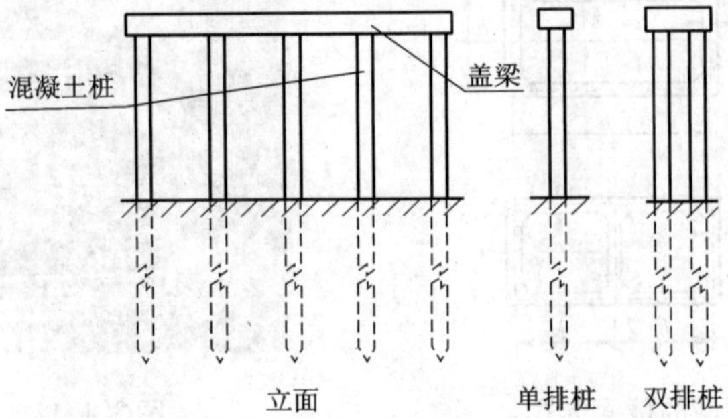


图 3.1.16 柔性排架桩墩示意

2)特点

柔性排架桩墩利用构造措施,将上部结构传来的水平力(制动力、温度影响力)传给各柔性墩台或相邻刚性墩台,减少单个柔性墩所受到的水平力,从而达到减小桩墩截面的目的。

3)适用范围

柔性排架桩墩一般适用于在低浅、宽滩、流速不大的河流上修建梁式桥,要求墩高小于 5 ~7 m,跨径小于 16 m。

5. 框架式桥墩

框架式桥墩采用钢筋混凝土或预应力混凝土等压挠和挠曲构件组成平面框架代替墩身,以支承上部结构,必要时可做成双层或多层的框架。其常见的形式有 X、V、Y 形桥墩,如图 3.1.17 和图 3.1.18 所示。

图 3.1.17 X、V 形桥墩实例

图 3.1.18 Y 形桥墩实例

## (二)桥台类型与构造

桥台由基础、台身和台帽组成。

桥台按构造来分有重力式桥台、钢筋混凝土薄壁桥台、埋置式桥台和组合式桥台等。

1. 重力式桥台

1)含义

重力式桥台也称 U 形桥台,主要靠自重来平衡台后的土压力。桥台台身多用石砌、片石混凝土或混凝土等圬工材料建造。

2)特点

重力式桥台构造简单、基底承压面大、应力小、圬工体积大。

3)适用范围

重力式桥台适用于填土高度在 4 ~8 m、地基条件较好的桥梁。

4)构造

重力式桥台前墙正面多采用直墙或 10∶1、20∶1的斜坡,前墙和侧墙的宽度一般为 400 ~500 mm,侧墙尾端应有不小于 750 mm 的长度伸入路堤内,台帽厚度一般为 300 ~400 mm,台身宽度一般与路基宽度相同,如图 3.1.19 和图 3.1.20 所示。

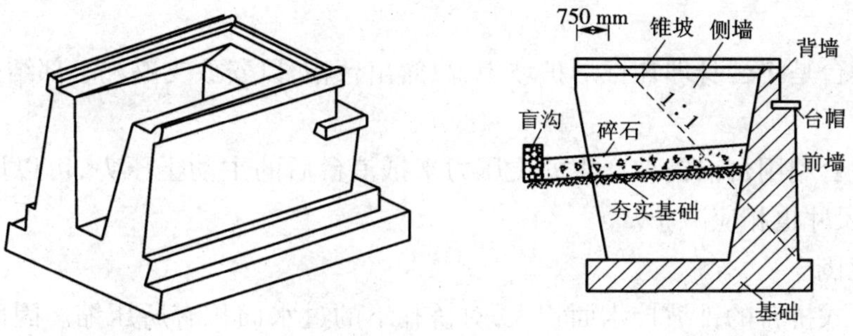


图 3.1.19　重力式桥台

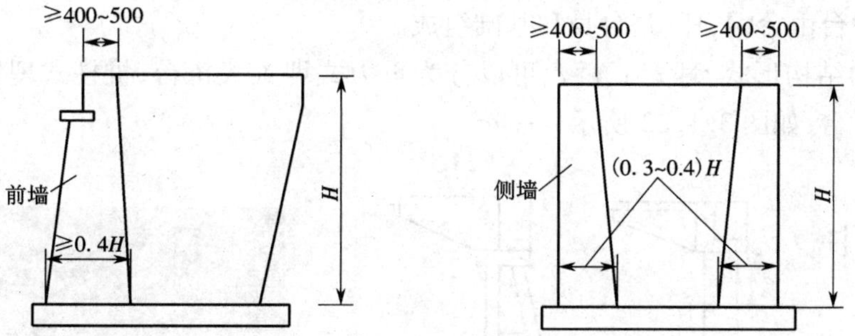


图 3.1.20　重力式桥台尺寸(单位:mm)

2. 钢筋混凝土薄壁桥台

1)含义

钢筋混凝土薄壁桥台是由扶壁式挡土墙和两侧的薄壁侧墙构成的。

2)特点

钢筋混凝土薄壁桥台与重力式桥台相比可减少圬工体积 40% ~50%,同时还因自身重力轻而减小对地基的压力。但其构造复杂,钢筋用量也比较多。

3)适用范围

钢筋混凝土薄壁桥台适用于在软土地基上建造的桥梁。

4)构造

钢筋混凝土薄壁桥台前墙厚度一般为 150 ~300 mm,侧墙由两个边扶壁构成,在边扶壁上建有钢筋混凝土耳墙。其形式如图 3.1.21 所示。

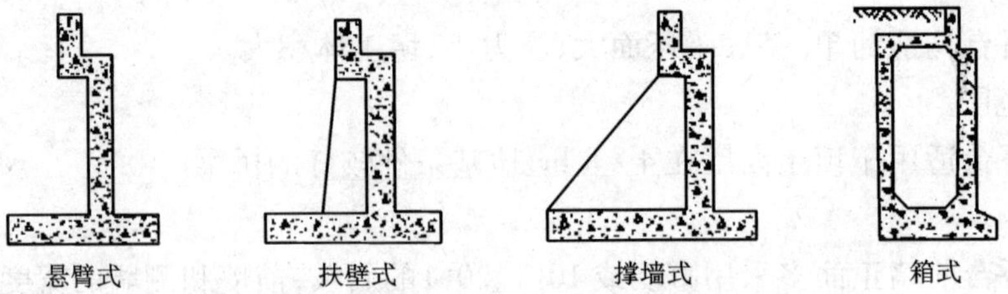


图 3.1.21 钢筋混凝土薄壁桥台

3. 埋置式桥台

1) 含义

埋置式桥台是将台身埋在锥形护坡中，只露出台帽，以安放支座和上部结构。

2) 特点

埋置式桥台利用台前锥坡产生的土压力来抵消台后的主动土压力，可以增加桥台的稳定性，桥台的尺寸也相应减小。

3) 适用范围

由于埋置式桥台的锥坡挡水面积大，对桥孔下的过水面积有所压缩。因此常应用于过水断面不大的桥梁中。

4) 构造

埋置式桥台由台帽、耳墙、台身和基础组成。

按台身的结构形式，埋置式桥台可以分为重力式埋置式桥台、桩柱式埋置式桥台和框架式埋置式桥台，如图 3.1.22 所示。

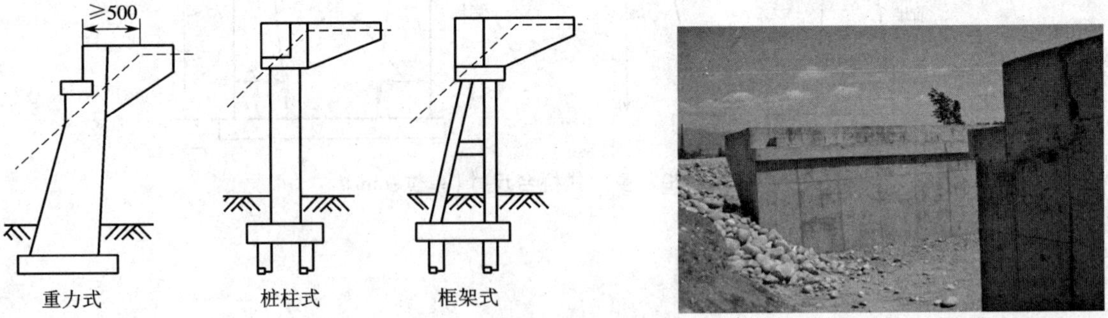


图 3.1.22 埋置式桥台(单位:mm)

4. 组合式桥台

1) 含义

组合式桥台由台身和后座两部分组成。

2) 特点

组合式桥台台身基础承受竖向力，一般采用桩基础，拱的水平推力则主要由后座基底摩阻力及台后土的侧向压力来平衡。

3)适用范围

组合式桥台有时在一些拱桥的桥台中有使用。

4)构造

组合式桥台构造如图 3.1.23 所示。

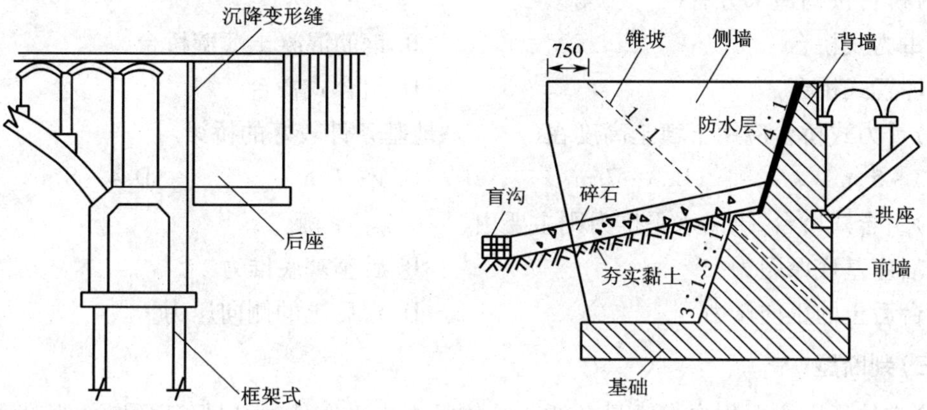


图 3.1.23　组合式桥台(单位:mm)

## 三、任务实施

按照学生工作页学习情境三任务一“墩台类型与构造”,完成本任务的实施。

## 四、课后练习

### (一)填空题

(1)桥墩是由______________________组成的。

(2)桥墩按构造来分有______________________________________等。

(3)桩柱式桥墩特别适用于________________________________。

(4)钢筋混凝土薄壁桥台的前墙厚度一般为__________mm。

(5)埋置式桥台由____________________________组成。

(6)组合式桥台由________________组成。

### (二)选择题

(1)实体桥墩构造要求,对大跨径梁桥的墩帽厚度一般不小于(　　),中小跨径梁桥不应小于(　　)。

A. 0.3 m　　B. 0.4 m　　C. 0.5 m　　D. 0.6 m

(2)实体桥墩构造要求,对小跨径桥的墩帽(盖梁)顶宽,不宜小于(　　)。

A. 50 cm　　B. 60 cm　　C. 70 cm　　D. 80 cm

(3)实体桥墩构造要求,墩身侧坡一般采用(　　),小跨径桥的桥墩也可采用直坡。

A. 10:1 ~15:1　　B. 15:1 ~20:1　　C. 20:1 ~25:1　　D. 20:1 ~30:1

(4)空心桥墩构造要求,墩身最小壁厚,对于钢筋混凝土不宜小于(　　),对于混凝土不宜小于(　　)。

A. 300 mm　　B. 400 mm　　C. 500 mm　　D. 600 mm

(5)框架式桥墩,常见的形式有(　　)桥墩。

A. X 形　　B. Y 形　　C. V 形　　D. W 形

(6)桥台按构造来分有(　　)等。

A. 重力式桥台　　B. 钢筋混凝土薄壁桥台

C. 埋置式桥台　　D. 组合式桥台

(7)重力式桥台应用于填土高度在(　　)、地基条件较好的桥梁。

A. 3 ~5 m　　B. 3 ~7 m　　C. 4 ~7 m　　D. 4 ~8 m

(8)组合式桥台,拱的水平推力则主要由(　　)来平衡。

A. 后座基底摩阻力　　B. 后座基底推力

C. 台后土的正向压力　　D. 台后土的侧向压力

**(三)判断题**

(1)实体桥墩主要靠自身重量及桥跨结构重力来平衡外力,以保证桥墩的强度和稳定。(　　)

(2)考虑到江河中流冰对桥墩的磨损和撞击力,圬工桥墩应在迎水方向设置破冰棱体。(　　)

(3)拱桥桥墩是在其顶面的边缘设置呈倾斜面的拱座,直接承受由拱圈传来的压力。(　　)

(4)单向推力墩又称制动墩,当一侧桥孔毁坏时,能承受单向的恒载水平力,以保证另一侧的拱桥不会坍塌。(　　)

(5)空心桥墩是将墩身内部做成空腔体,以减小软弱地基的负荷和圬工体积。(　　)

(6)柔性排架桩墩一般适用于在低浅、宽滩、流速不大的河流上修建梁式桥。(　　)

(7)重力式桥台也称 U 形桥台,主要靠自重来平衡台后的土压力。(　　)

(8)由于埋置式桥台的锥坡挡水面积大,对桥孔下的过水面积有所压缩,因此常应用于过水断面不大的桥梁中。(　　)

**(四)简答题**

(1)通过对各种桥梁的实地见习,简述其墩台的类型、构造和特点。

(2)简述重力式桥台与埋置式桥台的区别。

# 任务二　墩台施工

## 一、任务描述

根据墩台施工的相关知识和设计图纸,在勘探现场的情况下,能参与编制初步施工方案,能进行施工技术交底,能协助开展现场施工管理。

建议课时数:4。

## 二、相关知识

### (一)圬工墩台施工

圬工墩台施工是指用水泥砂浆砌筑片石、块石、粗料石和混凝土预制块的一种施工工艺。

片石是指符合工程要求的岩石,经开采筛选后得到的形状不规则且边长不小于150 mm的石块。

块石是指符合工程要求的岩石,经开采并加工而成的形状大致方正的石块。

料石是指由人工或机械开采出的较规则的六面体石块,其宽度和厚度不宜小于200 mm,长度不宜大于厚度的4倍。料石按加工后的外形规则程度可分为毛料石、粗料石、细料石等。

1. 工艺流程

圬工墩台施工工艺流程如图3.2.1所示。

**图3.2.1 圬工墩台施工工艺流程**

2. 施工要求

1)定位放样

按设计图纸和施工作业指导书要求,先利用全站仪测放墩台的纵(横)轴线及角(转折)点位置,并设置施工水准点;然后将测放点用墨线进行弹线,经复核无误并报监理验收同意后,才可进行下一道工序。

2)材料准备

水泥、砂及石料进场后,应按施工规程规范的要求并在监理(或业主)的见证下,分批次抽取样品并送有资质的检测单位进行检测试验,合格后方可使用。

砌筑砂浆的强度等级应符合设计要求和规范规定,并将实验室提供的配合比换算成施工配合比。

按施工进度计划要求按时、分批进场砌筑材料,并做到有序堆放。应做到准确调度,避免因材料供应不足和堆放混乱而影响施工进度的现象发生。

3)搭设脚手架

由于桥梁墩台较高,为便于墩台施工时临时堆放砌筑材料,通常在墩台的四周搭设扣件式钢管脚手架。

搭设程序:底座→立杆→扫地杆→大、小横杆→铺脚手板→栏杆→剪刀撑→连墙杆→挂安全网。

脚手架搭设完毕后,须经单位安全部门验收合格并办理交付手续后,才可使用。

4)砌筑施工

(1)按定位放样的测放点及弹出的墨线,并根据墩台在立面上的实际情况(直立面或斜坡面),采取垂线法或坡度架法进行施工。

①垂线法:又称吊线法,适宜于在墩台高度较低的情形使用。吊线时应距砌筑边线外移10~20 mm,并与水平拉线结合使用,以确保施工质量,如图3.2.2所示。

②坡度架法:适宜于在墩台高度较高的情形使用。按墩台的设计坡度要求事先搭设坡度架,并随砌筑高度的上升逐步接长加高,如图3.2.3所示。

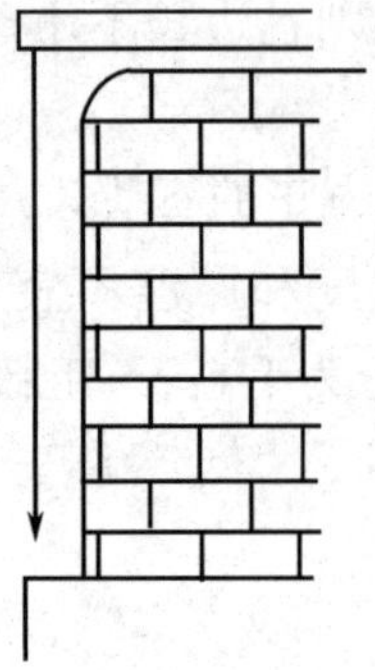

图3.2.2　垂线法示意

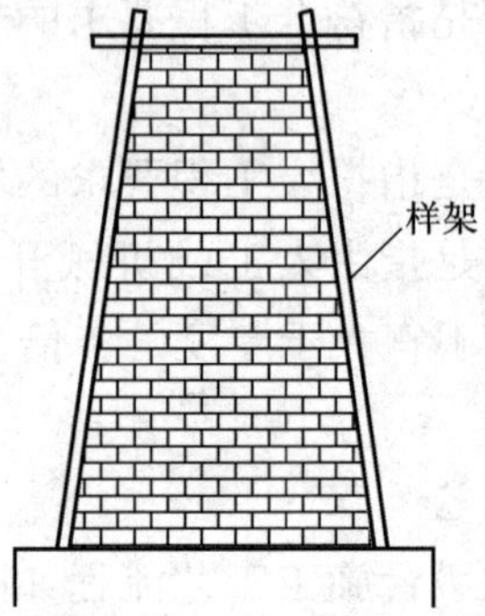


图3.2.3　坡度架法示意

(2)砌筑前,浇水湿润石块,并冲净表面泥土等杂物。如基底为土质,可不需坐浆;如基底为基岩,应将其表面清洗、润湿后坐浆砌筑。

(3)砌石顺序:先角石,再镶面,后填腹。一般先从桥墩的上下游圆头石或分水尖开始,然后砌镶面石,且石块不得直接贴靠或脱空。

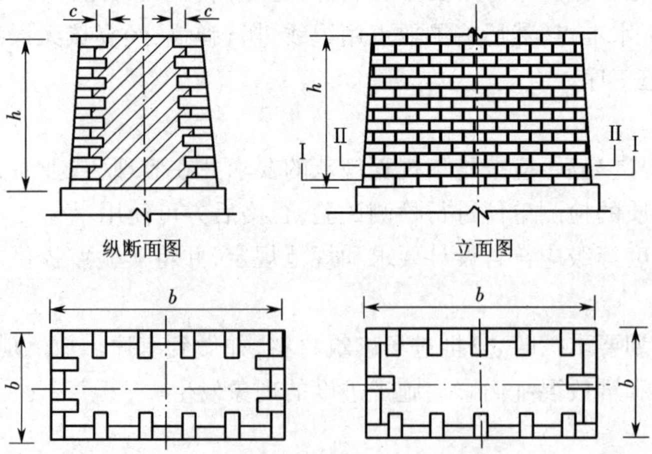


图3.2.4　桥墩配料大样图

(4)采用坐浆法进行砌筑,石块应大面朝下,石块与石块之间应用小石块拌砂浆挤压密实,做到丁顺相间、上下错缝、砂浆饱满。

(5)如分段砌筑,相邻两工作段的砌筑高度不宜超过1.2 m,分段位置宜尽量留置在沉降缝或伸缩缝处。

(6)砌筑上层砌块时,应避免振动下层砌体。砌筑因故中断后恢复砌筑时,已砌筑面应加以湿润。

(7)砌缝宽度:片石≤4 cm,块石≤3 cm,粗料石≤2 cm。

(8)勾缝:墩台外露面勾凸缝或凹缝,隐蔽处可勾平缝。勾缝前,应先清理缝槽,用水冲洗湿润,勾缝应横平竖直、深浅一致,不应有裂纹和黏结不牢等现象。

5)台背填土

(1)在砌体砂浆强度达80%时,方可进行台背填土。填筑料应优先选择渗水性较好的砂砾土填筑;水下部分应全部填筑透水性较好的材料。

(2)填筑时,应摊铺平整、逐层压(夯)实,并根据碾压机具和填料性质进行压实试验,确定填料分层厚度及碾压遍数,以便正确地指导施工。

(3)压实时,应注意勿使墙身受较大的冲击影响,临近墙背1 m范围内,应采用蛙式打夯机或手扶式夯实机进行夯实。

3.质量检验评定标准

1)基本要求

(1)石料或混凝土预制块的强度、质量和规格,必须符合有关规范的要求。

(2)砂浆所用的水泥、砂和水的质量必须符合有关规范的要求,按规定的配合比施工。

(3)砌块应错缝坐浆挤紧,嵌缝料和砂浆饱满,无空洞、宽缝、大堆砂浆填隙和假缝。

2)实测项目

圬工墩台砌体实测项目见表3.2.1。

**表3.2.1 圬工墩台砌体实测项目**

| 项次 | 检查项目 | | 规定值或允许偏差 | 检查方法和频率 | 权值 |
|---|---|---|---|---|---|
| 1△ | 砂浆强度/MPa | | 在合格标准内 | 砂浆试件强度 | 3 |
| 2 | 轴线偏位/mm | | 20 | 全站仪或经纬仪:纵、横各测量2点 | 1 |
| 3 | 墩台长、宽/mm | 料石 | +20,-10 | 尺量:检查3个断面 | 1 |
| | | 块石 | +30,-10 | | |
| | | 片石 | +40,-10 | | |
| 4 | 竖直度或坡度/mm | 料石、块石 | 0.3 | 垂线或经纬仪:纵、横各测量2点 | 1 |
| | | 片石 | 0.5 | | |
| 5△ | 墩台顶面高程/mm | | ±10 | 水准仪:测量3点 | 2 |
| 6 | 大面积平整度/mm | 料石 | 10 | 2 m直尺:检查竖直、水平两个方向,每20 $m^3$测1处 | 1 |
| | | 块石 | 20 | | |
| | | 片石 | 30 | | |

注:"△"标识为关键项目(涉及结构安全和使用功能的重要实测项目)。

## (二)混凝土墩台施工

### 1. 工艺流程

混凝土墩台施工工艺流程如图 3.2.5 所示。

定位放样 ⇒ 模板制安 ⇒ 钢筋制安 ⇒ 混凝土浇筑 ⇒ 养护

图 3.2.5　混凝土墩台施工工艺流程

### 2. 施工要求

1)定位放样

参见圬工墩台施工相关内容,在此不再赘述。

2)模板制安

模板制安如图 3.2.6 至图 3.2.11 所示,步骤如下。

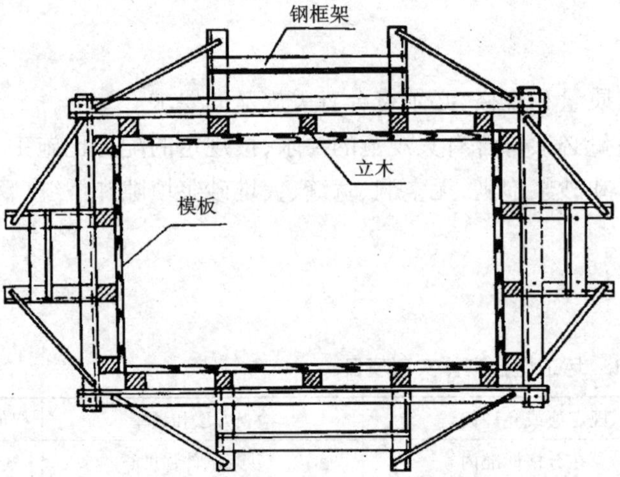


图 3.2.6　模板拼装示意

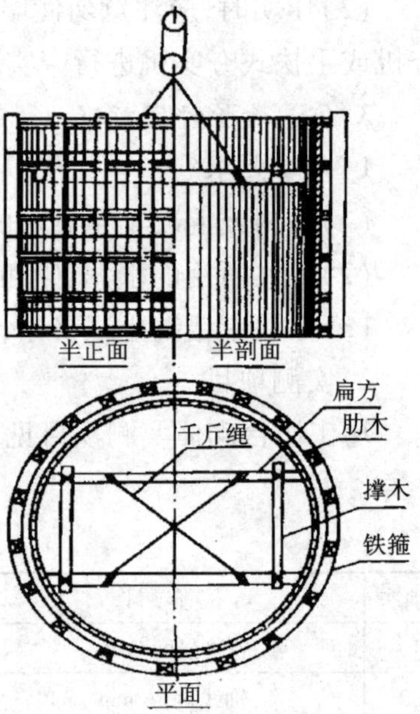


图 3.2.7　整体吊装模板

(1)确定组装方案:应优先选用钢模板或胶合板,按照设计图纸尺寸编制具体的拼装方案,并计算确定对拉螺栓的直径、长度、位置和纵横龙骨、连杆点的间距及尺寸等。如采用钢模板方案,当模数不符合时,可配置木模板补平。

(2)模板安装:要求拼装合缝、加固稳定、支撑牢固、受力均匀,进料平台应与模板支架系统分离,以免浇筑混凝土时人员、设备对模板支架产生影响。

(3)模板验收:模板安装后,应对断面尺寸、标高、对拉螺栓、连杆支撑等进行验收,合格后才可进行下一道工序。

3)钢筋制安

桥墩盖梁钢筋制安,如图 3.2.12 所示。

图 3.2.8　桥墩立柱模板安装

图 3.2.9　桥墩盖梁模板安装

图 3.2.10　桥台台身模板安装

图 3.2.11　桥台台帽模板安装

(1)钢筋制作:应先按设计图纸制作好钢筋,然后挂牌堆放好。

(2)钢筋绑扎:先按图纸要求画好线,再按先长后短、先下后上依次进行绑扎,严禁胡乱绑扎。

(3)预埋件:其标高、位置、搭接锚固长度等应准确,不得遗漏或移位。

(4)受力钢筋:接头应相互错开,同一截面的钢筋接头数量应符合设计要求和规范规定。

(5)保护层垫块:其强度应符合要求,并按梅花形布置方式与钢筋绑牢。

图 3.2.12　桥墩盖梁钢筋安装

图 3.2.13　桥墩盖梁混凝土浇筑

4)混凝土浇筑

桥墩盖梁混凝土浇筑,如图 3.2.13 所示。

(1)原材料:在监理见证下取样试验,试验合格并经监理工程师认可后方可使用。

①水泥:要有出厂合格证,水泥在运输和储存时,要防止受潮和过期;对于每批进场水泥(不超过 100 t)必须取样试验。

②细骨料:采用级配良好、质地坚硬、颗粒洁净的天然河砂,不同来源的砂分别设立标志牌储存,同一批料源(每批不超过 200 $m^3$)必须取样试验。

③粗骨料:采用坚硬、表面洁净材料,针片状颗粒及泥土杂物含量不得超过规定要求,其粒径不得大于钢筋最小净距的 1/4,同时不大于 40 mm。不同来源和规格的粗骨料分别设立标志牌储存,同一批料源(每批不超过 500 $m^3$)必须取样试验。

④钢筋:对于进场钢筋要有材料合格证,每批(不超过 60 t)必须取样试验。

(2)浇筑前,制定施工作业指导书,并进行技术、安全交底;特别是大体积混凝土,应注意采取措施降低水化热,避免因混凝土内外温差而产生裂缝。

(3)浇筑前,将实验室提供的配合比换算成施工配合比。混凝土应采用拌和站集中拌制,其配料应采用自动计量装置,并做到各种衡器的精度符合要求且计量准确。

(4)浇筑前,需对钢筋、模板的工序质量进行终检,合格后报监理申请开仓浇筑;经监理验收合格后,才可进行混凝土浇筑施工。

(5)基底如为干土,应将其湿润;如为湿土,应铺 10 ~ 15 cm 厚碎石;如为岩石,应铺 2 ~ 3 cm 水泥砂浆,并在砂浆凝结前浇筑混凝土。

(6)混凝土在运输过程中,应避免发生离析、泌水等现象;混凝土运至浇筑地点后,采用汽车吊混凝土罐(或泵送)入仓方式,分层浇筑。

(7)振捣时尽量避免碰撞钢筋,依次有序振捣,不得漏振。振捣时间以混凝土停止下沉、不出现气泡、表面呈现浮浆为度。

(8)浇筑上一层混凝土时,振动器需插入下层混凝土 5 cm 左右,以便使上、下层混凝土紧密结合;如下层混凝土已初凝,而上层混凝土尚未覆盖,则上下层接触面应按冷缝处理。

(9)混凝土浇筑需连续进行,尽量避免出现不该有的施工缝。

5)养护

混凝土浇筑完成并在其收浆后尽快予以覆盖并洒水保湿养生,待混凝土抗压强度达到 2.5 MPa,且能够保证其表面及棱角不致因拆模而受损坏时侧模方可拆除,如图 3.2.14 和图 3.2.15 所示。并采用麻袋、薄膜进行封闭及湿润养生,养护时间不得少于 7 d。

图 3.2.14 桥台台帽、耳墙

图 3.2.15 桥台支座垫石

3. 质量检验评定标准

1)基本要求

(1)混凝土所用的水泥、砂、碎石、水、外加剂及混合材料的质量和规格必须符合有关技术规范规定,并按规定的配合比进行施工。

(2)外观应平整、光洁,不得出现空洞和露筋现象。

2)实测项目

混凝土墩台实测项目见表 3. 2. 2 至表 3. 2. 4。

**表 3. 2. 2 混凝土墩台实测项目**

| 项次 | 检查项目 | 规定值或允许偏差 | 检查方法和频率 | 权值 |
|---|---|---|---|---|
| 1△ | 混凝土强度/MPa | 在合格标准内 | 混凝土试件强度 | 3 |
| 2 | 断面尺寸/mm | ±20 | 尺量:检查 3 个断面 | 2 |
| 3 | 竖直度或坡度/mm | 0. 3% $H$ 且不大于 20 | 垂线或经纬仪:测量 2 点 | 2 |
| 4 | 顶面高程/mm | ±10 | 水准仪:测量 3 处 | 2 |
| 5△ | 轴线偏位/mm | 10 | 全站仪或经纬仪:纵、横各测 2 点 | 2 |
| 6 | 节段间错台/mm | 5 | 尺量:每节检查 4 处 | 1 |
| 7 | 大面积平整度/mm | 5 | 2 m 直尺:检查竖直、水平两个方向,每 20 $m^3$ 测 1 处 | 1 |
| 8 | 预埋件位置/mm | 符合设计规定(设计未规定时取 10) | 尺量:每件 | 1 |

注:1. $H$ 为墩台身高度;

2. "△"标识为关键项目(涉及结构安全和使用功能的重要实测项目)。

**表 3. 2. 3 柱或双壁墩身实测项目**

| 项次 | 检查项目 | 规定值或允许偏差 | 检查方法和频率 | 权值 |
|---|---|---|---|---|
| 1 | 相邻间距/mm | ±20 | 尺或全站仪测量:检查顶、中、底 3 处 | 1 |
| 2 | 断面尺寸/mm | ±15 | 尺量:检查 3 个断面 | 1 |
| 3 | 节段间错台/mm | 3 | 尺量:每节检查 2 ~ 4 处 | 1 |

注:混凝土强度、竖直度或坡度、顶面高程、轴线偏位的规定值或允许偏差、检查方法和频率、权值与表 3. 2. 2 相同。

**表 3. 2. 4 墩台帽或盖梁实测项目**

| 项次 | 检查项目 | 规定值或允许偏差 | 检查方法和频率 | 权值 |
|---|---|---|---|---|
| 1△ | 混凝土强度/MPa | 在合格标准内 | 混凝土试件强度 | 3 |
| 2 | 断面尺寸/mm | ±20 | 尺量:检查 3 个断面 | 2 |
| 3△ | 轴线偏位/mm | 10 | 全站仪或经纬仪:纵、横各测 2 点 | 2 |
| 4△ | 顶面高程/mm | ±10 | 水准仪:测量 3 ~ 5 点 | 2 |
| 5 | 支座垫石预留位置/mm | 10 | 尺量:每个 | 1 |

注:"△"标识为关键项目(涉及结构安全和使用功能的重要实测项目)。

## 三、任务实施

按照学生工作页学习情境三任务二“墩台施工”，完成本任务的实施。

## 四、课后练习

### (一)选择题

(1)圬工墩台的砌石顺序为(　　)。

A. 先角石　　B. 再镶面　　C. 再填腹　　D. 后填腹

(2)圬工墩台的砌缝宽度:片石≤(　　),块石≤(　　),粗料石≤(　　)。

A. 2 cm　　B. 3 cm　　C. 4 cm　　D. 5 cm

(3)在砌体砂浆强度达(　　　)时,方可进行台背填土。

A. 50%　　B. 60%　　C. 70%　　D. 80%

(4)圬工墩台的轴线偏位规定值为(　　)mm。

A. 10　　B. 15　　C. 20　　D. 25

(5)混凝土墩台,如为湿土,应铺(　　)厚碎石。

A. 10 ~ 15 cm　　B. 10 ~ 20 cm　　C. 15 ~ 20 cm　　D. 20 ~ 25 cm

(6)混凝土墩台,如为岩石,应铺(　　)水泥砂浆,并在砂浆凝结前浇筑混凝土。

A. 1 ~ 2 cm　　B. 1 ~ 3 cm　　C. 2 ~ 3 cm　　D. 2 ~ 4 cm

(7)混凝土墩台台帽的轴线偏位规定值为(　　)mm。

A. 10　　B. 15　　C. 20　　D. 25

### (二)简答题

(1)简述圬工墩台施工工艺流程。

(2)简述圬工墩台施工的技术要求。

(3)简述钢管脚手架的搭设程序。

(4)简述混凝土墩台施工工艺流程。

# 任务三　支座安装

## 一、任务描述

根据支座安装的相关知识和设计图纸,在勘探现场的情况下,能参与编制初步施工方案,能进行施工技术交底,能协助开展现场施工管理。

建议课时数:4。

## 二、相关知识

### (一)支座类型与构造

支座是桥梁上部结构与下部结构之间的传力构件,要求具有良好的传递荷载和提供变形的能力。桥梁支座类型很多,主要根据支承反力、跨度、建筑高度以及预期位移量来选定。常用的支座有普通板式橡胶支座、四氟板式橡胶支座和盆式橡胶支座等。

1.普通板式橡胶支座

1)含义与构造

普通板式橡胶支座是由多层橡胶与薄钢板镶嵌、黏合、硫化而成。它有矩形和圆形两种,矩形支座用于正交桥梁,圆形支座用于斜交桥梁和曲线桥梁。其构造如图 3.3.1 所示。

图 3.3.1 普通板式橡胶支座

2)特点

(1)有足够的竖向刚度以承受垂直荷载。

(2)有良好的弹性以适应梁端的转动。

(3)有较大的剪切变形以满足上部构造的水平位移。

(4)有良好的防震作用,可减少动载对桥跨结构与墩台的冲击作用。

(5)具有构造简单、价格低廉、养护简便和易于更换等优点。

3)适用范围

普通板式橡胶支座适用于标准跨径 10 ~ 20 m 及位移量较小的简支梁桥。其承载力为 100 ~ 1 000 kN。

2.四氟板式橡胶支座

1)含义与构造

四氟板式橡胶支座是在普通板式橡胶支座上粘贴一层厚 2 ~ 4 mm 的聚四氟乙烯板而成。其构造如图 3.3.2 所示。

2)特点

四氟板式橡胶支座除具有普通板式橡胶支座的特点外,还具有以下特点:

(1)由于它具有低摩擦系数($\mu \leqslant 0.08$),可使桥梁上部结构水平位移不受限制;

(2)可作大跨度桥梁的活动支座使用,也可供连续梁顶推、T形梁横移和大型设备滑移当作滑块使用;

(3)具有承载力大、转动和滑动灵活等优点。

3)适用范围

四氟板式橡胶支座通常适用于大中型桥梁。

3. 盆式橡胶支座

1)含义与构造

盆式橡胶支座是由钢构件和橡胶构件组合而成的新型桥梁支座。其构造如图3.3.3所示。

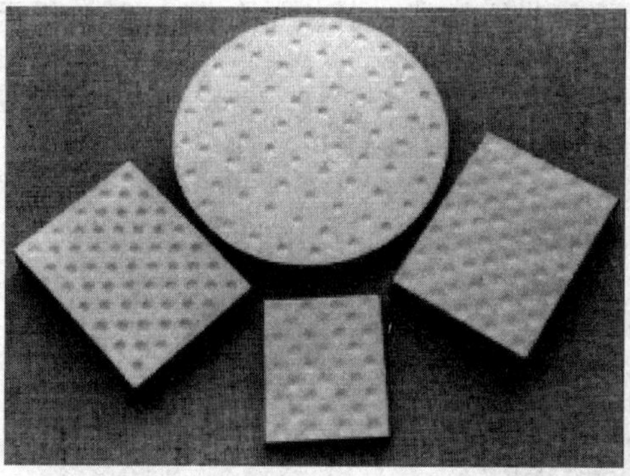

图3.3.2 四氟板式橡胶支座

图3.3.3 盆式橡胶支座

2)特点

盆式橡胶支座具有承载力大、水平位移量大、转动灵活等特点。

3)适用范围

盆式橡胶支座适用于大跨径桥梁。其承载力可以达到20 000~50 000 kN。

**(二)支座安装**

1. 安装要求

(1)支座安装前,首先应清除墩台支座垫石及支座锚栓孔中的积水和杂物,再对支座的安装位置进行测量放样,并用墨线分别弹出支座垫石、橡胶支座纵横中心线,以便安装时利于观测,确保两中心线重合。注意矩形支座的短板应与桥向平行。

(2)吊运支座时,墩(台)顶作业人员应待支座稳定后再扶正就位。人工抬运支座时,应协调一致,防止挤压手脚。

(3)梁板吊装架设前,应先将支座安装在预制梁的底部。上支座板与梁底预埋钢板间不得有空隙;支座上、下板中心应对中,安装平面与支座滑动(滚动)平面应平行,偏差不大于2‰。

(4)为保证支座安装平整,一般应在支座底面与支座垫石顶面之间浇筑20~50 mm厚干硬性、无收缩性的细石混凝土(或砂浆)垫层,并灌注密实。

(5)待梁板支座下的灌浆强度达到20 MPa后,拧紧下支座板锚栓,并拆除各支座上、下连接钢板及螺栓,再拆除临时千斤顶。

(6)使用千斤顶顶梁安放支座时,应及时落梁到支座,严禁长时间用千斤顶支承梁体。

(7)顶落梁时,应有保险设施,随着活塞起落及时安放或撤除;两端支点不得同时起落;施顶或纵横移时,应缓慢平稳,各道工序应派专人检查,统一指挥。

板式橡胶支座安装如图 3.3.4 至 3.3.6 所示,盆式橡胶支座安装如图 3.3.7 至 3.3.11 所示。

图 3.3.4　墩台支座垫石

图 3.3.5　板式橡胶支座安装

图 3.3.6　梁板吊装就位

图 3.3.7　盆式橡胶支座安装对位

图 3.3.8　千斤顶顶梁

图 3.3.9　支座焊接固定

2. 注意事项

桥梁支座安装作业过程中应考虑下列主要危险源和危害因素:

(1)墩顶未设置栏杆、步梯等安全防护设施;

图 3.3.10 支座浇筑混凝土

图 3.3.11 安装后支座实景

(2)支座在墩顶存放时固定不牢;

(3)选用的千斤顶不符合施工要求;

(4)顶落梁时违规操作;

(5)施工现场违章、疲劳作业;

(6)支座安装无防风措施,冬季无防滑措施。

3.质量检验评定标准

1)基本要求

(1)支座材料、质量和规格必须符合设计和有关规范的要求。

(2)支座安装前必须涂上硅脂油,且安装位置正确。

(3)不得发生支座偏斜、脱空现象。

2)实测项目

支座安装实测项目见表 3.3.1。

表 3.3.1 支座安装实测项目

| 项次 | 检查项目 | | 规定值或允许偏差 | 检查方法和频率 | 权值 |
|---|---|---|---|---|---|
| 1△ | 支座中心与主梁中心线偏差/mm | | 2 | 经纬仪、钢尺:每个支座 | 3 |
| 2 | 支座顺桥向偏差/mm | | 10 | 经纬仪或拉线检查:每个支座 | 2 |
| 3△ | 支座高程/mm | | 符合设计规定;设计未规定时,±5 | 水准仪:每个支座 | 3 |
| 4 | 支座四角高差/mm | 承压力≤500 kN | 1 | 水准仪:每个支座 | 2 |
| | | 承压力>500 kN | 2 | | |

注:"△"标识为关键项目(涉及结构安全和使用功能的重要实测项目)。

## (三)支座养护

1.日常检查

(1)橡胶支座是否有老化变形现象发生。

(2)盆式橡胶支座的固定螺栓是否有损坏或者螺母松动现象。

(3)活动支座是否灵活,实际位移是否正确。

2.定期养护

支座在使用年限中应定期进行养护,主要工作包括:

(1)钢件的表面油漆、辊轴及摇轴转动部分定期擦洗并涂抹润滑油；

(2)滑动支座不锈钢表面的擦洗及支座锚栓的检查等。

【知识链接】

### 支座型号识读

1. 板式橡胶支座

例如：GJZ F4 250×350×54(NR)，表示公路桥梁矩形四氟板式天然橡胶支座，短边尺寸为250 mm，长边尺寸为350 mm，厚度为54 mm。

板式橡胶支座表示方法详见如下：

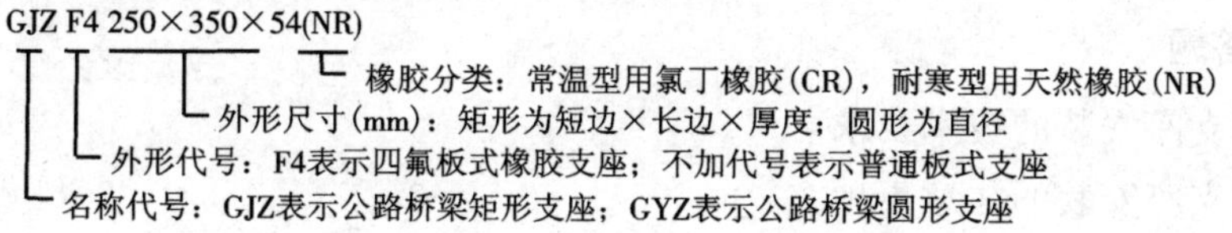


2. 盆式橡胶支座

例如：GPZ20SXF，表示GPZ系列双向(多向)耐寒型公路桥梁盆式橡胶支座，支座设计承载力为20 MN。

盆式橡胶支座表示方法详见如下：

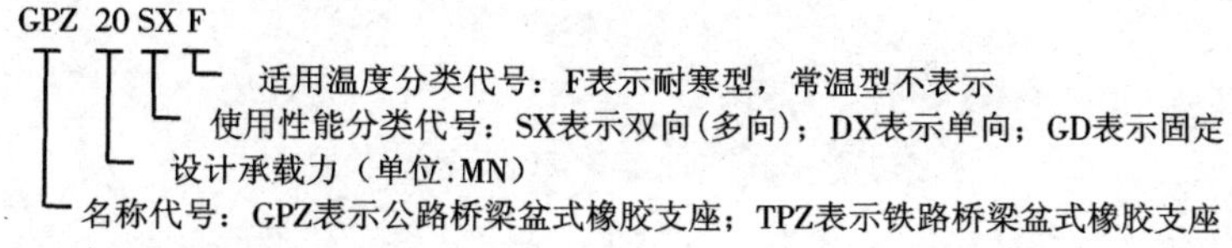


## 三、任务实施

按照学生工作页学习情境三任务三“支座安装”，完成本任务的实施。

## 四、课后练习

### (一)选择题

(1)常用的支座有(　　)等。

A. 普通板式橡胶支座　　B. 特殊板式橡胶支座

C. 四氟板式橡胶支座　　D. 盆式橡胶支座

(2)四氟板式橡胶支座是在普通板式橡胶支座上粘贴一层厚(　　)的聚四氟乙烯板而成。

A. 1～3 mm　　B. 1～4 mm　　C. 2～3 mm　　D. 2～4 mm

(3)支座中心与主梁中心线的允许偏差为(　　)。

A. 1 mm　　B. 2 mm　　C. 3 mm　　D. 4 mm

(4)支座顺桥向偏差的允许偏差为(　　)。

A. 5 mm　　B. 10 mm　　C. 15 mm　　D. 20 mm

**(二)判断题**

(1)盆式橡胶支座适用于标准跨径 10 ~ 20 m 及位移量较小的简支梁桥。其承载力为 100 ~ 1 000 kN。 (　　)

(2)普通板式橡胶支座适用于大跨径桥梁。其承载力可以达到 20 000 ~ 50 000 kN。 (　　)

(3)GPZ20SXF,表示 GPZ 系列双向(多向)耐寒型公路桥梁盆式橡胶支座,支座设计承载力为 20 MN。 (　　)

(4)GJZ F4 250 × 350 × 54(NR),表示公路桥梁矩形四氟板式天然橡胶支座,短边尺寸为 250 mm,长边尺寸为 350 mm,厚度为 54 mm。 (　　)

**(三)简答题**

(1)简述支座安装的技术要求。

(2)简述支座安装的注意事项。

# 学习情境四　桥梁上部结构施工

## 一、能力目标

(1)能说出简支梁桥就地浇筑法的施工工艺流程。
(2)能根据施工图纸,参与简支梁桥就地浇筑法施工方案编制。
(3)能根据施工方案,协助开展现场施工管理。

## 二、知识目标

(1)掌握简支梁桥就地浇筑法施工的工艺流程、技术要求和质量检验评定标准。
(2)掌握简支梁桥预制安装法施工的工艺流程、技术要求和质量检验评定标准。
(3)熟悉钢筋混凝土拱桥施工的工艺流程、技术要求和质量检验评定标准。
(4)熟悉石(混凝土预制块)拱桥施工的工艺流程、技术要求和质量检验评定标准。

## 三、内容结构图

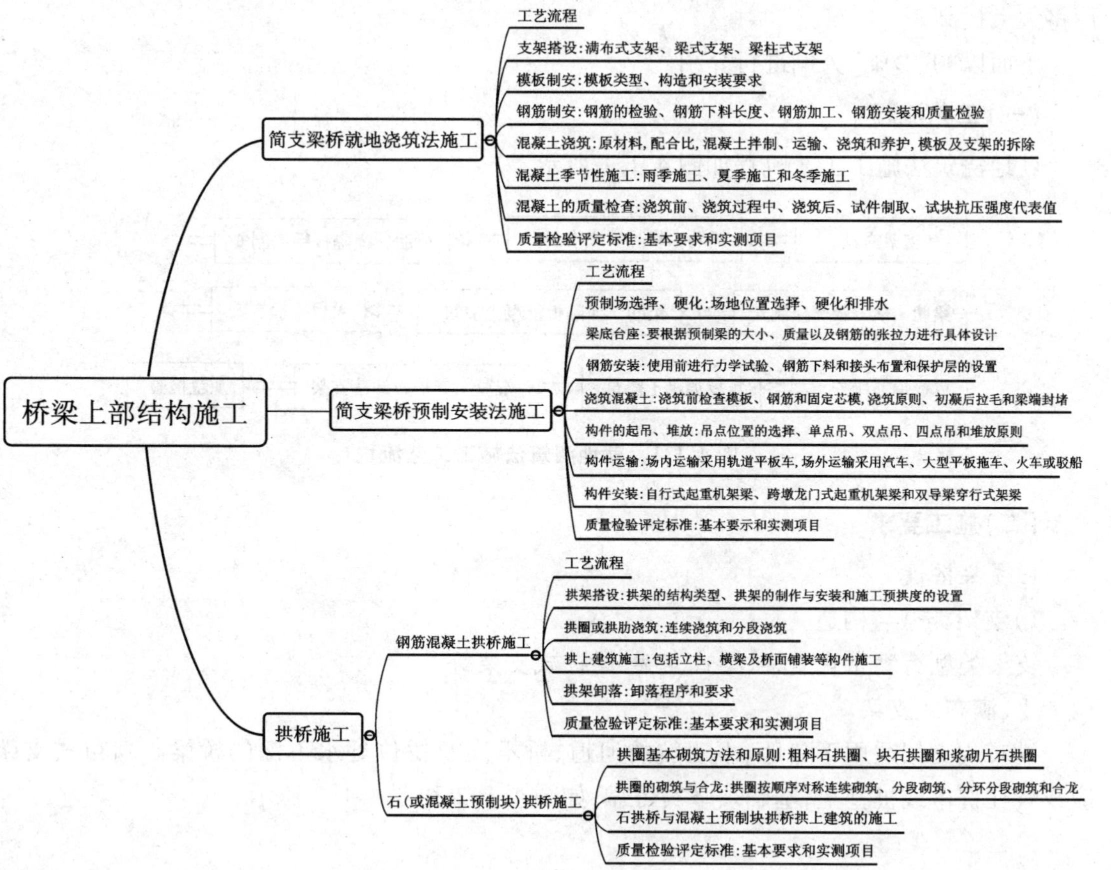

# 任务一　简支梁桥就地浇筑法施工

## 一、任务描述

根据简支梁桥就地浇筑法施工的相关知识和设计图纸,在勘探现场的情况下,能参与编制初步施工方案,能进行施工技术交底,能协助开展现场施工管理。

建议课时数:4。

## 二、相关知识

就地浇筑法是指在桥孔位置搭设支架,并在支架上安装模板,绑扎及安装钢筋骨架,并在现场浇筑混凝土和施加预应力的一种施工方法,适用于交通不便地区的小跨径异型桥、弯桥。

优点:不需要大型的吊装设备和开辟专门的预制场地,梁体结构中主筋不用中断,故其结构的整体性能好。

缺点:支架需要多次转移,使工期加长,如全桥多跨一次性架立支架,则投入的支架费用将大大提高。

下面以“T形梁”为例进行介绍。

### (一)工艺流程

就地浇筑法施工工艺流程如图4.1.1所示。

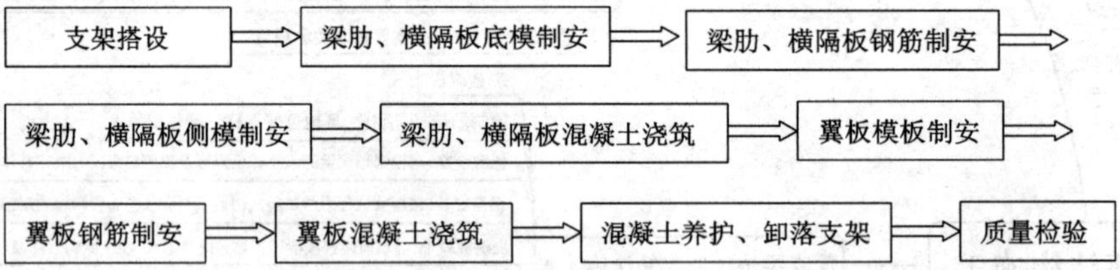


图4.1.1　就地浇筑法施工工艺流程

### (二)施工要求

1.支架搭设

1)支架类型与构造

支架类型有满布式支架、梁式支架、梁柱式支架等。

Ⅰ.满布式支架

满布式支架适用于陆地、不通航的河道、桥不高及桥位处水不深的桥梁。满布式支架应设置在枕木或桩基上,基础须坚实可靠,如图4.1.2和图4.1.3所示。

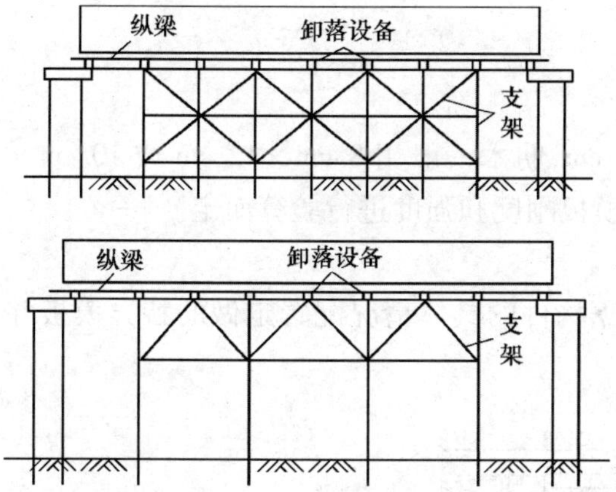


图 4.1.2 满布式支架

图 4.1.3 满布式支架效果图

Ⅱ.梁式支架

根据跨径不同,梁可以采用工字钢梁、钢板梁或桁架梁。工字钢梁一般用于小于 10 m 的跨径,钢板梁用于小于 20 m 的跨径,桁架梁用于大于 20 m 的跨径。梁可以支撑在墩旁的立柱上,也可以支撑在桥墩预留的托架上,如图 4.1.4 所示。

Ⅲ.梁柱式支架

当桥梁较高、跨径较大或必须在支架下设通航孔或排洪孔时,可以采用梁柱式支架,梁支撑在桥墩台上或临时支柱上,形成多跨的梁柱式支架,如图 4.1.5 所示。

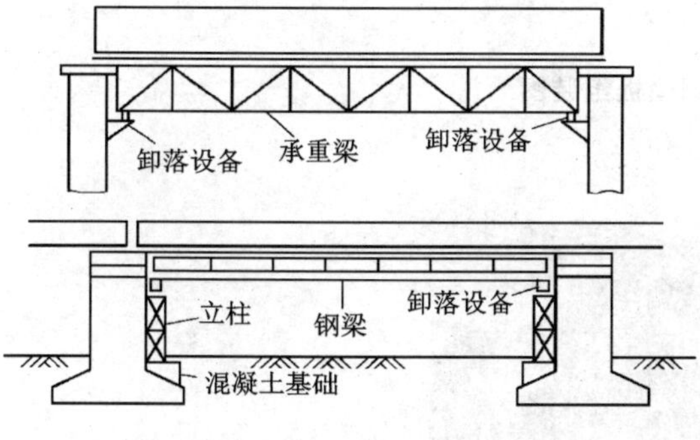


图 4.1.4 梁式支架

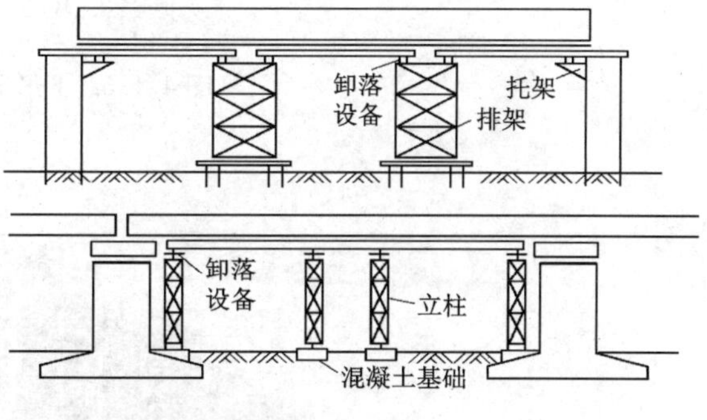


图 4.1.5 梁柱式支架

2)支架搭设

支架搭设要考虑以下变形因素,并设置施工预拱度。

(1)上部构造自重、活载(50%)产生的挠度。

(2)支架的弹性压缩、非弹性压缩。

(3)支架基底的沉陷。

(4)混凝土收缩、温度变化引起的挠度。

2. 模板制安

1)模板类型与构造

Ⅰ. 木模板

木模板厚度通常为 3 ~5 cm,板宽为 15 ~20 cm,肋木一般用 8 cm ×12 cm 或 10 cm ×12 cm仿木,其间距应根据模板厚度、受力情况及模板刚度和强度进行验算而定。

Ⅱ. 钢模板

钢模板一般用工厂生产的标准化模板,再根据构件的具体情况配置定做的特异模板并组合而成,如图 4.1.6 和图 4.1.7 所示。

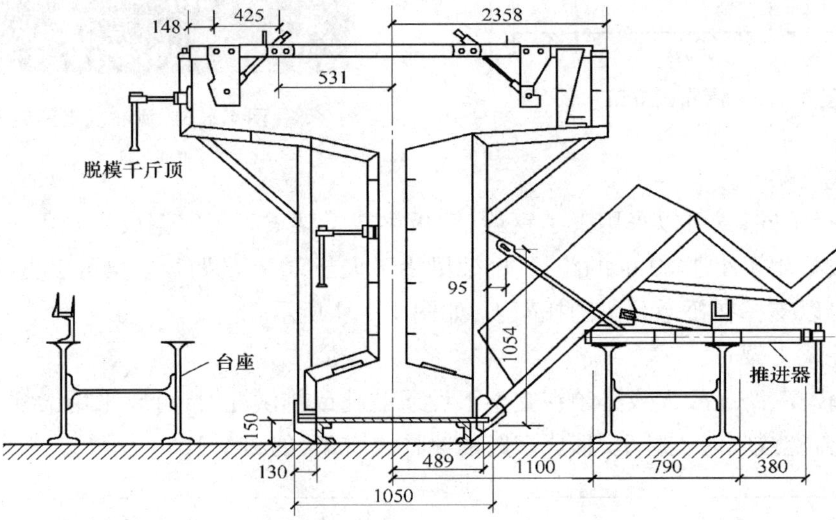


图 4.1.6　T 形梁钢模板组装图

图 4.1.7　T 形梁钢模板组装效果图

2)模板安装要求

(1)具有足够的刚度、强度和稳定性,能可靠地承受施工中的各种荷载。

(2)模板面平整、接缝严密、不漏浆。

(3)装拆方便、以提高模板的周转使用率。

3)模板安装

模板安装如图 4.1.8 至图 4.1.9 所示。

图 4.1.8　T 形梁主梁模板安装图

图 4.1.9　T 形梁横隔板模板安装图

图 4.1.10　T 形梁隔板浇筑图

图 4.1.11　T 形梁面板模板安装图

3. 钢筋制安

1)钢筋制作

按照设计图纸和前述方法(学习情境二任务一知识链接二钢筋施工)进行加工制作,在此不再赘述。

2)钢筋骨架焊接

钢筋骨架焊接应采用电弧焊。在焊接过程中,由于温度升高,骨架会发生翘曲变形,因此常采取先点焊、后跳焊的方式进行焊接。其焊接顺序为由中间向两端对称均匀进行,先下部后上部,分区对称跳焊,如图 4.1.12 所示。

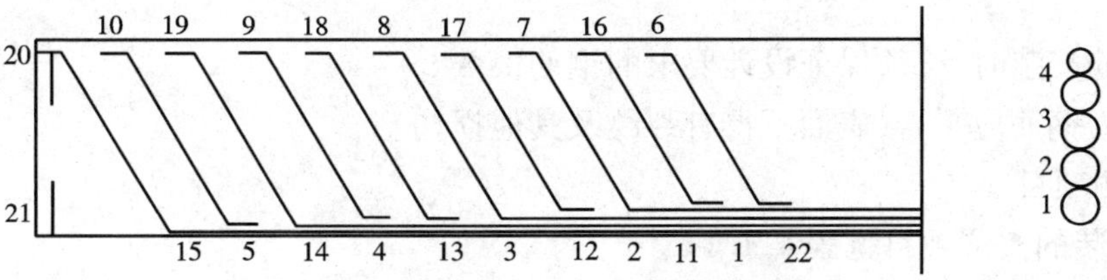


图 4.1.12　钢筋骨架焊接顺序图

3)钢筋安装

钢筋安装如图 4.1.13 和图 4.1.14 所示。钢筋安装前,必须详细检查模板各部分尺寸,模板有无歪斜、裂缝及变形等,模板间拼接是否牢固。焊接成型的钢筋骨架,安装时用起重设备吊入模板内即可。对于绑扎钢筋的安装,应拟定安装顺序。一般的梁肋钢筋,先放箍筋,再安下排钢筋,后装上排钢筋。在钢筋安装工作中,为了保证达到设计及构造要求,应注意下列几点。

图 4.1.13 钢筋骨架安装图

图 4.1.14 T 形梁顶板钢筋安装图

(1)钢筋的接头应按规定要求错开布置。

(2)钢筋的交叉点,应用钢丝绑扎结实,必要时可用点焊焊牢。

(3)除设计有特殊要求外,梁中箍筋应与主筋垂直,箍筋弯钩的叠合处,在梁中应沿梁长方向置于上面并交错布置,在柱中应沿柱高方向交错布置。

(4)为保证钢筋具有一定厚度的保护层,钢筋与底模、侧模之间应设置混凝土垫块,垫块应错开布置,并与钢筋扎牢。

(5)为保证与固定钢筋间的横向净距,两排钢筋间可用混凝土隔块或用短钢筋扎结固定。

4)质量检验评定标准

Ⅰ. 基本要求

(1)钢筋、机械连接器、焊条等的品种、规格和技术性能应符合国家现行标准规定和设计要求。

(2)冷拉钢筋的力学性能必须符合规范要求,钢筋应平直,且表面不应有裂皮和油污。

(3)受力钢筋同一截面的接头数量、搭接长度、焊接和机械接头质量应符合施工技术规范要求。

(4)钢筋安装时,必须保证设计要求的钢筋根数。

(5)受力钢筋应平直,表面不得有裂纹及其他损伤。

Ⅱ. 实测项目

钢筋安装的实测项目见表 4.1.1。

**表 4.1.1 钢筋安装实测项目**

<table>
<tr><th>项次</th><th colspan="3">检查项目</th><th>规定值或允许偏差</th><th>检查方法和频率</th><th>权值</th></tr>
<tr><td rowspan="4">1△</td><td rowspan="4">受力钢筋间距/mm</td><td colspan="2">两排以上排距</td><td>±5</td><td rowspan="4">尺量:每构件检查 2 个断面</td><td rowspan="4">3</td></tr>
<tr><td rowspan="2">同排</td><td>梁、板、拱肋</td><td>±10</td></tr>
<tr><td>基础、锚碇、墩台、柱</td><td>±20</td></tr>
<tr><td colspan="2">灌注桩</td><td>±20</td></tr>
<tr><td>2</td><td colspan="3">箍筋、横向水平钢筋、螺旋筋间距/mm</td><td>±10</td><td>尺量:每构件检查 5 ~ 10 个间距</td><td>2</td></tr>
<tr><td rowspan="2">3</td><td rowspan="2">钢筋骨架尺寸/mm</td><td colspan="2">长</td><td>±10</td><td rowspan="2">尺量:按骨架总数 30% 抽查</td><td rowspan="2">1</td></tr>
<tr><td colspan="2">宽、高或直径</td><td>±5</td></tr>
<tr><td>4</td><td colspan="3">弯起钢筋位置/mm</td><td>±20</td><td>尺量:每骨架抽查 30%</td><td>2</td></tr>
<tr><td rowspan="3">5△</td><td rowspan="3">保护层厚度/mm</td><td colspan="2">柱、梁、拱肋</td><td>±5</td><td rowspan="3">尺量:每构件沿模板周边检查 8 处</td><td rowspan="3">3</td></tr>
<tr><td colspan="2">基础、锚碇、墩台</td><td>±10</td></tr>
<tr><td colspan="2">板</td><td>±3</td></tr>
</table>

注:"△"标识为关键项目(涉及结构安全和使用功能的重要实测项目)。

4. 混凝土浇筑

(1)混凝土浇筑按前述方法(学习情境二任务一知识链接三混凝土施工)进行施工,在此不再赘述。

(2)一般来说,对中小跨径的桥梁(T 形梁、空心板)基本上采用水平分层方式进行浇筑。T 形梁先浇梁体再浇板面,如图 4.1.15 所示;空心板一般是先浇底板水平层。

**图 4.1.15 T 形梁浇筑图**

5. 模板及支架的拆除

(1)非承重模板一般在混凝土强度等级达到 2.5 MPa 时方可拆除;跨径 >4 m 及跨径≤4 m 的承重模板,应在混凝土强度等级达到设计值的 75% 及 50% 时方可拆除;芯模应在混凝土强度达到 0.4 ~ 0.8 MPa 或保证混凝土表面不塌陷和不裂缝时才可拆除。

(2)支架的拆除应按设计要求进行。如设计无规定,应遵循先支后拆、后支先拆的顺序进行操作。卸落支架或拱架应按拟定的拆卸方案进行。

(3)严禁高空抛扔模板,卸落的支架、模板应及时维修整理,并分类妥善堆放。

6.质量检验评定标准

1)基本要求

(1)所用的水泥、砂、石、水、外掺剂及混合材料的质量和规格必须符合有关规范要求，按规定的配合比施工。

(2)支架和模板的强度、刚度、稳定性应满足施工技术规范的要求。

(3)预计的支架变形及地基的下沉量应满足施工后梁体设计标高的要求，必要时应采取对支架预压的措施。

(4)梁(板)体不得出现露筋和空洞现象。

(5)预埋件的设置和固定应满足设计和施工技术规范的规定。

2)实测项目

就地浇筑梁(板)实测项目见表4.1.2。

**表4.1.2 就地浇筑梁(板)实测项目**

| 项次 | 检查项目 | | 规定值或允许偏差 | 检查方法和频率 | 权值 |
|---|---|---|---|---|---|
| 1△ | 混凝土强度/MPa | | 在合格标准内 | 混凝土试件强度 | 3 |
| 2△ | 轴线偏位/mm | | 10 | 全站仪或经纬仪:测量3处 | 2 |
| 3 | 梁(板)顶面高程/mm | | ±10 | 水准仪:检查3~5处 | 1 |
| 4△ | 断面尺寸/mm | 高度 | +5,-10 | 尺量:检查3个断面 | 2 |
| | | 顶宽 | ±30 | | |
| | | 箱梁底宽 | ±20 | | |
| | | 顶、底、腹板或梁肋厚 | +5,-0 | | |
| 5 | 长度/mm | | +5,-10 | 尺量:每梁(板) | 1 |
| 6 | 平整度/mm | | 8 | 2 m直尺:每侧面每10 m梁长测1处 | 1 |

注:“△”标识为关键项目(涉及结构安全和使用功能的重要实测项目)。

## 三、任务实施

按照学生工作页学习情境四任务一“简支梁桥就地浇筑法施工”,完成本任务的实施。

## 四、课后练习

**(一)选择题**

(1)支架类型有(　　)等。

A.满布式支架　　B.梁式支架　　C.梁柱式支架　　D.斜撑式支架

(2)弯起钢筋位置的允许偏差为(　　)。

A. ±10 mm　　B. ±20 mm　　C. ±30 mm　　D. ±40 mm

(3)芯模应在混凝土强度达到(　　)或保证混凝土表面不塌陷和不裂缝时才可拆除。

A.0.4~0.5 MPa　　B.0.4~0.6 MPa　　C.0.4~0.7 MPa　　D.0.4~0.8 MPa

(4)就地浇筑梁(板)平整度允许偏差为(　　)mm。

A.5　　B.6　　C.7　　D.8

**(二)判断题**

(1)非承重模板一般在混凝土强度等级达到2.5 MPa时方可拆除。(　　)

(2)跨径>4 m的承重模板,应在混凝土强度等级达到设计值的70%时方可拆除。(　　)

(3)跨径≤4 m的承重模板,应在混凝土强度等级达到设计值的50%时方可拆除。(　　)

(4)支架的拆除应遵循先支先拆、后支后拆的顺序进行操作。(　　)

**(三)简答题**

(1)简述简支梁桥就地浇筑法的优缺点。

(2)简述简支梁桥就地浇筑法施工工艺流程。

(3)简述支架搭设时,如何设置施工预拱度。

# 任务二　简支梁桥预制安装法施工

## 一、任务描述

根据简支梁桥预制安装法施工的相关知识和设计图纸,在勘探现场的情况下,能参与编制初步施工方案,能进行施工技术交底,能协助开展现场施工管理。

建议课时数:4。

## 二、相关知识

预制安装法是指将桥跨结构沿纵向分成若干独立的构件,并在预制场对各个构件事先进行预制,再适时运到桥孔处进行安装就位的一种施工方法。

优点:桥梁的上、下部结构可以平行施工,使工期大大缩短;无须在高空进行构件制作,且质量容易控制,可以集中在一处成批生产,从而降低工程成本。

缺点:需要大型的起吊运输设备;由于在构件与构件之间存在拼接缝,施工时需搭设吊架才能操作,比较麻烦;拼接构件的整体工作性能不如就地浇筑法。

下面以“空心板”为例进行介绍。

空心板横截面构造如图4.2.1,空气胶囊橡胶内膜如图4.2.2所示。

**(一)工艺流程**

预制安装法施工工艺流程如图4.2.3所示。

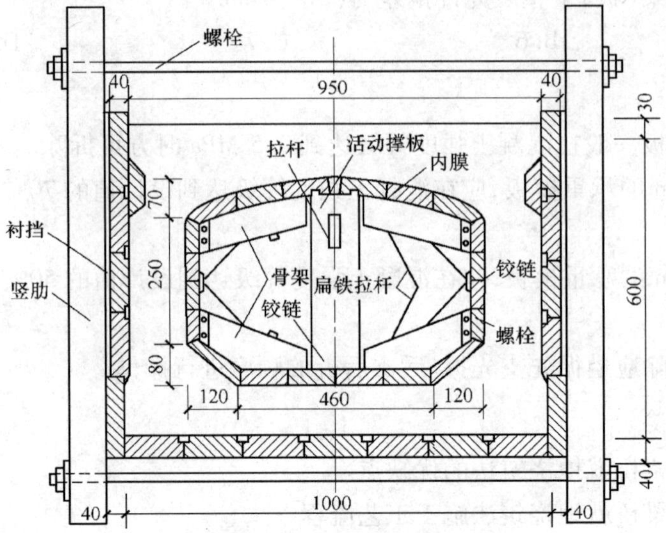


图 4.2.1　空心板横截面构造图

图 4.2.2　充气胶囊橡胶内膜

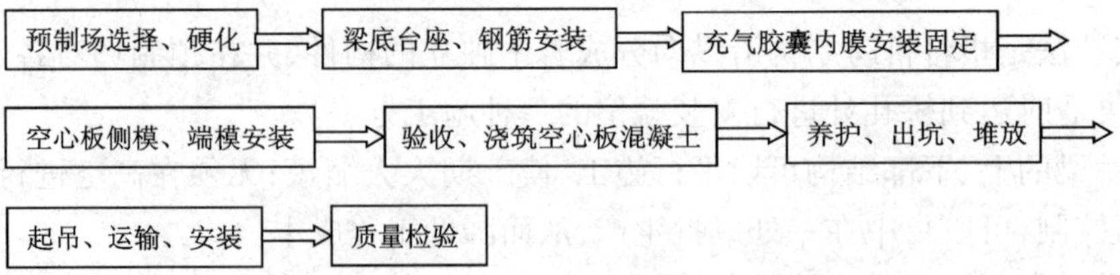


图 4.2.3　预制安装法施工工艺流程

## (二)施工要求

1. 预制场选择、硬化

1)预制场地位置选择

预制场地要选择离施工场地尽可能近的地方,交通要方便;场地面积根据预制工程量的大小确定。

2)场地硬化

一般可以使用15 cm厚的碎石垫层和15 cm厚的混凝土进行场地硬化处理;预制场中间的行车道使用20 cm厚的片、碎石垫层和15 cm厚的混凝土进行硬化处理。

3)场地排水

在预制场硬化时设置0.3%的流水坡,并设置纵、横排水沟,且与周边连接,以形或完整的排水系统,使整个预制场内无积水现象。

2. 梁底台座

梁底台座结构要根据预制梁的大小、质量以及钢筋的张拉力进行具体设计,如图4.2.4所示。

3. 钢筋安装

钢筋安装如图4.2.5所示。

图4.2.4 梁底台座

图4.2.5 钢筋安装

(1)钢筋在使用前必须进行冷拉、冷弯等力学试验,合格后方可使用。

(2)按图纸要求进行下料,钢筋接头按规范要求错开布置,并尽量采用电焊焊接,钢筋安装完毕后应进行隐蔽工程验收。

(3)在钢筋与模板之间设置等强度等级的砂浆垫块,以保证混凝土保护层厚度。

4. 浇筑混凝土

浇筑混凝土如图4.2.6所示,拆模后成型如图4.2.7所示。

图4.2.6 混凝土浇筑

图4.2.7 拆模后成型

(1)浇筑前先检查模板是否牢固、是否有杂物,脱模剂是否已涂刷,钢筋位置是否准确等。

(2)板梁预制时应采取措施固定芯模,防止芯模上浮,同时应保证空心板尺寸符合设计要求。

(3)混凝土浇筑时先浇底板,再浇侧面与顶板;梁板构件浇筑完毕后,应标明型号、制作日期和上下方向。

(4)混凝土初凝后,对空心板顶面进行拉毛,槽深 0.5 ~ 1.0 cm,如图 4.2.8 所示。

(5)空心板梁封端。脱模后即可对空心板梁端进行封端施工。

5. 构件的起吊、堆放

构件起吊时,其混凝土强度一般要达到设计强度的 75% ;如吊绳与起吊构件的交角小于 60°,应设置吊架或扁担,尽可能使吊环垂直受力;同时应防止构件棱角损伤。

(1)吊点位置的选择。构件的吊点位置,一般情况下在设计图样上均有标注;也可根据起吊时正、负弯矩相等,构件所受弯矩最小的情况,来确定吊点的位置。

细长构件:一般可用单点吊、双点吊和四点吊,如图 4.2.9 所示。

图 4.2.8 顶板拉毛示意

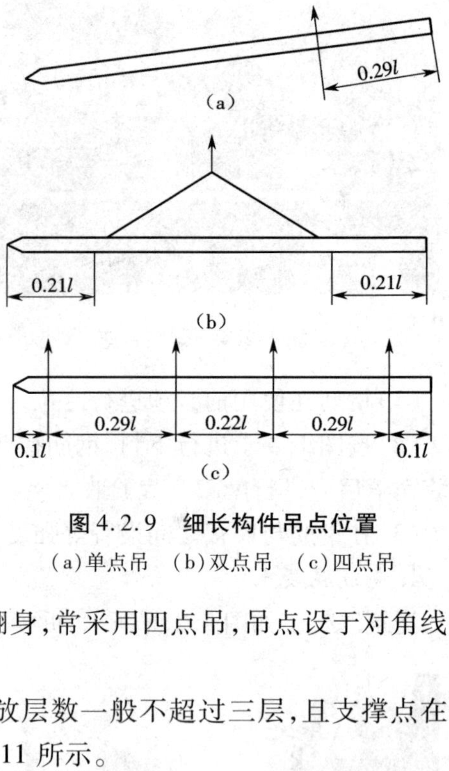


图 4.2.9 细长构件吊点位置

(a)单点吊 (b)双点吊 (c)四点吊

厚大构件:为增大吊运过程中的稳定性,防止翻身,常采用四点吊,吊点设于对角线交点处,如图 4.2.9 所示。

(2)构件堆放时,应在板端部采用两点支撑,叠放层数一般不超过三层,且支撑点在同一铅垂线上,同时注意不得使上下面倒置,如图 4.2.11 所示。

6. 构件运输

(1)短距离的场内运输可采用起重机配合轨道平板车来实现,这时需敷设钢轨便道,由起重机(或木扒杆)吊起预制梁,横移至钢轨便道,卸落到轨道平板车上,然后用卷扬机牵引至桥头或桥孔下。

(2)运输过程中梁应竖立放置,为了防止梁发生倾覆、滑动或跳动,需在梁两侧采用斜撑和木楔等进行临时固定,如图 4.2.12 所示。轨道平板车应设有转向装置,以便于装上梁后能在曲线轨道上运行;同时还应设有制动设备,以便于在运行过程中随时制动。

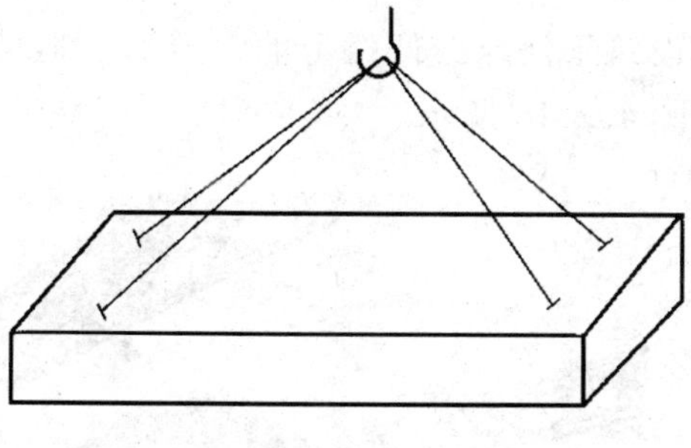

图 4.2.10 厚大构件吊点位置

图 4.2.11 空心板堆放示意

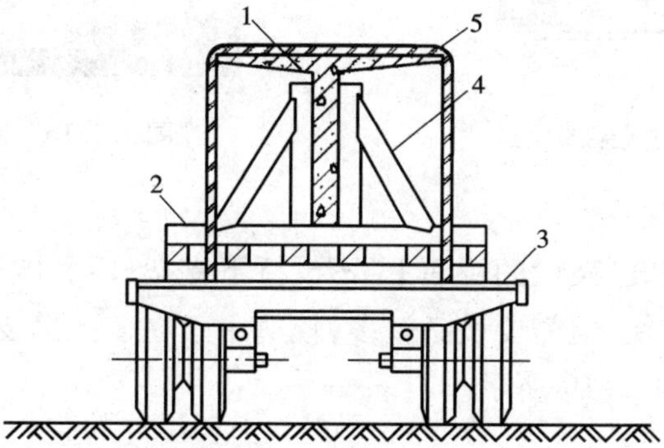


图 4.2.12 T 形梁的稳定措施

1—T 形梁;2—支点木垛;3—平板车;4—木架;5—捆绑绳索

(3)场内运输时,为使运输平稳、安全,在卷扬机牵引轨道平板车前进的同时,后面的制动索应跟着缓慢放张,以控制前进的速度。

(4)距离较远的场外运输,通常采用汽车、大型平板拖车、火车或驳船。

7. 构件安装

1)自行式起重机架梁

当河床坚实无水时,可用起重机直接在桥下进行吊装,如图 4.2.13 所示;也可用起重机

图 4.2.13 自行式桥下架梁

图 4.2.14 自行式桥上架梁

直接在拼装好的桥板上进行吊装,如图 4.2.14 所示。

2）跨墩龙门式起重机架梁

当桥不太高，架桥孔数又多，且沿桥墩两侧铺设筑于河滩或便桥上的轨道不困难时，可以采用跨墩的龙门式起重机架梁，如图 4.2.15 和图 4.2.16 所示。

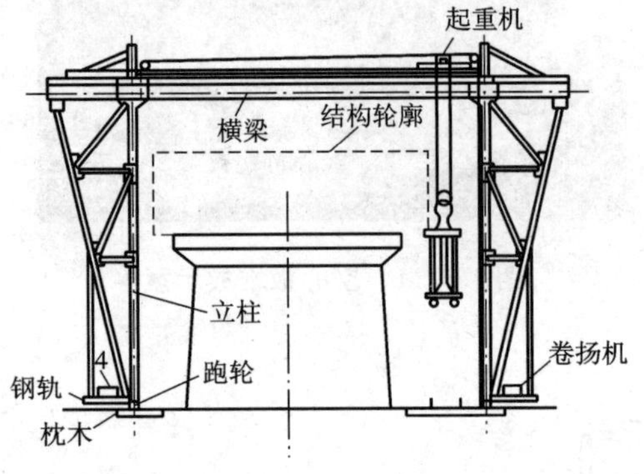


图 4.2.15　跨墩龙门式架梁示意

图 4.2.16　跨墩龙门式架梁效果图

3）双导梁穿行式架梁

双导梁支撑在桥墩和已架设的桥面上，不设桥下支架，不影响桥下通车通航，不受河水影响，施工安全、迅速、方便，但需要设备较多，较适用于在多孔简支梁和水深流急的河流上架梁，如图 4.2.17 至图 4.2.19 所示。

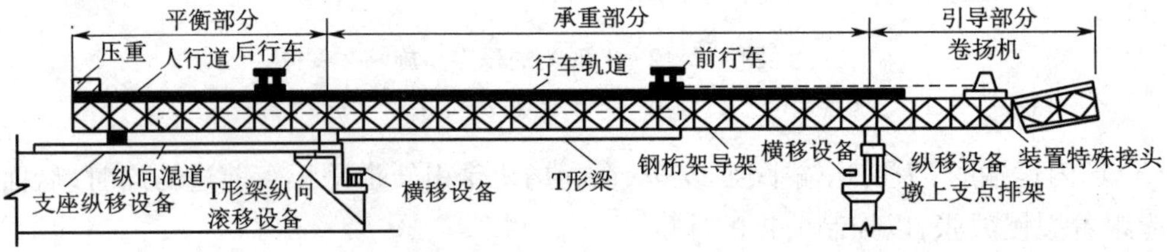


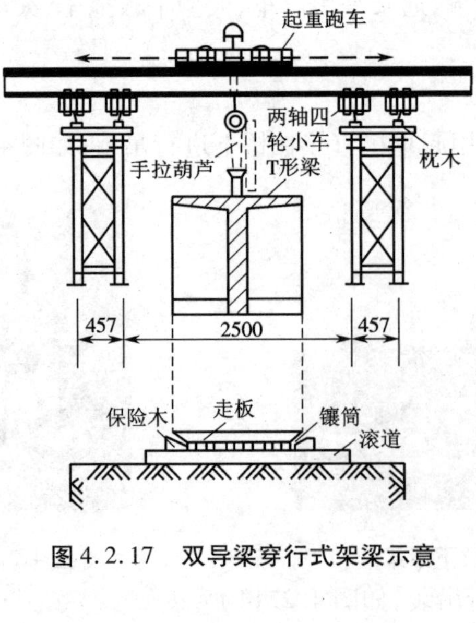


图 4.2.17　双导梁穿行式架梁示意

图 4.2.18　双导梁穿行式架梁实景图 1

图 4.2.19　双导梁穿行式架梁实景图 2

8. 质量检验评定标准

1)基本要求

(1)所用的水泥、砂、石、水、外掺剂及混合材料的质量和规格必须符合有关规范的要求,按规定的配合比施工。

(2)梁(板)不得出现露筋和空洞现象。

(3)空心板采用胶囊施工时,应采取有效措施防止胶囊上浮。

(4)梁(板)在吊移出预制底座时,混凝土的强度不得低于设计所要求的吊装强度;梁(板)在安装时,支承结构(墩台、盖梁、垫石)的强度应符合设计要求。

(5)梁(板)安装前,墩、台支座垫板必须稳固。

(6)梁(板)就位后,梁两端支座应对位,梁(板)底与支座以及支座底与垫石顶须密贴,否则应重新安装。

(7)两梁(板)之间接缝填充材料的规格和强度应符合设计要求。

2)实测项目

预制安装梁(板)实测项目见表 4.2.1 和表 4.2.2。

表 4.2.1　预制安装梁(板)实测项目

<table>
<tr><th>项次</th><th colspan="3">检查项目</th><th>规定值或允许偏差</th><th>检查方法和频率</th><th>权值</th></tr>
<tr><td>1△</td><td colspan="3">混凝土强度/MPa</td><td>在合格标准内</td><td>混凝土试件强度</td><td>3</td></tr>
<tr><td>2</td><td colspan="3">梁(板)长度/mm</td><td>10</td><td>尺量:每梁(板)</td><td>1</td></tr>
<tr><td rowspan="4">3</td><td rowspan="4">宽度/mm</td><td colspan="2">干接缝(梁翼缘、板)</td><td>±10</td><td rowspan="4">尺量:检查 3 处</td><td rowspan="4">1</td></tr>
<tr><td colspan="2">湿接缝(梁翼缘、板)</td><td>±20</td></tr>
<tr><td rowspan="2">箱梁</td><td>顶宽</td><td>±30</td></tr>
<tr><td>底宽</td><td>±20</td></tr>
<tr><td rowspan="2">4△</td><td rowspan="2">高度/mm</td><td colspan="2">梁、板</td><td>±5</td><td rowspan="2">尺量:检测 2 个断面</td><td rowspan="2">1</td></tr>
<tr><td colspan="2">箱梁</td><td>+0, −5</td></tr>
</table>

续表

| 项次 | 检查项目 | | 规定值或允许偏差 | 检查方法和频率 | 权值 |
|---|---|---|---|---|---|
| 5△ | 断面尺寸/mm | 顶板宽 | +5，-0 | 尺量:检测2个断面 | 2 |
| | | 底板宽 | | | |
| | | 腹板或梁肋厚 | | | |
| 6 | 平整度/mm | | 5 | 2 m直尺:每侧面每10 m梁长测1处 | 1 |
| 7 | 横系梁及预埋件位置/mm | | 5 | 尺量:每件 | 1 |

注:"△"标识为关键项目(涉及结构安全和使用功能的重要实测项目)。

**表4.2.2　梁(板)安装实测项目**

| 项次 | 检查项目 | | 规定值或允许偏差 | 检查方法和频率 | 权值 |
|---|---|---|---|---|---|
| 1△ | 支座中心偏位/mm | 梁 | 5 | 尺量:每孔抽查4~6个支座 | 3 |
| | | 板 | 10 | | |
| 2 | 倾斜度 | | 1.2% | 吊垂线:每孔检查3片梁 | 2 |
| 3 | 梁(板)顶面纵向高程/mm | | +8，-5 | 水准仪:抽查每孔2片,每片3点 | 2 |
| 4 | 相邻梁(板)顶面高差/mm | | 8 | 尺量:每相邻梁(板) | 1 |

注:"△"标识为关键项目(涉及结构安全和使用功能的重要实测项目)。

## 三、任务实施

按照学生工作页学习情境四任务二"简支梁桥预制安装法施工",完成本任务的实施。

## 四、课后练习

### (一)选择题

(1)细长构件一般可用(　　)。

A.单点吊　　B.双点吊　　C.三点吊　　D.四点吊

(2)厚大构件常采用(　　),吊点设于对角线交点处。

A.单点吊　　B.双点吊　　C.三点吊　　D.四点吊

(3)构件堆放时,应在板端部采用两点支撑,叠放层数一般不超过(　　),且支撑点在同一铅垂线上。

A.二层　　B.三层　　C.五层　　D.六层

(4)构件运输,距离较远的场外运输,通常采用(　　)。

A.汽车　　B.大型平板拖车　　C.火车　　D.驳船

(5)当桥不太高,架桥孔数又多,且沿桥墩两侧铺设筑于河滩或便桥上的轨道不困难时,可以采用(　　)。

A.自行式起重机架梁　　B.跨墩的龙门式起重机架梁

C.双导梁穿行式架梁　　D.浮式起重机架梁

(6)预制安装梁(板)长度的允许偏差为(　　)mm。

A. 5　　B. 10　　C. 15　　D. 20

(7)梁(板)安装倾斜度的允许偏差为(　　)%。

A. 1　　B. 1. 2　　C. 1. 5　　D. 2. 0

**(二)判断题**

(1)台座结构要根据预制梁的大小、质量以及钢筋的张拉力进行具体设计。(　　)

(2)在钢筋与模板之间设置等强度等级的砂浆垫块,以保证混凝土保护层厚度。(　　)

(3)板梁预制时应采取措施固定芯模,防止芯模上浮,同时应保证空心板尺寸符合设计要求。(　　)

(4)构件的吊点位置,可根据起吊时正、负弯矩相等,构件所受弯矩最小的情况来确定。(　　)

(5)运输过程中梁应竖立放置,为了防止梁发生倾覆、滑动或跳动,需在梁两侧采用斜撑和木楔等进行临时固定。(　　)

(6)自行式起重机架梁是指当河床坚实无水时,可用起重机直接在桥下进行吊装。(　　)

(7)双导梁穿行式架梁较适用于在多孔简支梁和水深流急的河流上架梁。(　　)

**(三)简答题**

(1)简述简支梁桥预制安装法的优缺点。

(2)简述简支梁桥预制安装法的施工工艺流程。

# 任务三　拱桥施工

## 一、任务描述

根据拱桥就地浇筑法施工的相关知识和设计图纸,在勘探现场的情况下,能参与编制初步施工方案,能进行施工技术交底,能协助开展现场施工管理。

建议课时数:4。

## 二、相关知识

本任务仅介绍有支架施工法的钢筋混凝土拱桥、石(或混凝土预制块)拱桥施工。

有支架施工法是在拟建拱桥位置搭设拱架、安装模板、浇筑(或砌筑)拱圈及拱上建筑等的一种施工方法。

### (一)钢筋混凝土拱桥施工

#### 1. 工艺流程

有支架施工法的工艺流程如图 4. 3. 1 所示。

图4.3.1 有支架施工法工艺流程图

2. 施工要求

1)拱架搭设

Ⅰ.拱架的结构类型

拱架按使用材料分有木拱架、钢拱架、扣件式钢管拱架、斜拉式贝雷平梁拱架、竹拱架、竹木混合拱架、钢木组合拱架以及土牛胎拱架等多种形式;按结构形式分有排架式、撑架式、扇形式、桁架式、组合式、叠桁式、斜拉式等。

Ⅰ)撑架式木拱架

撑架式木拱架是用少数框架式支架加斜撑来代替数目众多的立柱,能在桥孔下留出适当的空间,并在一定程度上满足通航的要求,如图4.3.2和图4.3.3所示。

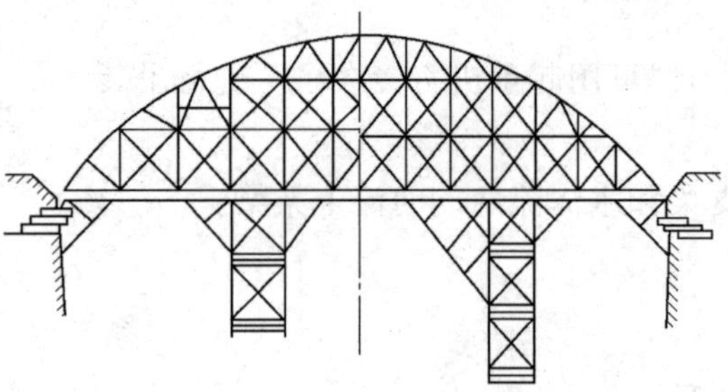

图4.3.2 撑架式木拱架示意

图4.3.3 撑架式木拱架效果

Ⅱ)工字梁钢拱架

工字梁钢拱架具有构造简单、拼装方便、可重复使用等优点,其构造形式如图4.3.4所示。它适用于施工期间需保持通航、墩(台)较高、河水较深或地质条件较差的桥孔。

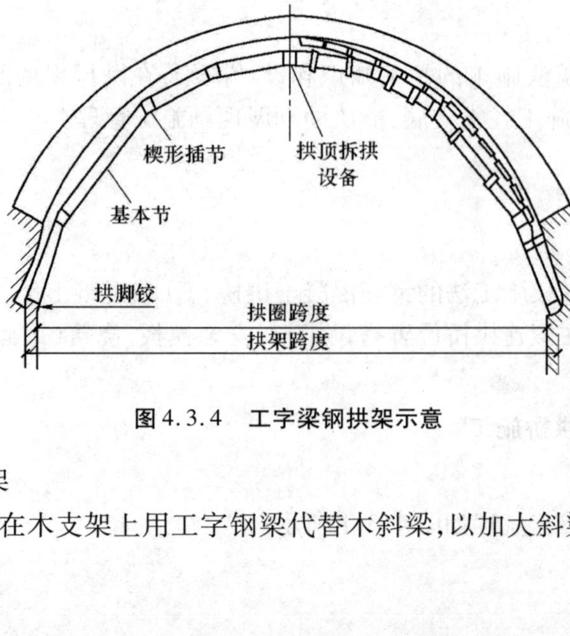


图4.3.4 工字梁钢拱架示意

Ⅲ)钢木组合拱架

钢木组合拱架是在木支架上用工字钢梁代替木斜梁,以加大斜梁的跨度,减少支架用量。工字钢梁的顶面可用垫木垫成拱模弧形线,但在工字梁接头处应适当留出间隙,以防桁架加载沉降后顶死。钢木组合拱架的支架常采用框架式,如图 4.3.5 所示。

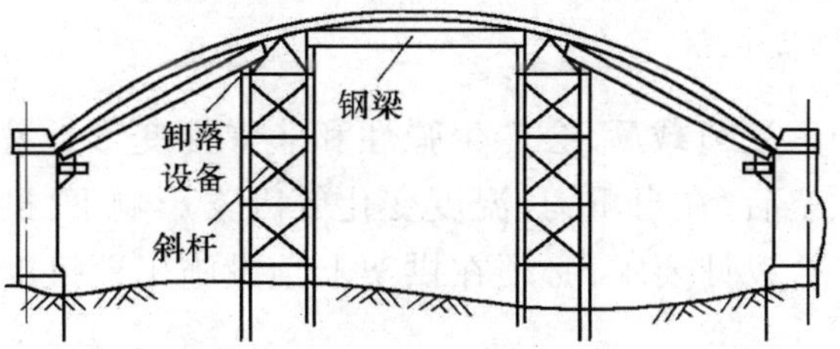


图 4.3.5　钢木组合拱架示意

Ⅳ)钢桁架拱架

钢桁架拱架的结构类型有很多种,常备拼装式桁架型拱架如图 4.3.6 所示。

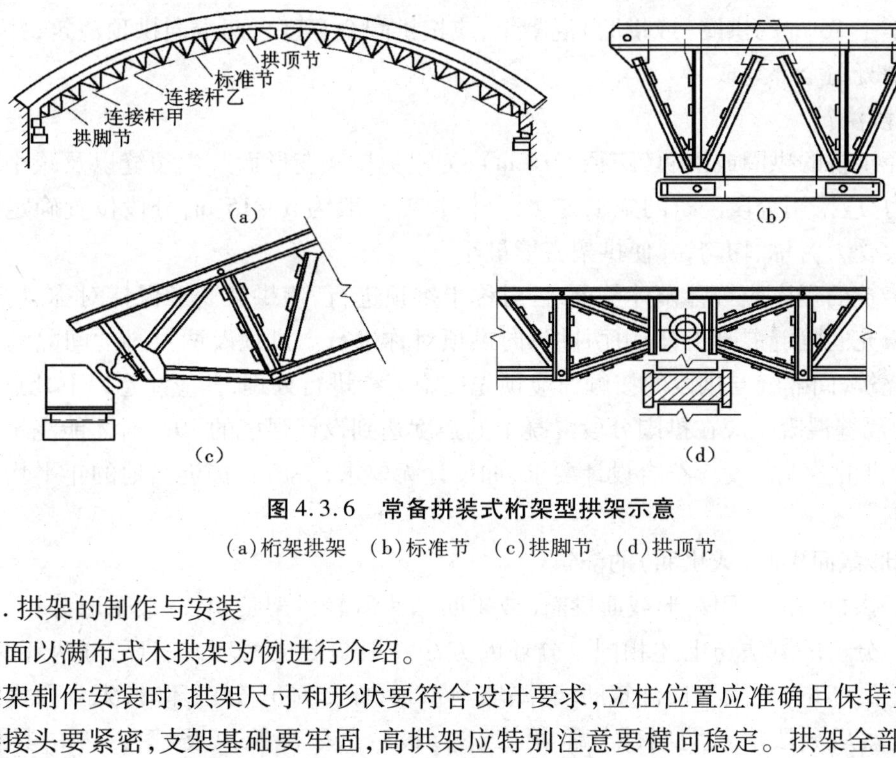


图 4.3.6　常备拼装式桁架型拱架示意

(a)桁架拱架　(b)标准节　(c)拱脚节　(d)拱顶节

Ⅱ.拱架的制作与安装

下面以满布式木拱架为例进行介绍。

拱架制作安装时,拱架尺寸和形状要符合设计要求,立柱位置应准确且保持直立,各杆件连接接头要紧密,支架基础要牢固,高拱架应特别注意要横向稳定。拱架全部安装完成后,应全面检查,确保结构牢固可靠。具体程序如下。

(1)在平台上,按拱圈(或拱肋)内弧线加施工预拱度值放出拱模弧线,并将拱模弧线分成若干段,定出弧形木接头位置和排架、斜撑、拉杆的中心线或叠桁式拱架拱盔顶板和立柱顶端的中心线和位置。

(2)在样台上量出各杆件尺寸,制作各杆件大样。

(3)竖立支架立柱(预先对地基进行整平、夯实,并设置枕梁)。

(4)安装帽木和夹木,并在帽木的立柱位置放上卸落设备。

(5)在支架及卸落设备上抄平,定出拱架上部大梁水平线。

(6)安装水平大梁、立柱、斜撑、夹木、弧形木、横梁和模板等,并注意控制弧形木各节点高程及拱架中线偏离。拱架较高时,可在支架两侧设置斜撑和在拱冠两侧设置缆风绳,以增强拱架横向稳定性。

Ⅲ.施工预拱度的设置

拱架在拱桥施工中承受荷载后,会产生弹性和非弹性变形。另外,当拱圈砌筑完毕且强度达到要求而卸落拱架后,在自重力、温度变化等因素影响下,拱圈也会产生弹性下沉。为了使拱圈的拱轴线符合设计要求,必须在拱架上预设施工预拱度,以抵消上述各种可能发生的竖直变形。

设置预拱度时,拱顶处应按全部预拱度总值设置,拱脚处为零,其余各点可按拱轴线坐标高度比例或按二次抛物线分配。

2)拱圈或拱肋浇筑

Ⅰ.连续浇筑

跨径小于16 m的拱圈(或拱肋)混凝土,应按拱圈全宽度自两端向拱顶浇筑,并在拱脚处混凝土初凝前全部完成。

Ⅱ.分段浇筑

大跨径拱桥的拱圈或拱肋(跨径>16 m),为避免拱架变形而产生裂缝以及减小混凝土的收缩应力,应采用分段浇筑的施工方法,分段长度一般为6~15 m,分段位置确定的原则应是使拱架受力对称、均匀,并使拱架变形最小。

分段浇筑的程序应符合设计要求,且对称于拱顶进行,使拱架变形保持对称、均匀和尽可能小。填充间隔缝混凝土,应由两拱脚向拱顶对称进行。拱顶及两拱脚的间隔缝应在最后封拱时浇筑,间隔缝与拱段的接触面应预先按施工缝进行处理,并应注意以下几点:

(1)间隔缝混凝土应在拱圈分段混凝土的强度达到设计强度的70%时才能浇筑;

(2)封拱的合龙温度应符合设计要求,如设计无要求,一般宜接近当地的年平均温度或在5~15 ℃。

Ⅲ.箱形截面拱圈(或拱肋)的浇筑

大跨径拱桥一般采用箱形截面拱圈(或拱肋),为减轻拱架负担,一般采取分环、分段的浇筑方法。分段的方法与上述相同。分环的方法一般是分成两环或三环,分两环时,首先浇筑底板(第一环),然后分段浇筑肋墙、隔墙与顶板(第二环);分三环时,先分段浇筑底板(第一环),然后分段浇筑肋墙、隔墙(第二环),最后分段浇筑顶板(第三环),具体如图4.3.7所示。

分环、分段浇筑时,可采取分环填充间隔缝合龙和全拱完成后最后一次填充间隔缝合龙两种不同的合龙方法。采取分环填充间隔缝合龙时,已合龙的环层可起到拱架作用。在浇筑后一环混凝土时,可减轻拱架的负担,但施工工期较一次合龙的方法要长。采取全拱完成后最后一次填充间隔缝合龙时,拱圈或拱肋仍必须逐环分段浇筑,但不是每浇完一环合龙,而是在最后一环混凝土浇完后,一次性填充各环间隔缝完成拱圈或拱肋的合龙。因此,采用这种合龙方法时,上下环的间隔缝位置应互相对应和贯通,其宽度一般为2 cm左右,有钢筋接头的间隔缝一般为4 cm左右。

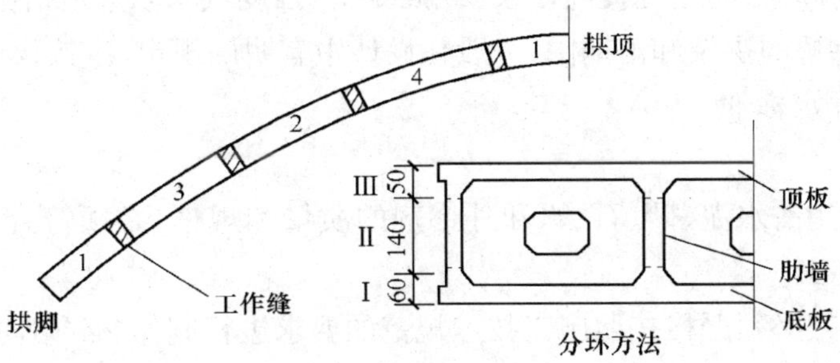


图 4.3.7 箱形拱分段、分环浇筑示意

3)拱上建筑施工

拱上建筑施工包括立柱、横梁及桥面铺装等构件施工。主拱圈混凝土达到设计强度后方能进行拱上结构施工。应先卸除拱架、扣索等约束,施工时应严格按照设计加载程序进行,一般应根据施工验算由拱脚至拱顶均衡、对称加载。应加强施工观测,使施工过程中的拱轴线与设计拱轴线尽量吻合。拱上结构的立柱、横墙的基座,在施工前应对其位置和高程复测检查,如超过允许偏差应予以调整。基座与主拱的连接应牢固。拱上腹拱圈施工时,应注意腹拱圈所产生的推力对立柱或横墙的影响,相邻腹板的施工进度应同步。

4)拱架卸落

Ⅰ.卸落程序

在纵向应对称均衡卸落,在横向应同时卸落。满布式拱架卸落时,可从拱顶向拱脚依次循环卸落;拱式拱架可在两支座处同时均匀卸落。多孔拱桥卸架时,若桥墩允许承受单孔施工荷载,可单孔卸落,否则应多孔同时卸落,或各连续孔分阶段卸落。

Ⅱ.拱架卸落的要求

(1)卸落拱架应按拟定的卸落程序进行,分几个循环卸完,卸落量开始宜小,以后逐渐增大。拱架卸落的过程,就是由拱架支承的拱圈(或拱上建筑已完成的整个拱桥上部结构)的重力逐渐转移给拱圈自身来承担的过程。为了对拱圈受力有利,拱架不能突然卸除,而应按一定的卸架程序和方法进行。在卸架过程中,只有当达到一定的卸落量时,拱架才脱离拱圈体并实现力的转移。所以,拱架的卸落量应分成几次和几个循环逐步完成,各次和各循环之间有一定间歇,间歇后应将松动的卸落设备顶紧,使拱圈体落实。

(2)拱架卸落期限。若为砌筑拱圈,必须在砌筑完成后 20 ~ 30 d,待砌筑砂浆强度达到设计强度的 70% 以后才能卸落拱架;若是浇筑拱圈、拱肋,只有当接头混凝土及拱肋横向连接构件混凝土的强度达到设计强度的 75% 或满足设计规定后,方可开始卸架。此外,还须考虑拱上建筑、拱背填料、连拱等因素对拱圈受力的影响,尽量选择对拱体产生最小应力的时机,过早或过迟卸架都将使拱圈受力不利。

一般情况下,卸架期限应选择在下列阶段并符合以下规定:

①实腹式拱在护拱、侧墙完成后;

②空腹式拱在拱上小拱横墙完成后、小拱圈砌筑前;

③裸拱卸架时,应对裸拱进行截面强度及稳定性验算,并采取必要的稳定措施;

④如必须提前卸架，应适当提高砂浆(或混凝土)强度或采取其他措施；

⑤较大跨径拱桥的拱架卸落期限，一般在设计中有明确规定，应按设计规定进行。

5)质量检验评定标准

Ⅰ.基本要求

(1)混凝土所用的水泥、砂、石、水和外掺剂的质量和规格，必须符合有关规范的要求，按规定的配合比施工。

(2)支架式拱架必须严格按照施工技术规范的要求进行制作，必须牢固稳定。

(3)拱圈的浇筑必须严格按照设计规定的施工顺序进行。

(4)拱架的卸落必须按照设计和有关规范规定的卸架顺序进行。

(5)不得出现露筋和空洞现象。

Ⅱ.实测项目

就地浇筑拱圈实测项目见表4.3.1。

**表4.3.1 就地浇筑拱圈实测项目**

| 项次 | 检查项目 | | 规定值或允许偏差 | 检查方法和频率 | 权值 |
|---|---|---|---|---|---|
| 1△ | 混凝土强度/MPa | | 在合格标准内 | 混凝土试件强度 | 3 |
| 2 | 轴线偏位/mm | 板拱 | 10 | 经纬仪：测量5处 | 1 |
| | | 肋拱 | 5 | | |
| 3△ | 内弧线偏离设计弧/mm | 跨径≤30 m | ±20 | 水准仪：检查5处 | 2 |
| | | 跨径>30 m | ±跨经/1 500 | | |
| 4△ | 断面尺寸/mm | 高度 | ±5 | 尺量：拱脚、*L*/4、拱顶5个断面 | 2 |
| | | 顶、底、腹板 | +10，-0 | | |
| 5 | 拱宽/mm | 板拱 | ±20 | 尺量：拱脚、*L*/4、拱顶5个断面 | 1 |
| | | 肋拱 | ±10 | | |
| 6 | 拱肋间距/mm | | 5 | 尺量：检查5处 | 1 |

注：1."△"标识为关键项目(涉及结构安全和使用功能的重要实测项目)；

2.*L*为桥梁跨径。

**(二)石(或混凝土预制块)拱桥施工**

1.砌筑材料

(1)拱圈及拱上建筑可按设计要求采用粗料石、块石、片石、黏土砖或混凝土预制砌块。

(2)拱圈砌缝可用砂浆或小石子混凝土砌筑、填塞。

2.拱圈基本砌筑方法和原则

1)粗料石拱圈

拱圈砌筑应按编号顺序取用石料。砌筑时砌缝砂浆应铺填饱满。对于较平的砌缝，应先坐浆再放拱石挤砌，以利用石料自重将砂浆压实。侧面砌缝可填塞砂浆，用插刀捣实。当砌缝较陡时，可在拱石间先嵌入与砌缝同宽的木条或用撬棍拨垫，然后分层填塞砂浆捣实,填塞完毕后再抽出木条或撬棍。

2)块石拱圈

块石拱圈的尺寸可不统一,排数可不固定,砌筑时应符合下列要求。

(1)应分排砌筑,每排中拱圈内口宽度应尽量一致。

(2)竖缝应成辐射形,相邻两排间砌缝应互相错开。

(3)石块应平砌,每层石料高度应大致相等。

3)浆砌片石拱圈

浆砌片石拱圈的砌筑应符合下列要求。

(1)石块宜竖向放置,小头向上,大面朝向拱轴。如石块厚度不小于拱圈厚度或石块较整齐、可错缝搭接时,也可横向放置。

(2)较大的石块应使用于下层,砌筑时应选用形状及尺寸较为合适的石块,尖锐突出部分应敲除。竖缝较宽时,应在砂浆中塞以小石块,但不得在片石下面用高于砂浆砌缝的小石片支垫。

(3)片石应分层砌筑,宜以2~3层砌块组成一个工作层,每一工作层的水平缝应大致找平。各工作层竖缝应互相错开、不得贯通。

(4)外圈定位行列和转角石,应选择形状较为方正且尺寸较大的片石,并长短相间地与里层砌块咬接以连成整体,特别是拱圈与拱上侧墙及护拱连接处、拱脚与墩台身连接处、拱圈上下层间及垂直路线方向应"错缝咬接"、连成整体。

(5)片石拱圈靠拱腹一面,可略加锤改、打平,并用砂浆及大小适宜的石块填补缺口。

(6)拱石的空隙要用砂浆填实,较大的空隙应塞以坚硬石片。

此外,规范还规定浆砌粗料石和混凝土预制块拱圈的砌缝宽度应为10~20 mm,块石拱圈的砌缝宽度不应大于30 mm,片石拱圈的砌缝宽度不应大于40 mm;用小石子混凝土砌块石时,不应大于50 mm。

拱圈的辐射缝应垂直于拱轴线,辐射缝两侧相邻两行拱石的砌缝应互相错开(同一行内上下层砌缝可不错开),错开距离不应小于100 mm,错缝规则如图4.3.8所示。

3.拱圈的砌筑与合龙

1)拱圈按顺序对称连续砌筑

跨径≤10 m的拱圈,当用满布式拱架砌筑时,可按拱圈的全宽和全厚,由两拱脚同时按顺序对称均衡地向拱顶砌筑,最后砌拱顶石合龙,但应争取以最快的速度施工,使在拱顶合龙时拱脚处砌缝中的砂浆尚未凝结。

2)拱圈分段砌筑

跨径10~25 m、用满布式拱架砌筑的拱圈以及跨径25 m以内、用拱式拱架砌筑的拱圈,可采取每半跨分成三段对称砌筑方法。分段位置一般在跨径1/4点及拱顶3/8点附近,每段长度不宜超过6 m,当为满布式拱架时,分段位置宜在拱架节点上。砌筑顺序如图4.3.9所示。

先砌拱脚段(Ⅰ)和拱顶段(Ⅱ)、后砌1/4跨径段(Ⅲ),两半跨应同时对称地进行,最后砌筑拱顶石合龙。

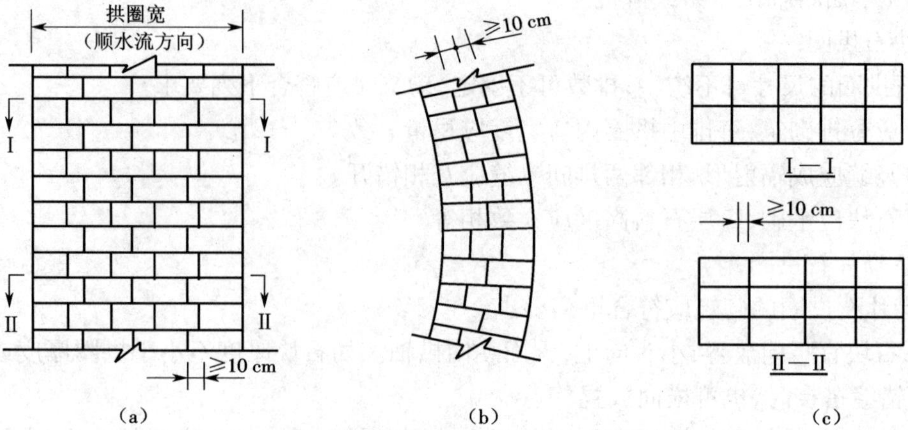


图 4.3.8　拱石错缝规则示意

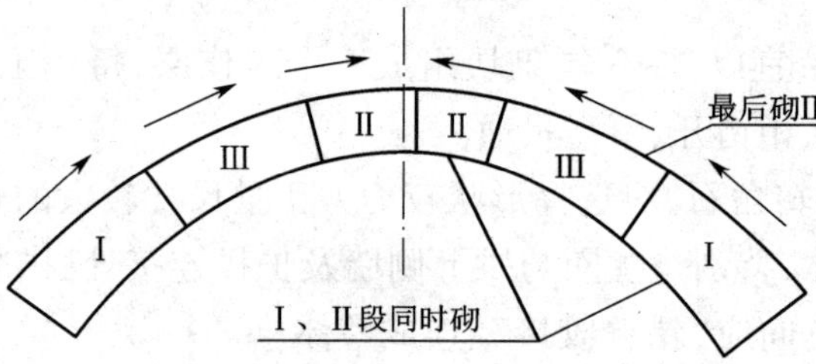


图 4.3.9　跨径小于 25 m 的拱圈分段砌筑顺序

拱圈分段砌筑时，各段间应预留空缝，以防止拱圈因拱架变形而开裂，并起部分预压作用。空缝数量由分段长度而定，一般在拱脚、拱顶石两侧、各分段点等处设置空缝，空缝宽度宜为 3 ~4 cm，空缝设置如图 4.3.10 所示。

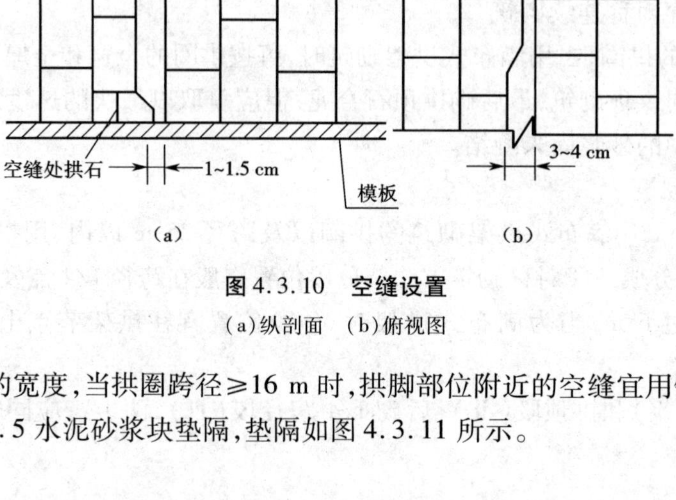


图 4.3.10　空缝设置

(a)纵剖面　(b)俯视图

为保证空缝的宽度，当拱圈跨径≥16 m 时，拱脚部位附近的空缝宜用铸铁垫隔，其他部位的空缝可用 M2.5 水泥砂浆块垫隔，垫隔如图 4.3.11 所示。

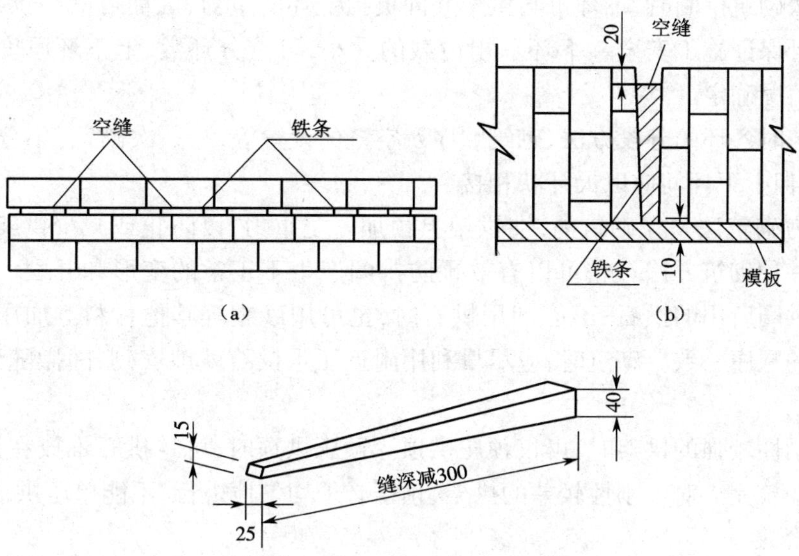

（a）　（b）　（c）

**图 4.3.11　铸铁条垫隔空缝**

（a）平视　（b）俯视　（c）铸铁条

空缝的填塞，应在砌缝砂浆强度达到设计强度的 70% 后进行，填塞时应分层捣实。空缝的填塞顺序视具体情况确定，可由拱脚逐次向拱顶对称填塞，或先填塞拱脚处，再填塞拱顶处，然后自拱顶向两端对称逐条填塞；所有空缝也可同时填塞。

隔开砌的拱段，其倾斜角大于砌块与模板间的摩擦角时，为了防止拱段向下滑动，应在拱段下侧临时设置分段支撑，如图 4.3.12 所示。

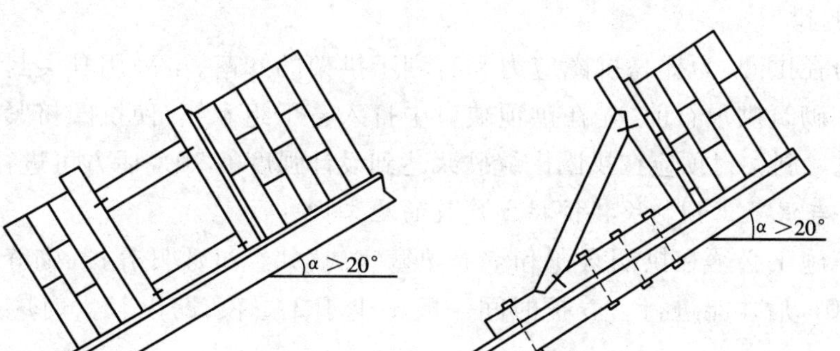

（a）　（b）

**图 4.3.12　分段支撑**

3）拱圈分环分段砌筑

跨径≥25 m 的拱圈，一般采用分段砌筑或分环分段相结合的方法砌筑，必要时应对拱架预加一定的压力。当拱圈厚度较大、由 3 层以上拱石组成时，可将全部拱圈厚度分成几环砌筑，每一环可分成若干段对称、均衡地砌筑，砌一环合龙一环。分环砌筑时，应待下环砌筑合龙、砌缝砂浆强度达到设计强度的 75% 以上，再砌筑上环。

按此方法砌筑拱圈时,下环可与拱架共同负担上环的重力,因而可减轻拱架的荷载,节省拱架材料且保证施工安全。下环承担荷载的大小,可按分环数、上下环厚度及砌缝砂浆硬化程度等情况确定。

分环砌筑时各环的分段方法、砌筑顺序及空缝的设置等,与一次砌筑(不分环、只分段)完成时相同,但上下环间应以犬牙状相接。

预加压力砌筑法是在砌筑前,在拱架上预加一定重力,以防止或减少拱架的弹性和非弹性下沉的一种砌筑方法。它可以有效预防拱圈产生不正常的变形和开裂。压重材料可以利用砌筑拱圈所用的拱石;不能利用拱石时,也可用砂袋等其他材料。加压顺序应与计划砌筑拱圈的顺序一致。砌筑时,应尽量利用附近压重拱石就地安砌,随撤随砌,使拱架保持稳定。

在采用刚性较强的拱架时,可仅预压拱顶。预压拱顶时,可将拱石堆放在该段内,或当时即将该段砌筑完。对于刚性较差的拱架,预压必须均匀地进行,不能单压拱顶。

4)拱圈合龙

Ⅰ.安砌拱顶石合龙

砌筑拱圈时,常在拱顶预留一合龙口,在各拱段砌筑完成后安砌拱顶石完成拱圈合龙。分段砌筑的拱圈应待填塞空缝的砂浆强度达到设计强度的50%后进行合龙。分段较多的拱圈以及分环砌筑的拱圈,为使拱架受力对称、均匀,可在拱圈两半跨的1/4处或在几处同时完成拱圈合龙。

为防止拱圈因温度变化产生过大的附加应力,拱圈合龙应按设计规定的温度和时间进行。如设计无规定,则拱圈合龙宜选择在接近当地年平均温度时或昼夜平均温度(一般为5~15 ℃)时进行。

Ⅱ.刹尖封拱

对于小跨径拱圈,为提高拱圈应力和有利于拱架的卸落,可采用刹尖封顶完成拱圈合龙。此法是在砌筑拱顶石前,先在拱顶缺口中打入若干组木楔,使拱圈挤紧、拱起,然后嵌入拱顶石合龙。刹尖封顶应在拱圈砌缝砂浆达到设计强度的70%后方可进行。

*4.石拱桥与混凝土预制块拱桥拱上建筑的施工*

拱上建筑施工必须在拱圈合龙和空缝填塞完成,并经过数日养护,砌缝砂浆强度达到设计强度的30%后才能进行。养护时间一般不少于3昼夜,跨度较大时应适当延长养护时间。

为避免主拱圈产生过大的不均匀变形,一般应由拱脚向拱顶对称、均衡地砌筑拱上建筑。砌筑实腹式拱的拱上建筑时,应将侧墙等拱上建筑分成几部分,由拱脚向拱顶对称地按台阶式砌筑,如图4.3.13所示。拱腹填料可随侧墙砌筑顺序及进度进行填筑。填料数量较大时,宜在侧墙砌完后再分部进行填筑。实腹式拱应在侧墙与桥台间设伸缩缝使两者分开。多跨拱桥应在桥墩顶部设伸缩缝使两侧墙分开。

对于空腹式拱桥,为防止腹拱圈受到主拱圈卸落拱架时的变形影响,可在主拱圈砌完后,先砌腹拱横墙,待卸落拱架后再砌筑腹拱拱圈。腹拱上的侧墙,应在腹拱拱铰处设置变形缝。

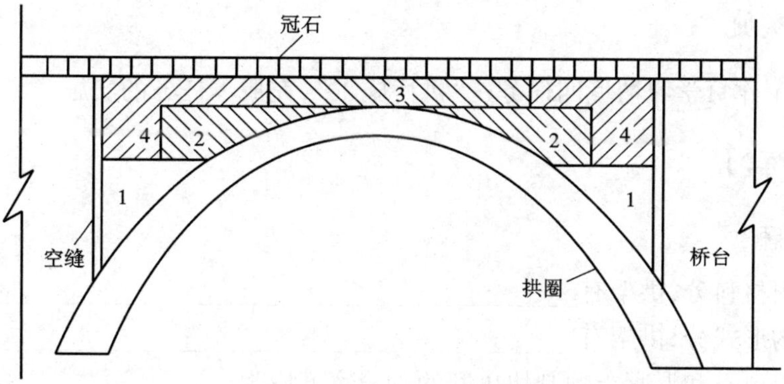


图 4.3.13 拱上建筑砌筑顺序(图中数字为砌筑顺序号)

多跨连续拱桥拱上建筑的砌筑,当桥墩不是按施工单向受力墩设计时,应注意使相邻的拱上建筑对称均衡施工,避免桥墩承受过大的单向推力。

5. 质量检验评定标准

1)基本要求

(1)石料或混凝土预制块的强度、质量和规格,必须符合有关规范的要求。

(2)砂浆所用的水泥、砂和水的质量必须符合有关规范的要求,按规定的配合比施工。

(3)拱圈的辐射缝应垂直于拱轴线,辐射缝两侧相邻两行拱石的砌缝应互相错开,错开距离不应小于 100 mm。

(4)砌块应错缝、坐浆挤紧,嵌缝料和砂浆饱满,无空洞、宽缝、大堆砂浆填隙和假缝。

(5)拱架应牢固稳定,严格按设计规定的顺序砌筑拱圈和卸架。

2)实测项目

拱圈砌体实测项目见表 4.3.2。

表 4.3.2 拱圈砌体实测项目

| 项次 | 检查项目 | | 规定值或允许偏差 | 检查方法和频率 | 权值 |
|---|---|---|---|---|---|
| 1△ | 砂浆强度/MPa | | 在合格标准内 | 砂浆试件强度 | 3 |
| 2 | 砌体外侧平面偏位/mm | 无镶面 | +30,-10 | 经纬仪:检查拱脚、拱顶、1/4 跨共 5 处 | 1 |
| | | 有镶面 | +20,-10 | | |
| 3△ | 拱圈厚度/mm | | +30,-0 | 尺量:检查拱脚、拱顶、1/4 跨共 5 处 | 2 |
| 4 | 相邻镶面石砌块表层错位/mm | 料石、混凝土预制块 | 3 | 拉线用尺量:检查 3~5 处 | 1 |
| | | 块石 | 5 | | |
| 5 | 内弧线偏离设计弧线/mm | 跨径≤30 m | ±20 | 水准仪或尺量:检查拱脚、拱顶、1/4 跨共 5 处高程 | 2 |
| | | 跨径>30 m | ±跨径/1 500 | | |
| | | 极值 | 拱腹四分点:允许偏差的 2 倍且反向 | | |

注:1.“△”标识为关键项目(涉及结构安全和使用功能的重要实测项目);

2. 项次 2 和 3 向外为“+”,向内为“-”。

## 三、任务实施

按照学生工作页学习情境四任务三“拱桥施工”,完成本任务的实施。

## 四、课后练习

### (一)填空题

(1)按使用材料分,拱架有______________________________等。

(2)按结构形式分,拱架有______________________________等。

(3)浆砌粗料石和混凝土预制块拱圈的砌缝宽度应为__________。

(4)块石拱圈的砌缝宽度不应大于__________。

### (二)选择题

(1)工字梁钢拱架具有(　　)等优点。

A. 构造简单　　B. 构造复杂　　C. 拼装方便　　D. 可重复使用

(2)跨径小于(　　)m 的拱圈(或拱肋)混凝土,应按拱圈全宽度自两端向拱顶浇筑,并在拱脚处混凝土初凝前全部完成。

A. 12　　B. 16　　C. 20　　D. 25

(3)跨径大于(　　)m 的拱桥的拱圈或拱肋,为避免拱架变形而产生裂缝以及减小混凝土的收缩应力,应采用(　　)的施工方法。

A. 12　　B. 分段浇筑　　C. 16　　D. 分环浇筑

(4)分段浇筑时,间隔缝混凝土应在拱圈分段混凝土的强度达到设计强度的(　　)%时才能浇筑。

A. 70　　B. 80　　C. 90　　D. 100

(5)封拱的合龙温度应符合设计要求,如设计无要求,一般宜接近当地的年平均温度或在(　　)℃。

A. 5 ~ 10　　B. 5 ~ 15　　C. 10 ~ 15　　D. 15 ~ 20

(6)若为砌筑拱圈,必须在砌筑完成后 20 ~ 30 d,待砌筑砂浆强度达到设计强度的(　　)% 以后才能卸落拱架。

A. 70　　B. 80　　C. 90　　D. 100

(7)拱圈的辐射缝应垂直于拱轴线,辐射缝两侧相邻两行拱石的砌缝应互相错开(同一行内上下层砌缝可不错开),错开距离不应小于(　　)mm。

A. 70　　B. 80　　C. 90　　D. 100

### (三)判断题

(1)撑架式木拱架是用少数框架式支架加斜撑来代替数目众多的立柱,能在一定程度上满足通航的要求。(　　)

(2)设置预拱度时,拱顶处应按全部预拱度总值设置,拱脚处为零,其余各点可按直线分配。(　　)

(3)大跨径拱桥一般采用箱形截面拱圈(或拱肋),为减轻拱架负担,一般采取分环、分段的浇筑方法。 (  )

(4)卸落程序:在横向应对称均衡卸落,在纵向应同时卸落。 (  )

(5)若是浇筑拱圈、拱肋,只有当接头混凝土及拱肋横向连接构件混凝土的强度达到设计强度的75%或满足设计规定后,方可开始卸架。 (  )

(6)跨径≤10 m的拱圈,当用满布式拱架砌筑时,可按拱圈的全宽和全厚,由两拱脚同时按顺序对称均衡地向拱顶砌筑,最后砌拱顶石合龙。 (  )

(7)跨径10~25 m、用满布式拱架砌筑的拱圈以及跨径25 m以内、用拱式拱架砌筑的拱圈,可采取每半跨分成三段对称砌筑方法。 (  )

(8)跨径≥25 m的拱圈,一般采用分段砌筑或分环分段相结合的方法砌筑,必要时应对拱架预加一定的压力。 (  )

(9)分段砌筑的拱圈应待填塞空缝的砂浆强度达到设计强度的50%后进行合龙。 (  )

(10)拱上建筑施工必须在拱圈合龙和空缝填塞完成,并经过数日养护,砌缝砂浆强度达到设计强度的70%后才能进行。 (  )

**(四)简答题**

(1)简述钢筋混凝土拱桥支架式施工的工艺流程。

(2)简述拱架搭设为何要设置施工预拱度。

(3)简述粗料石拱圈的砌筑方法和原则。

(4)简述块石拱圈砌筑时应符合的要求。

# 学习情境五　桥面系及附属工程施工

## 一、能力目标

(1)能说出梁间接缝与桥面铺装层的构造。
(2)能说出伸缩装置的构造、特点和适用范围。
(3)能说出栏杆(护栏)与锥坡的构造。
(4)能根据施工图纸,参与桥面系及附属工程施工方案编制。
(5)能根据施工方案,协助开展现场施工管理。

## 二、知识目标

(1)熟悉梁间接缝构造特点和施工要点。
(2)掌握桥面铺装层施工的工艺流程、技术要求和质量检验评定标准。
(3)掌握伸缩装置的构造、特点、适用范围、施工要点和质量检验评定标准。
(4)掌握栏杆(护栏)与锥坡的构造、施工要点和质量检验评定标准。

## 三、内容结构图

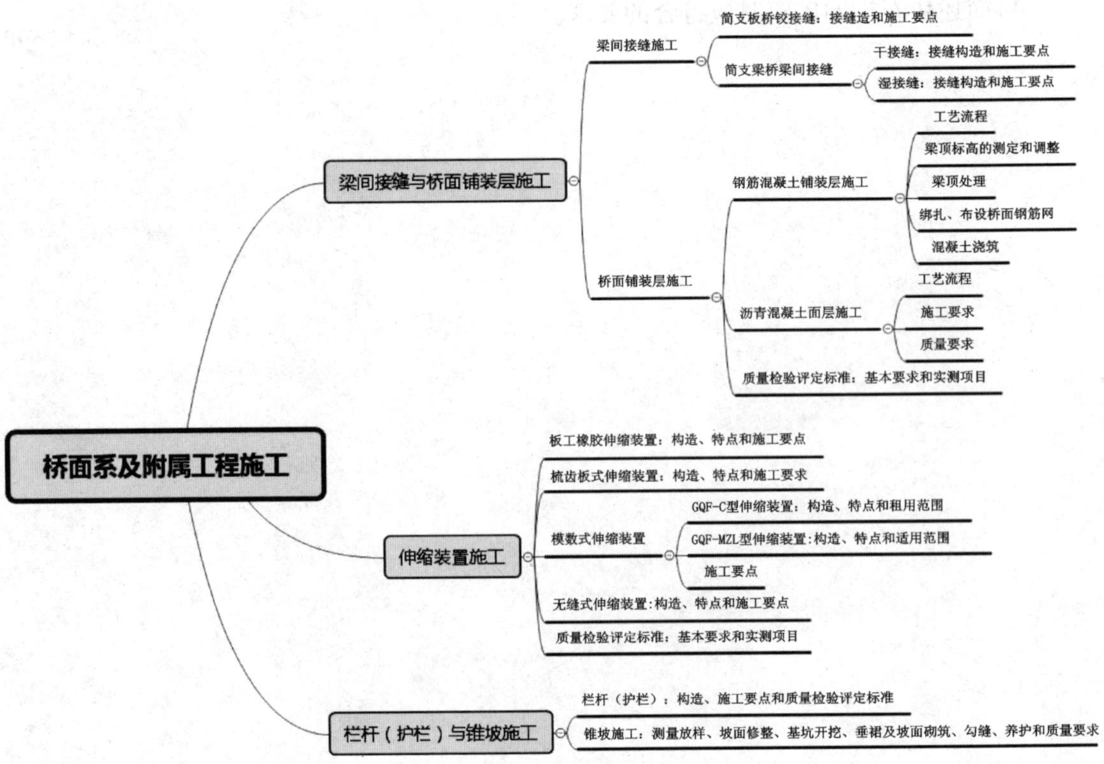

# 任务一　梁间接缝与桥面铺装层施工

## 一、任务描述

根据梁间接缝与桥面铺装层施工的相关知识和设计图纸，在勘探现场的情况下，能参与编制初步施工方案，能进行施工技术交底，能协助开展现场施工管理。

建议课时数：4。

## 二、相关知识

### （一）梁间接缝施工

梁间接缝是保证桥梁上部形成整体结构、满足设计受力模式、实现荷载横向分布的重要构造。

1. 简支板桥铰接缝

1）接缝构造

简支板桥纵向铰接缝构造，如图 5.1.1 所示。企口铰接形状由空心板预制时形成。

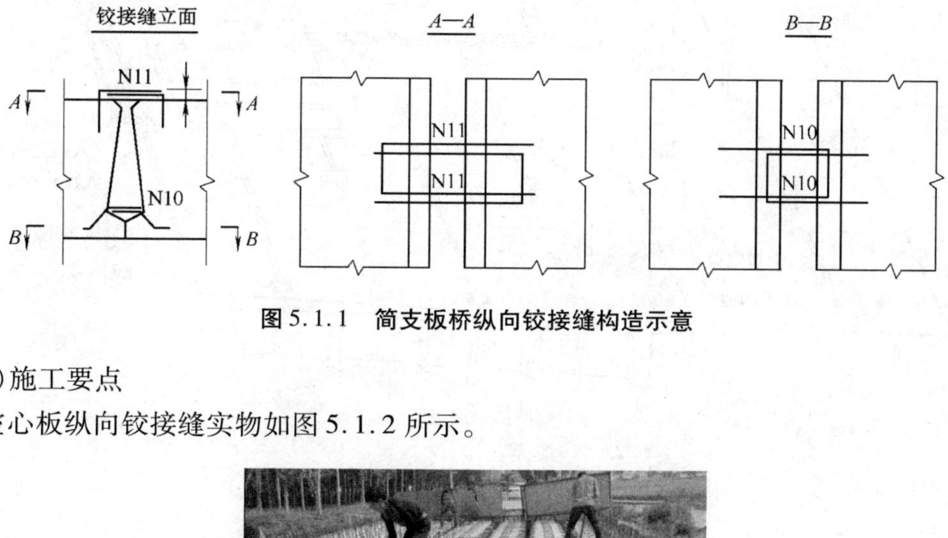


图 5.1.1　简支板桥纵向铰接缝构造示意

2）施工要点

空心板纵向铰接缝实物如图 5.1.2 所示。

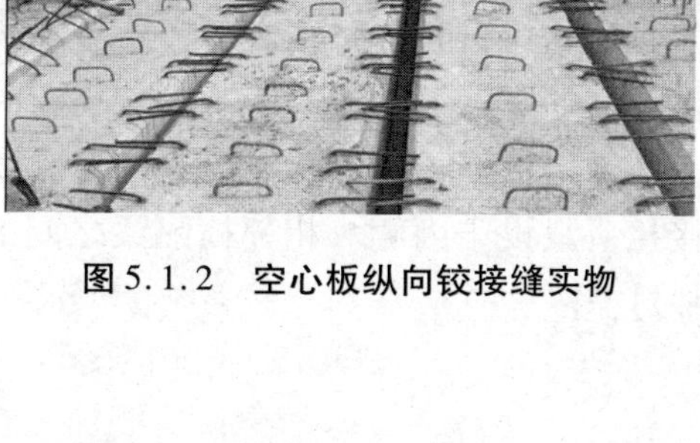

图 5.1.2　空心板纵向铰接缝实物

(1)将相邻两块板的底部靠紧,以形成铰缝混凝土底模。

(2)梁板预制时紧贴着模板向上竖起的铰缝钢筋,并焊接或绑扎牢固。

(3)用水将铰接缝内的碎块、杂质冲洗干净,并使其充分湿润。

(4)将梁板铰接缝区的两端头用模板封堵、固定。

(5)浇筑混凝土,并控制好混凝土的和易性,且振捣密实,及时养护。

2. 简支梁桥梁间接缝

常见的简支梁桥有T形梁和箱形梁。梁间接缝按梁体设计不同有干接缝和湿接缝两种。

1)干接缝

干接缝是用钢板或螺栓将相邻两片梁翼缘板和横隔板焊接起来形成横向联系。该方法的优点是施工方便、连接速度快、焊接后能立即承受荷载;但其整体性效果稍差一些。干接缝如图5.1.3所示。

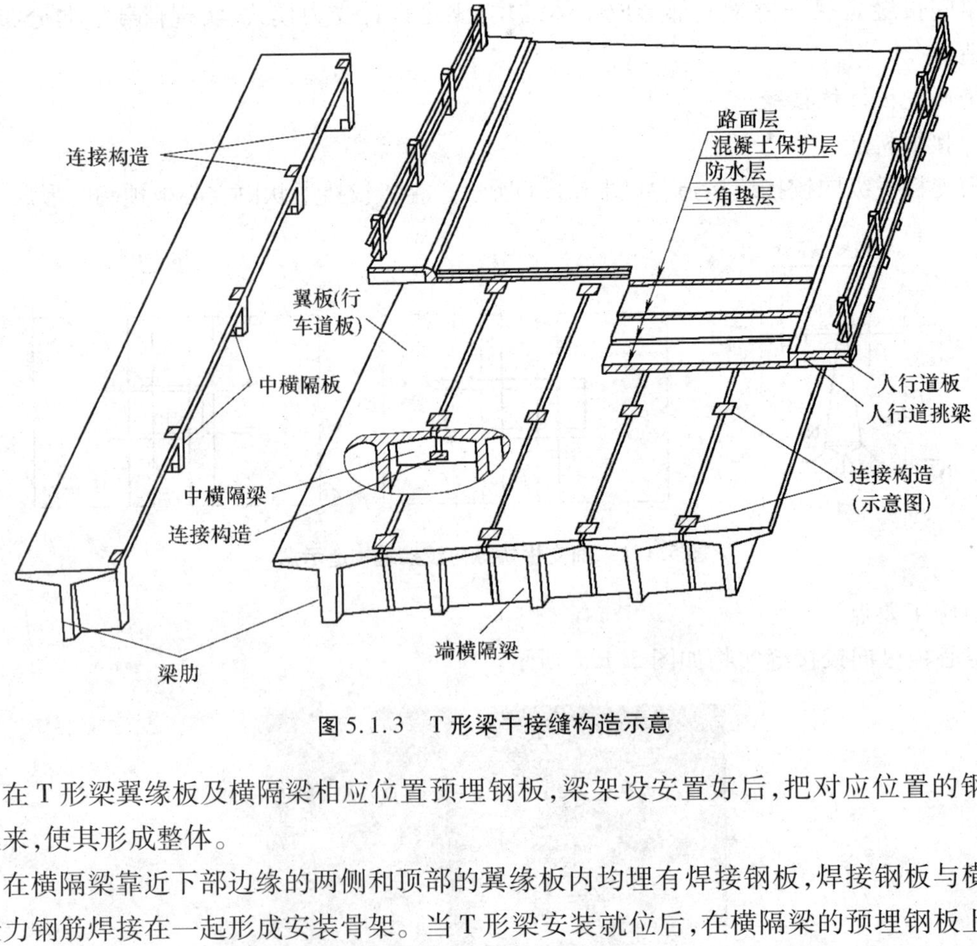


图5.1.3 T形梁干接缝构造示意

在T形梁翼缘板及横隔梁相应位置预埋钢板,梁架设安置好后,把对应位置的钢板焊接起来,使其形成整体。

在横隔梁靠近下部边缘的两侧和顶部的翼缘板内均埋有焊接钢板,焊接钢板与横隔梁的受力钢筋焊接在一起形成安装骨架。当T形梁安装就位后,在横隔梁的预埋钢板上再加焊钢板使其连成整体。端横隔梁焊接钢板的接头构造与中横隔梁相同,但由于其外侧(近墩台一侧)不好施焊,故焊接接头只设于内侧。相邻横隔梁之间的缝隙宜用水泥砂浆填满,所有外露钢板也应用水泥浆封盖。

2）湿接缝

湿接缝是在主梁预制时，将翼缘板端部预留出一部分，钢筋外伸；梁架设就位后，将相邻两翼缘板的钢筋焊接相连；然后支撑模板、现浇接缝混凝土，使各片梁横向连接形成整体。该方法的优点是钢板用量少、整体性好；缺点是施工较复杂，接缝混凝土养护达到设计强度后方能承受荷载。

湿接缝如图5.1.4所示。无论是T形梁还是箱形梁，其构造相同，都是把翼缘板和横隔板用现浇混凝土相连。除了梁翼缘板钢筋外伸相互对接外，还要加设扣环钢筋。横隔梁在预制时，在接缝处预埋了伸出钢筋和扣环钢筋，安装时在相邻构件的扣环钢筋两侧绑扎圆形接头钢筋，在形成的圆环内绑扎纵向分布筋后就可以现浇混凝土封闭接缝，接缝宽度为0.20～0.50 m。

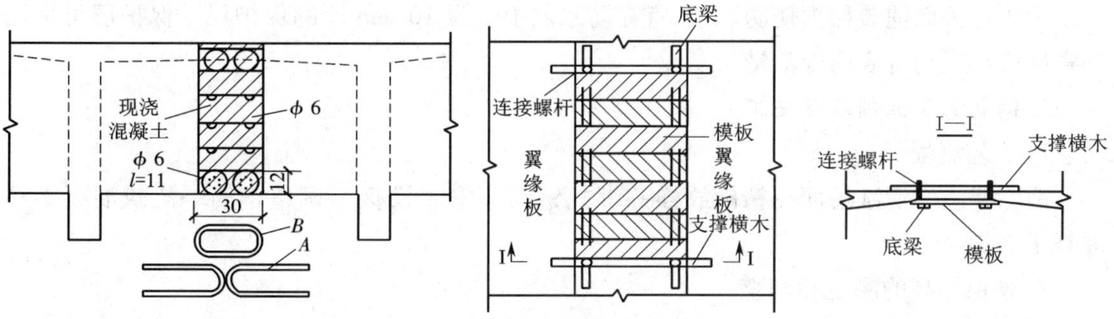


图5.1.4 T形梁湿接缝构造示意

翼缘板接缝混凝土施工的方法为吊模安装法施工，如图5.1.5和图5.1.6所示。即由底梁支撑模板，其重量靠连接螺杆传递给支撑横木，而横木支承在两边的翼缘板上。施工时先用螺杆把底梁与支撑横木相连，再在底梁上钉设模板，钉好模板后上紧连接螺杆上的螺栓，使模板固定牢靠，然后现浇混凝土。拆模时先松开连接螺杆上的螺栓，用绳子将底梁和模板徐徐放至桥下，以便回收利用。若为高空作业，桥下水流湍急，也可使用一次性模板，松开螺杆后掉至河中，不再使用。

图5.1.5 T形梁湿接缝实物

图5.1.6 T形梁湿接缝吊模安装

**(二)桥面铺装层施工**

桥面铺装层的作用是实现桥梁的整体化,使各片主梁共同受力,同时为行车提供平整舒适的行车道面。其结构形式应根据公路等级、交通量和荷载等级经设计确定。一般一、二级以上公路为上、下两层:上层为沥青混凝土,以提高行车的舒适性;下层为钢筋混凝土,以增加桥梁的整体性。对三、四级公路,为减少工程造价,直接采用水泥混凝土桥面。

1. 防水层施工

防水层设置在桥面铺装层下,可以防止雨水渗入桥梁的承重结构中而引起的钢筋锈蚀。

常用防水层有卷材防水层、涂料防水层和水泥砂浆防水层等。其技术参数和施工要求详见设计和产品使用说明书。

为防止桥面铺装层损伤防水层,宜在防水层上铺设10 mm厚的保护层。保护层可采用沥青砂或单层沥青表面处治铺筑。

2. 钢筋混凝土铺装层施工

1)工艺流程

凿除浮渣→清洗桥面→精确放样→绑扎钢筋→安装模板→调整钢筋→浇筑混凝土→混凝土养护。

2)梁顶标高的测定和调整

为保证铺装层厚度,需在架梁后对梁顶标高进行测量。

(1)测定跨中和支点处的中线、边线标高,分析其是否满足规范要求。

(2)若梁顶标高偏差过大,则应采取降低墩顶标高、减少垫石厚度或者调整桥面标高及改变引线纵坡等方法,以保证铺装层厚度,使桥梁上部结构形成整体。

3)梁顶处理

为了使现浇混凝土铺装层与预制梁(板)结合成整体,需对预制梁顶进行处理。

(1)预制梁(板)时应对其顶面进行拉毛处理,要求每隔50 cm设一条1.0~1.5 cm深的齿槽。

(2)浇筑铺装层前,要将梁(板)顶的碎渣、油渍、污渍等杂质清除干净,并冲水使其充分湿润。

4)绑扎、布设桥面钢筋网

按设计图纸要求下料制作、绑扎桥面钢筋网,并确保钢筋位置和保护层厚度满足设计要求和规范规定。

(1)若为低等级公路桥梁,可用铺装层厚度调整桥面横坡,横向分布钢筋要做相应弯折,以与桥面横坡相一致。

(2)若在两跨连接处为桥面连续,应同时布设桥面连续的构造钢筋。

(3)若为伸缩缝,要注意处理好伸缩缝的预埋钢筋。

5)混凝土浇筑

待监理单位对桥面钢筋网验收合格后,即可浇筑混凝土。

(1)若设计为防水混凝土,其配合比及施工工艺应满足规范要求。

(2)浇筑时由桥的一端向另一端推进,且连续施工,用平板振动器振捣,确保振捣密实。

(3)施工结束后注意养护,高温季节应进行覆盖养护,并定时洒水湿润。

(4)在桥两端设置隔离设施,防止车辆和行人通行,待混凝土强度到达设计要求后,才可开放交通或铺筑上层沥青混凝土。

3. 沥青混凝土面层施工

1)工艺流程

制备、运输沥青混合料→摊铺沥青混合料→碾压沥青混合料→养护等。

2)施工要求

(1)采用拌和厂集中拌和,现场用机械摊铺,沥青材料及混合料的各项指标应符合设计和施工规范要求。

(2)沥青混凝土铺装前应检查桥面是否平整、粗糙、干燥、整洁。桥面横坡应符合设计要求,不符合时应予以处理。

(3)严格控制各种矿料和沥青的用量、沥青混合料的加热温度和碾压温度,摊铺碾压成型后,要检测强度、压实度等质量指标,看其是否符合设计要求。

3)质量要求

(1)施工中必须注意控制好沥青混合料各阶段的温度、压实度、平整度和抗滑性等关键技术指标。

(2)铺装后桥面的泄水孔标高应略低于桥面面层标高,以保证排水顺畅。

4. 质量检验评定标准

1)基本要求

(1)水泥混凝土桥面的基本要求同水泥混凝土路面,沥青混凝土桥面的基本要求同沥青混凝土路面。

(2)桥面泄水孔进水口的布置应有利于桥面和渗入水的排除,其数量不得少于设计要求,出水口不得使水直接冲刷桥体。

2)实测项目

桥面铺装层施工的实测项目见表5.1.1。

**表5.1.1　桥面铺装层施工的实测项目**

| 项次 | 检查项目 | 规定值或允许偏差 | 检查方法和频率 | 权值 |
|---|---|---|---|---|
| 1△ | 强度或压实度 | 在合格标准内 | 试件强度 | 3 |
| 2△ | 厚度/mm | +10，-5 | 对比桥面浇筑前后标高检查：每100 m测5处 | 2 |

续表

<table>
<tr><th>项次</th><th colspan="3">检查项目</th><th colspan="2">规定值或允许偏差</th><th>检查方法和频率</th><th>权值</th></tr>
<tr><td rowspan="6">3△</td><td rowspan="6">平整度</td><td rowspan="3">高速、一级公路</td><td></td><td>沥青混凝土</td><td>水泥混凝土</td><td rowspan="5">平整度仪:全桥每车道连续检测,每 100 m 计算 IRI 或 $\sigma$</td><td rowspan="6">2</td></tr>
<tr><td>IRI/(m/km)</td><td>2.5</td><td>3.0</td></tr>
<tr><td>$\sigma$/mm</td><td>1.5</td><td>1.8</td></tr>
<tr><td rowspan="3">其他公路</td><td>IRI/(m/km)</td><td colspan="2">4.2</td></tr>
<tr><td>$\sigma$/mm</td><td colspan="2">2.5</td></tr>
<tr><td>最大间隙 $h$/mm</td><td colspan="2">5</td><td>3 m 直尺:每 100 m 测 3 处</td></tr>
<tr><td rowspan="2">4</td><td colspan="2" rowspan="2">横坡</td><td>水泥混凝土</td><td colspan="2">±0.15%</td><td rowspan="2">水准仪:每 100 m 检查 3 个断面</td><td rowspan="2">1</td></tr>
<tr><td>沥青面层</td><td colspan="2">±0.3%</td></tr>
<tr><td>5</td><td colspan="3">抗滑构造深度</td><td colspan="2">符合设计要求</td><td>砂铺法:每 200 m 检查 3 处</td><td>1</td></tr>
</table>

注:1. "△"标识为关键项目(涉及结构安全和使用功能的重要实测项目);

2. 桥长不满 100 m 者,按 100 m 处理;

3. 对高速、一级公路上的小桥(中桥视情况)可并入路面进行评定。

## 三、任务实施

按照学生工作页学习情境五任务一"梁间接缝与桥面铺装层施工",完成本任务的实施。

## 四、课后练习

### (一)填空题

(1)梁间接缝按梁体设计不同有________两种。

(2)常用防水层有________________________等。

(3)桥面铺装层施工厚度的允许偏差为________。

(4)水泥混凝土桥面铺装层施工,其横坡的允许偏差为________。

(5)沥青面层施工,其横坡的允许偏差为________。

### (二)判断题

(1)湿接缝是用钢板或螺栓将相邻两片梁翼缘板和横隔板焊接起来形成横向联系。 (　　)

(2)干接缝是在主梁预制时,将翼缘板端部预留出一部分,钢筋外伸;梁架设就位后,将相邻两翼缘板的钢筋焊接相连;然后支撑模板、现浇接缝混凝土,使各片梁横向连接形成整体。 (　　)

(3)防水层设置在桥面铺装层下,可以防止雨水渗入桥梁的承重结构中而引起的钢筋锈蚀。 (　　)

(4)若梁顶标高偏差过大,则应采取降低墩顶标高、减少垫石厚度或者调整桥面标高及

改变引线纵坡等方法,以保证铺装层厚度,使桥梁上部结构形成整体。 ( )

(5)铺装后桥面的泄水孔标高应略低于桥面面层标高,以保证排水顺畅。 ( )

**(三)简答题**

(1)简述简支板桥铰接缝的施工要点。

(2)简述钢筋混凝土铺装层施工工艺流程。

(3)简述沥青混凝土面层施工工艺流程。

# 任务二 伸缩装置施工

## 一、任务描述

根据伸缩装置施工的相关知识和设计图纸,在勘探现场的情况下,能参与编制初步施工方案,能进行施工技术交底,能协助开展现场施工管理。

建议课时数:4。

## 二、相关知识

桥梁伸缩装置设置于桥梁伸缩缝处,其主要作用是满足桥梁上部结构的变形。

伸缩装置的种类繁多,按其传力方式及构造特点可分为板式橡胶伸缩装置、梳齿板式伸缩装置、模数式伸缩装置和无缝式伸缩装置等。

### (一)板式橡胶伸缩装置

1. 构造

板式橡胶伸缩装置由橡胶伸缩体与锚固系统组成。橡胶伸缩体内设有承重钢板和锚固钢板,并通过锚固钢板的螺栓孔与梁端连成整体。它是利用橡胶伸缩体的承重钢板和凹槽来分别达到承受车辆荷载和桥梁伸缩的目的。其构造如图 5.2.1 所示。

2. 特点

(1)构造简单,价格便宜,能够完全排水。

(2)伸缩时会出现高差变化,偶尔会出现橡胶板脱落,目前在重载及大交通量的新建桥梁中较少使用。

(3)伸缩量:橡胶板下部无钢板时,不大于 60 mm;有钢板时,不大于 200 mm。

3. 施工要点

1)切缝开槽、清理冲洗

按设计要求进行放样、画线,用切割机切缝,并使槽口顺直;挖出槽内沥青混凝土或充填物,并检查梁端缝隙及预埋件情况,清理梁端、顶面,并用水冲洗干净,如图 5.2.2 和图 5.2.3 所示。

2)梁端嵌缝、焊接固定

用硬质泡沫板嵌入梁端间隙内,其上部与伸缩装置钢梁内侧密合,以防止浇筑混凝土

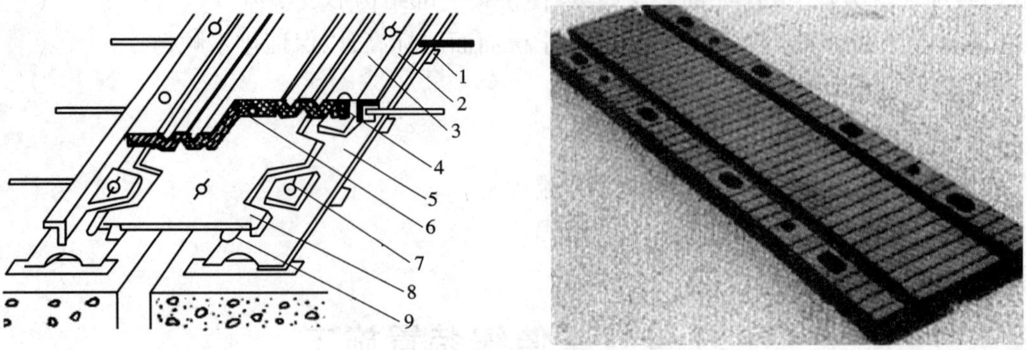


图 5.2.1　板式橡胶伸缩装置构造

1—预埋铁；2—边角铁；3—橡胶伸缩装置；4—内六角螺栓；5—底钢板；6—螺栓；7—固定齿板；8—托板；9—限位板

图 5.2.2　切缝开槽

图 5.2.3　清理冲洗

时出现漏浆、空洞等现象。

将 L 形螺栓、底角钢固定在定位支架上，一起放入预留槽内，布设横向钢筋，并通过门型钢筋将它们同预埋钢筋焊接在一起。要求螺栓之间的位置偏差应小于 1 mm，板面高程应与桥面设计标高一致。焊接锚固螺栓如图 5.2.4 所示。

图 5.2.4　焊接锚固螺栓

3）浇筑混凝土

浇筑伸缩装置底部及两侧混凝土，其强度等级不应低于 C50，浇筑时需振捣密实，避免出现漏振和空洞现象；待混凝土凝结后，及时拆除定位支架，以防气温变化引起梁体伸缩而使锚固松动。保持湿养护至少 7 d 以上，如果条件允许，尽可能全封闭养生 28 d 后才开放交通。

4)安装橡胶板

将橡胶板螺孔对准预埋螺栓就位,依次垫放腰圆垫圈与弹簧垫圈,并逐个拧紧螺母,然后在螺栓孔内注入适量防水胶,最后加盖螺母。

### (二)梳齿板式伸缩装置

1.构造

梳齿板式伸缩装置由连接在相邻两个梁端的梳形钢板交错咬合而成。其构造如图5.2.5所示。

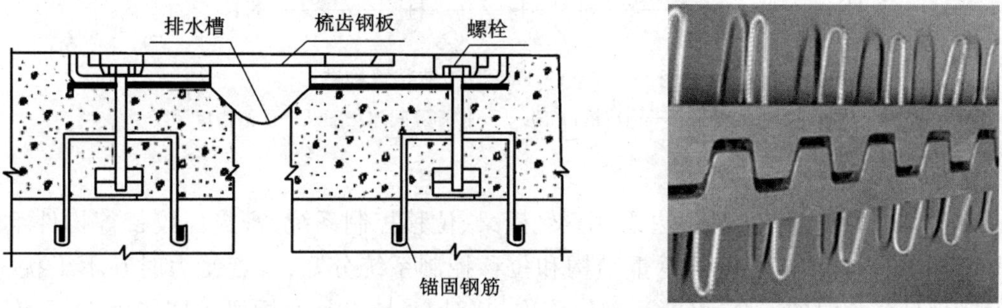


图5.2.5 梳齿板式伸缩装置构造

2.特点

承载力大,耐久性好,伸缩量大;一般适用于伸缩量不大于300 mm的桥梁。

3.施工要点

梳齿板式伸缩装置的施工要求基本上与板式橡胶伸缩装置相似,但应注意以下两点:

(1)安装时,防止产生梳齿不平和扭曲等变形;

(2)焊接要牢固,要经得起汽车反复冲击下抗疲劳强度的考验,如图5.2.6所示。

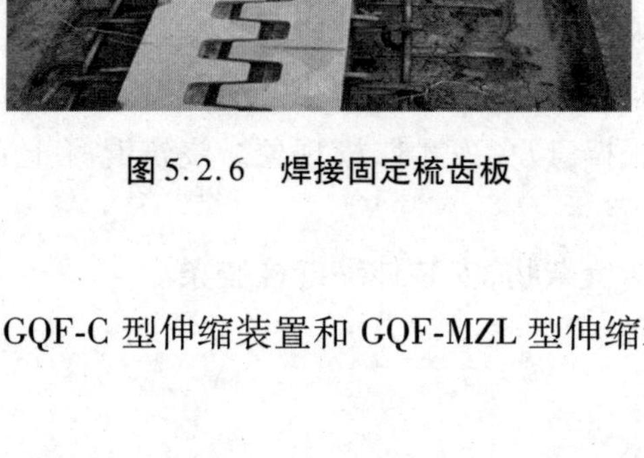

图5.2.6 焊接固定梳齿板

### (三)模数式伸缩装置

模数式伸缩装置分为GQF-C型伸缩装置和GQF-MZL型伸缩装置。

1. GQF-C 型伸缩装置

GQF-C 型伸缩装置是单缝式伸缩装置，由一条橡胶密封条、一组钢质边梁及锚固件组成。它结构简单、安装方便，具有较好的可靠性、舒适性和耐久性，既方便旧伸缩装置更换，又可供建设新桥时选用，适用于伸缩量不大于 80 mm 的桥梁。其构造如图 5.2.7 所示。

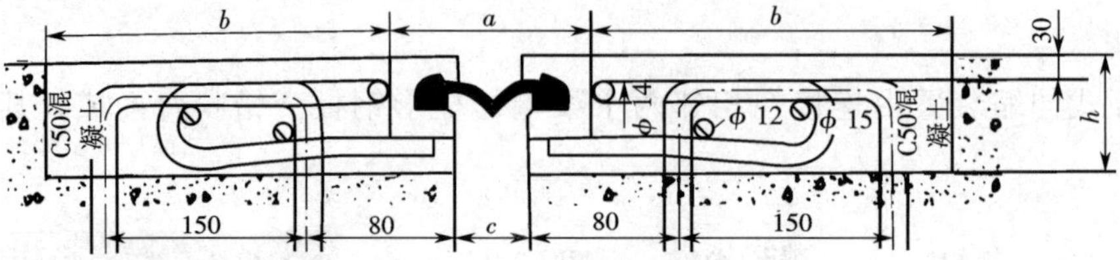


图 5.2.7　GQF-C 型伸缩装置构造

*a*—伸缩装置宽度；*b*—预留槽口宽度；*c*—伸缩缝间隙宽度；*h*—预留槽口深度

2. GQF-MZL 型伸缩装置

GQF-MZL 型伸缩装置是由边梁、中梁、横梁、位移控制系统、密封橡胶带等构件组成的系列伸缩装置。该伸缩装置的承重结构和位移控制系统分开，二者受力时互不干扰、分工明确，既保证受力时的安全，又能达到位移均匀，对弯、坡、斜、宽桥梁适应能力强，可满足各种桥梁结构的使用要求，适用于伸缩量为 80 ~ 1 200 mm 的大中型桥梁。其构造如图 5.2.8 所示。

图 5.2.8　GQF-MZL 型伸缩装置构造

3. 施工要点

模数式伸缩装置的施工要求基本上与板式橡胶伸缩装置相似，如图 5.2.9 和图 5.2.10 所示。但应注意以下几点。

(1)将型钢缝用泡沫板填塞，泡沫板底部应与梁端贴平，上表面与型钢上表面平齐。

(2)伸缩缝区两侧用彩条布予以覆盖，防止浇灌混凝土时污染路面，如图 5.2.9 所示。

(3)两边要同时进行振捣，以免发生胀模现象。浇筑混凝土完毕后，要进行人工抹面及压光两次，如图 5.2.10 所示。

(4)清理型钢内腔泡沫及杂物，安装伸缩缝橡胶条。

图 5.2.9 泡沫板嵌缝

图 5.2.10 人工抹面、压光

### (四)无缝式伸缩装置

1. 构造

无缝式伸缩装置是以橡胶、沥青等为主的高分子聚合物与碎石拌和后,填充于桥梁伸缩缝槽口内,并经机械碾压而成。其构造如图 5.2.11 所示。

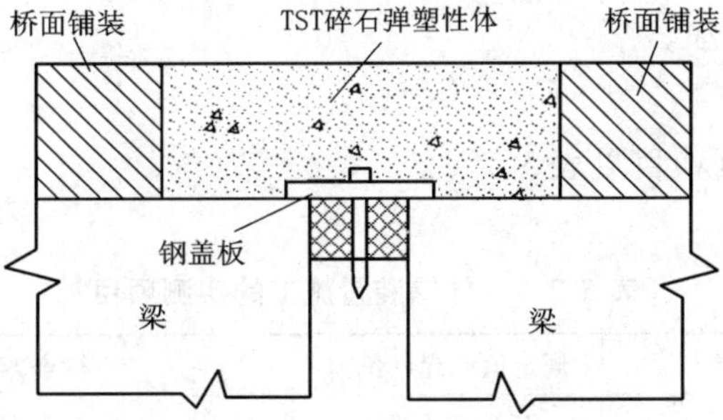


图 5.2.11 无缝式伸缩装置构造

2. 特点

使桥面铺装形成连续体,行车舒适性好,防水性能好,施工简单,适用于伸缩量小于 50 mm 的中小型桥梁。

3. 施工要点

1)开槽

标出开挖边线,用切割机沿边线切割整齐;凿除槽内铺装层并清除干净,用喷火器烘干槽内水汽,使之充分干燥。

2)加热黏结料

将黏结料加热到 180 ~200 ℃,待其熔化后,加入一定比例的石英砂。

3)安装跨缝钢板

将 T 形钢板刷好防锈漆,并置于接缝上,然后将钢板两侧缝隙塞住,防止黏结料外漏。

4)涂底层油

在沟槽内均匀涂刷一层熔化的黏结料。

5)铺装混合料

(1)将粗集料加热到180~200 ℃,并按一定比例与之前加热的黏结料充分拌和后,倒入沟槽内至距离路面10 mm为止。

(2)将细集料加热到180~200 ℃,并按一定比例与之前加热的黏结料充分拌和后,摊铺在之前倒入的粗集混合料的面层,并使之与路面平齐,之后在其上迅速铺筑一层米石作为磨耗层,然后用压路机压实。

(3)待冷却后,即可开放交通。

### (五)质量检验评定标准

1. 基本要求

(1)伸缩缝必须满足设计要求和有关规范规定,伸缩装置必须有合格证,并经检验合格后方可使用。

(2)伸缩装置必须锚固牢靠,伸缩性能必须有效。

(3)伸缩缝两侧混凝土的类型和强度,必须符合设计要求。

(4)大型伸缩缝与钢梁连接处的焊缝应做超声波检测,检测结果必须合格。

(5)伸缩缝处不得积水。

2. 实测项目

伸缩装置施工的实测项目见表5.2.1。

**表5.2.1 伸缩装置施工的实测项目**

| 项次 | 检查项目 | | 规定值或允许偏差 | 检查方法和频率 | 权值 |
|---|---|---|---|---|---|
| 1 | 长度/mm | | 符合设计要求 | 尺量:每道 | 2 |
| 2△ | 缝宽/mm | | 符合设计要求 | 尺量:每道2处 | 3 |
| 3△ | 与桥面高差/mm | | 2 | 尺量:每侧3~7处 | 3 |
| 4 | 纵坡/% | 一般 | ±0.5 | 水准仪:测纵向锚固混凝土端部3处 | 2 |
| | | 大型 | ±0.2 | 水准仪:纵向测伸缩缝两侧3处 | |
| 5 | 横向平整度/mm | | 3 | 3 m直尺:每道 | 1 |

注:1. "△"标识为关键项目(涉及结构安全和使用功能的重要实测项目);
2. 项次2按安装时气温折算。

## 三、任务实施

按照学生工作页学习情境五任务二"伸缩装置施工",完成本任务的实施。

## 四、课后练习

### (一)填空题

(1)桥梁伸缩装置设置于桥梁伸缩缝处,其主要作用是______________________。

(2)板式橡胶伸缩装置由______________________组成。

(3)梳齿板式伸缩装置由_____________________________________组成。

(4)模数式伸缩装置分为_______________________________________。

**(二)选择题**

(1)伸缩装置的种类繁多,按其传力方式及构造特点可分为(　　)等。

A. 板式橡胶伸缩装置　　B. 梳齿板式伸缩装置

C. 模数式伸缩装置　　D. 无缝式伸缩装置

(2)板式橡胶伸缩装置的伸缩量:橡胶板下部无钢板时,不大于(　　)mm;有钢板时,不大于(　　)mm。

A. 60　　B. 80　　C. 200　　D. 300

(3)梳齿板式伸缩装置,一般适用于伸缩量不大于(　　)mm 的桥梁。

A. 100　　B. 150　　C. 200　　D. 300

(4)GQF-C 型伸缩装置适用于伸缩量不大于(　　)mm 的桥梁。

A. 50　　B. 80　　C. 100　　D. 150

**(三)判断题**

(1)GQF-MZL 型伸缩装置适用于伸缩量为 80 ~1 200 mm 的大中型桥梁。(　　)

(2)无缝式伸缩装置是以橡胶、沥青等为主的高分子聚合物与碎石拌和后,填充于桥梁伸缩缝槽口内,并经机械碾压而成。(　　)

(3)无缝式伸缩装置适用于伸缩量小于 100 mm 的中小型桥梁。(　　)

(4)伸缩装置与桥面高差允许偏差为 2 mm。(　　)

(5)大型伸缩缝与钢梁连接处的焊缝应做超声波检测,检测结果必须合格。(　　)

(6)无缝式伸缩装置的特点是使桥面铺装形成连续体,行车舒适性好,防水性能好,施工简单。(　　)

**(四)简答题**

(1)简述板式橡胶伸缩装置的施工要点。

(2)简述梳齿板式伸缩装置的施工要点。

(3)简述模数式伸缩装置的施工要点。

(4)简述无缝式伸缩装置的施工要点。

# 任务三　栏杆(护栏)与锥坡施工

## 一、任务描述

根据栏杆(护栏)与锥坡施工的相关知识和设计图纸,在勘探现场的情况下,能参与编制初步施工方案,能进行施工技术交底,能协助开展现场施工管理。

建议课时数:4。

## 二、相关知识

### (一)栏杆(护栏)

1. 构造

栏杆与护栏是设置于桥梁两边或中央分隔带的结构物。栏杆主要是防止行人掉入桥下,设置在城市桥梁中,体现其装饰效果。护栏主要用于防止车辆冲出桥梁,设置于一级公路、高速公路中。

1)栏杆构造

栏杆常用花岗岩、金属或钢筋混凝土等材料制作,由立柱、扶手、栏杆板(柱)等组成,如图 5.3.1 所示。

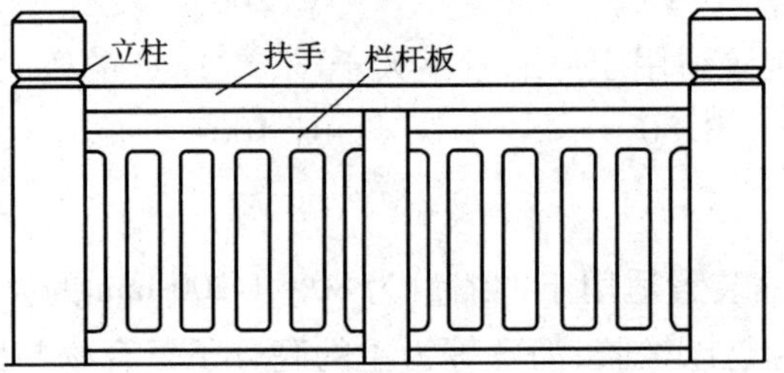


图 5.3.1 栏杆示意

2)护栏构造

护栏有波形梁护栏、钢筋混凝土墙式护栏和组合式护栏等几种形式,如图 5.3.2 所示。

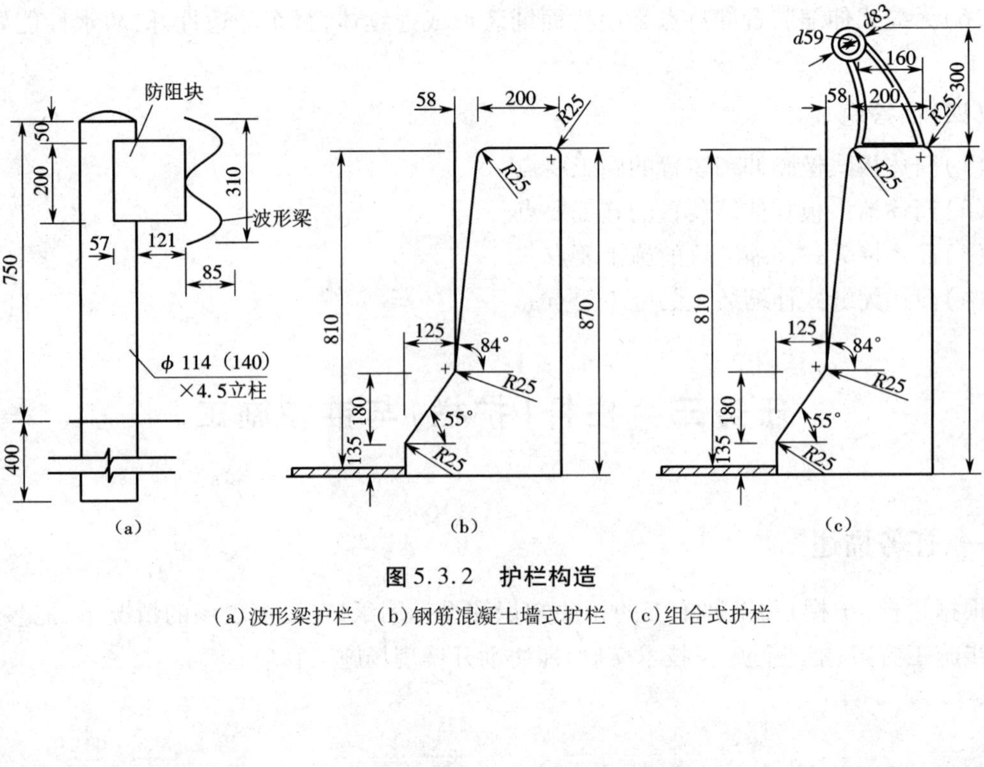


图 5.3.2 护栏构造

(a)波形梁护栏 (b)钢筋混凝土墙式护栏 (c)组合式护栏

2. 施工要点

1)栏杆施工

(1)栏杆块件必须在人行道板铺设完毕后方可安装。安装立柱时必须全桥对直、校平(弯桥、坡桥要求平顺)后,用水泥砂浆填缝固定。

(2)采用钢管作为栏杆或扶手时,钢管应在工厂内进行除锈处理;拼装焊接后应补涂防锈底漆,再统一涂刷面漆。

(3)如果栏杆采用钢筋混凝土制作,则应做到表面光洁、平整、美观。

2)护栏施工

(1)工艺流程:测量放线→安装钢筋及预埋件→安装模板→浇筑混凝土→养生。

(2)测量控制点按照每 5 m 设置一个,为标高及线形的控制打好基础,然后将防撞栏范围内的混凝土进行凿毛并清理干净,如图 5.3.3 所示。

(3)钢筋加工尺寸要精准,安装时采用定位架法进行安装,以确保护栏钢筋的标高、线形和保护层厚度,如图 5.3.4 所示。

图 5.3.3 控制点示意

图 5.3.4 定位架示意

(4)当钢筋位置调整好后,立即将其与预埋钢筋焊接牢固。以此类推,每隔 5 m 形成一个标准断面,然后挂线安装中间段的钢筋。

(5)护栏模板采用定型钢模,加固方式为内侧拉杆配合外侧支撑;端头模板同样采用定型模板,并用高强螺栓进行固定。确保混凝土的浇筑质量和线形流畅、美观。

护栏施工如图 5.3.5 至图 5.3.7 所示。

3. 栏杆施工质量检验评定标准

1)基本要求

(1)栏杆杆件不得有弯曲或断裂现象。

(2)栏杆必须在人行道板铺完后方可安装。

图5.3.5 定型钢模示意

图5.3.6 钢模固定、支撑

图5.3.7 护栏成型

(3)栏杆安装必须牢固,其杆件连接处的填缝料必须饱满、平整,强度应满足设计要求。

2)实测项目

栏杆施工的实测项目见表5.3.1。

表5.3.1 栏杆施工的实测项目

| 项次 | 检查项目 | 规定值或允许偏差 | 检查方法和频率 | 权值 |
|---|---|---|---|---|
| 1 | 栏杆平面偏位/mm | 4 | 经纬仪、钢尺拉线检查:每30 m检查1处 | 3 |
| 2 | 扶手高度/mm | ±10 | 水准仪:抽查20% | 3 |
| | 柱顶高差/mm | 4 | | |
| 3 | 接缝两侧扶手高差/mm | 3 | 尺量:抽查20% | 2 |
| 4 | 竖杆或柱纵横向竖直/mm | 4 | 吊垂线:抽查20% | 2 |

4.护栏施工质量检验评定标准

1)基本要求

(1)所用的水泥、砂、石、水和外掺剂的质量和规格必须符合有关规范的要求,按规定的配合比施工。

(2)不得出现露筋和空洞现象。

(3)防撞护栏上的钢构件应焊接牢固,焊缝应满足设计和有关规范的要求,并按设计要求进行防护。

2)实测项目

护栏施工的实测项目见表5.3.2。

**表5.3.2 护栏施工的实测项目**

| 项次 | 检查项目 | 规定值或允许偏差 | 检查方法和频率 | 权值 |
|---|---|---|---|---|
| 1△ | 混凝土强度/MPa | 在合格标准内 | 混凝土试件强度 | 3 |
| 2 | 平面偏位/mm | 4 | 经纬仪、钢尺拉线检查:每100 m检查3处 | 2 |
| 3△ | 断面尺寸/mm | ±5 | 尺量:每100 m每侧检查3处 | 2 |
| 4 | 竖直度/mm | 4 | 吊垂线:每100 m每侧检查3处 | 1 |
| 5 | 预埋件位置/mm | 5 | 尺量:每件 | 1 |

注:"△"标识为关键项目(涉及结构安全和使用功能的重要实测项目)。

### (二)锥坡施工

桥头锥坡是连接桥台和路堤的构筑物,其作用是稳固桥头填土边坡,防止水流冲刷路堤。锥坡的平面通常采用1/4椭圆形,立面呈锥形,长轴横桥向,短轴顺桥向,如图5.3.8所示。锥坡由填土、锥坡基础、坡面铺砌、砂砾垫层组成,如图5.3.9所示。

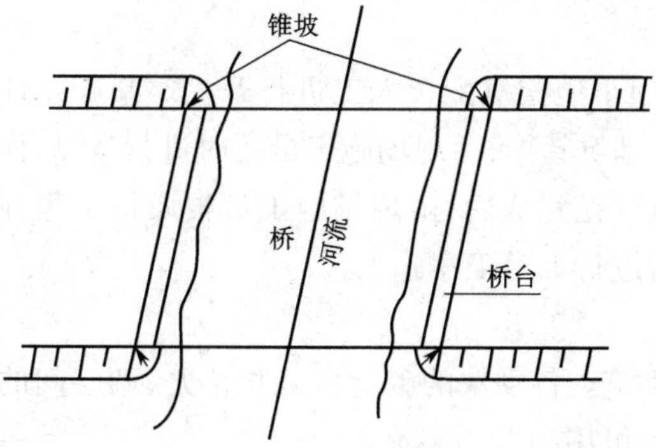


图5.3.8 锥坡平面示意

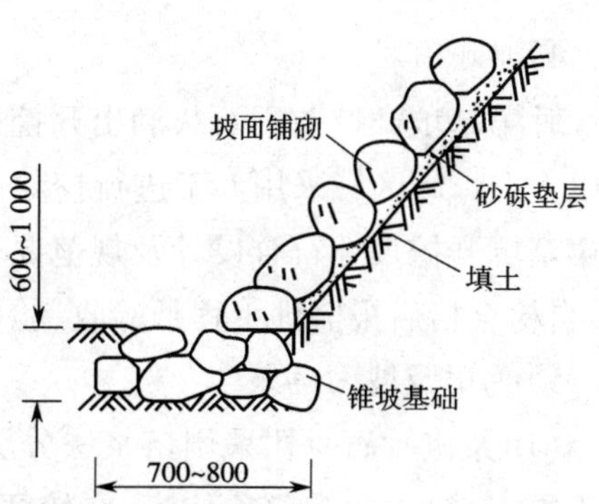


图5.3.9 锥坡构造示意图(单位:mm)

1. 工艺流程

施工准备→测量放样→坡面修整→基坑开挖→垂裙及坡面砌筑→浆砌片石勾缝→砌体养护。

2. 施工要求

1)施工准备

(1)路堤与桥台过渡段和锥坡填筑完毕后,清理并平整桥台周边场地,为施工材料的进场、堆放提供条件。

(2)施工材料:砌筑、勾缝砂浆强度为 M10,稠度为 10 ~ 50 mm;砌体工程的石料应质地坚硬、不易风化、无裂纹;石料表面的污渍应予以清除;片石的形状不受限制,但其中部厚度不应小于 15 cm。

2)测量放样

根据桥台施工设计图,结合台背回填高度,确定桥台锥坡坡率、垂裙基坑开挖位置和深度。

3)坡面修整

采用挂线法将锥坡坡面按设计坡度刷平,坑洼不平部分填补夯实,使坡面平整圆顺,经监理工程师验收合格后进行下道工序施工,如图 5.3.10 和图 5.3.11 所示。

图 5.3.10 坡面修整实物

图 5.3.11 护岸砌筑实物

4)基坑开挖

垂裙基坑开挖前用石灰洒出开挖边界,采用小型挖机配合人工进行开挖。基底设计高程以上 10 cm 区域采用人工进行挖除。为防止基坑超挖,由现场施工员适时进行量测,保证垂裙基坑开挖尺寸符合设计及规范要求。基坑开挖完成后,由现场施工员报质检工程师检查,自检合格后报监理工程师验收,验收合格后进行下道工序施工。

5)垂裙及坡面砌筑

(1)浆砌片石垂裙采用挤浆法分层、分段砌筑。各砌块的砌缝应互相错开,两层间的错缝不得小于 8 cm;砌缝应饱满,在较宽的砌缝中可用小石块塞填。

(2)桥台后的路肩、锥坡的坡脚打桩、挂线,确定铺设的坡面标高和线形。铺砌前,先铺 10 cm 厚砂砾垫层,而后自下而上铺砌。

锥坡、护岸砌筑实物如图 5.3.12 和图 5.3.13 所示。

6)浆砌片石勾缝

砌筑浆砌片石护砌和镶边时,砌体表面应留出 2 cm 深的空缝。路堤稳定后,用强度为 M10 的砂浆勾凹缝。

图 5.3.12 锥坡砌筑实物

图 5.3.13 锥坡、护岸砌筑实物

7)砌体养护

砌体砌筑完毕应及时覆盖,并经常洒水保持表面湿润,常温下养护期不得少于 7 d。

3. 质量要求

(1)砌筑砂浆严格按照施工配合比准确计量、集中拌和。严禁砂浆直接倾倒在地面,必须使用铁皮或木板下垫,防止砂浆被污染。砂浆应随拌随用,当在运输或储存过程中发生离析、泌水现象时,砌筑前应重新拌和,已凝结的砂浆不得使用。

(2)铺砌过程中,应用橡皮锤击打板面使之与锥坡密贴、无空洞。

(3)护坡上下左右每隔 2 m 交错设置泄水孔,泄水孔采用 $\phi$100 mm PVC 管,进水侧管口包裹透水土工布,做成 4% 的向外排水坡。

(4)允许偏差和检验方法见表 5.3.3。

表 5.3.3 允许偏差和检验方法

| 序号 | 项目 | 允许偏差 | | 检验方法 | |
|---|---|---|---|---|---|
| | | 浆砌片石砌体 | 混凝土预制板 | 浆砌片石砌体 | 混凝土预制板 |
| 1 | 顶面高程 | ±50 mm | −20 mm,0 mm | 水准仪检查 | 水准仪检查 |
| 2 | 表面平整度 | 30 mm | 10 mm | 2 m 靠尺检查 | 2.5 m 靠尺检查 |
| 3 | 坡度 | 不陡于设计要求 | ±0.5% | 测量检查 | 测量检查 |
| 4 | 厚度 | 不小于设计要求 | 不小于设计要求 | 尺量检查 | 尺量检查 |
| 5 | 底面高程 | ±50 mm | ±50 mm | 水准仪检查 | 水准仪检查 |
| 6 | 反滤层厚度 | | 不小于设计要求 | | 尺量检查 |

## 三、任务实施

按照学生工作页学习情境五任务三“栏杆(护栏)与锥坡施工”,完成本任务的实施。

## 四、课后练习

### (一)填空题

(1)护栏有______________________________等几种形式。

(2)栏杆常由________________等组成。

(3)栏杆平面偏位的允许偏差为________。

**(二)选择题**

(1)锥坡由(　　)组成。

A. 填土　　B. 锥坡基础　　C. 坡面铺砌　　D. 砂砾垫层

(2)锥坡砌筑表面平整度的允许偏差为(　　)mm。

A. 10　　B. 20　　C. 30　　D. 50

(3)砌筑浆砌片石护砌和镶边时,砌体表面应留出(　　)cm 深的空缝。路堤稳定后,用强度为 M10 的砂浆勾凹缝。

A. 1　　B. 2　　C. 3　　D. 5

**(三)判断题**

(1)桥台后的路肩、锥坡的坡脚打桩、挂线,确定铺设的坡面标高和线形。铺砌前,先铺 10 cm 厚砂砾垫层,而后自下而上铺砌。(　　)

(2)锥坡铺砌过程中,应用橡皮锤击打板面使之与锥坡密贴、无空洞。(　　)

(3)护坡上下左右每隔 2 m 交错设置泄水孔,泄水孔采用 $\phi$100 mm PVC 管,进水侧管口包裹透水土工布,做成 4% 的向外排水坡。(　　)

**(四)简答题**

(1)简述护栏施工的工艺流程。

(2)简述锥坡施工的工艺流程。

(3)简述护栏钢筋安装的方法。

(4)简述锥坡砌筑的质量要求。

# 学习情境六　预应力混凝土施工

## 一、能力目标

(1)能说出锚固体系的分类和几种常用的锚具。
(2)能说出张拉设备的种类和特点。
(3)能叙述先张法和后张法施工工艺流程。
(4)能根据施工图纸,参与预应力混凝土施工方案编制。
(5)能根据施工方案,协助开展现场施工管理。

## 二、知识目标

(1)掌握锚固体系和张拉设备的分类和特点。
(2)掌握先张法和后张法施工的含义与区别。
(3)熟悉先张法施工工艺流程、施工要点和质量检验评定标准。
(4)熟悉后张法施工工艺流程、施工要点和质量检验评定标准。

## 三、内容结构图

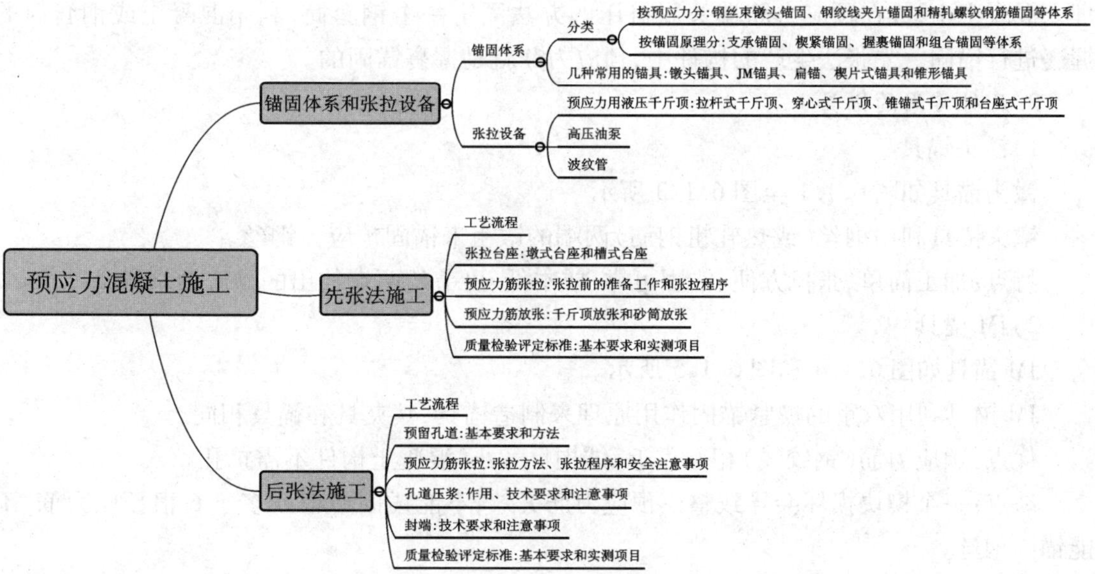

# 任务一　锚固体系和张拉设备

## 一、任务描述

根据锚固体系和张拉设备的相关知识,能辨识或描述锚固体系和张拉设备的类型、特点和用途。

建议课时数:4。

## 二、相关知识

### (一)锚固体系

锚固体系是预应力混凝土体系的重要组成部分,按用途可分为锚具、夹具和连接器。锚具用于后张法的构件中,起着保持预应力筋的拉力并将其传递到混凝土上去的作用,是一种永久性的锚固装置。夹具用于先张法的构件中,是一种临时性的锚固装置。

1. 分类

(1)按预应力分,有钢丝束镦头锚固、钢绞线夹片锚固和精轧螺纹钢筋锚固等体系。

(2)按锚固原理分,有支承锚固、楔紧锚固、握裹锚固和组合锚固等体系。

(1)支承锚固有螺丝端杆锚具、精轧螺纹钢筋锚具和镦头锚具等。

(2)楔紧锚固有钢质锥塞锚具、夹片锚具和楔片锚具等。

(3)握裹锚固是将预应力筋直接埋入或加工后(如把钢筋或钢丝镦头、钢绞线压花等)埋入混凝土中,或在预应力筋端头用挤压的办法固定一个钢套筒,利用混凝土或钢套筒的握裹进行锚固。先张法生产的构件中,预应力筋就是握裹锚固的。

2. 几种常用的锚具

1)镦头锚具

镦头锚具如图 6.1.1 至图 6.1.3 所示。

镦头锚具利用钢丝(或热轧粗钢筋)两端的镦粗来锚固预应力钢丝。

特点:加工简单、张拉方便、锚固可靠、成本低、可节约两端伸出的预应力钢丝。

2)JM 锚具

JM 锚具如图 6.1.4 和图 6.1.5 所示。

JM 锚具利用双重的楔紧锚固作用原理来制造锚具,其夹具和锚具相同。

优点:预应力筋(钢绞线)相互靠近,结构尺寸小,混凝土构件不需扩孔。

缺点:一个楔块损坏会导致整束预应力筋失效,不能锚固单根或多于 6 根预应力筋,不能锚固钢丝。

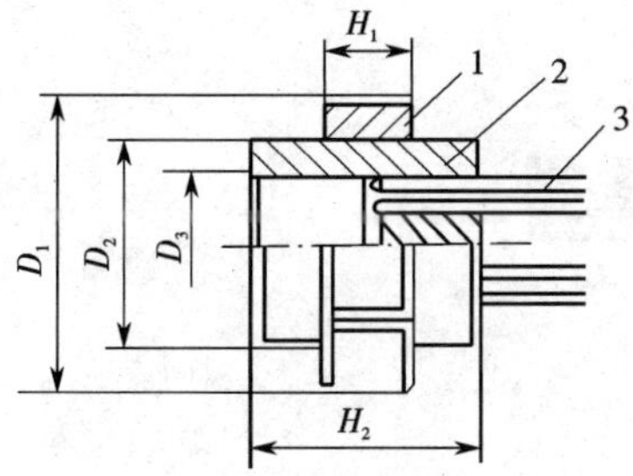


**图 6.1.1　DMA 型张拉端锚具**

1—螺母;2—锚杯;3—钢丝

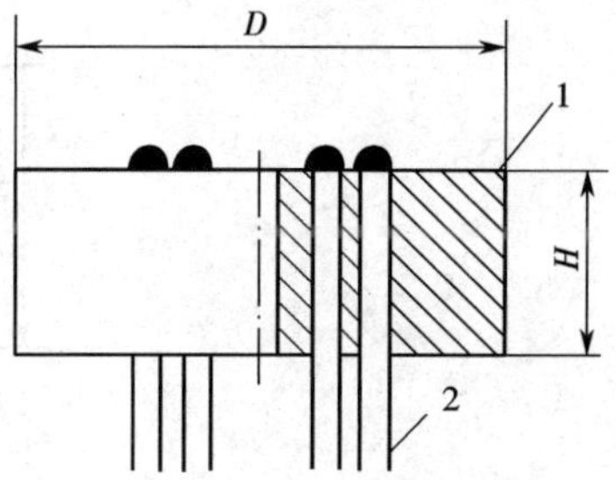


**图 6.1.2　DMB 型锚具**

1—锚板;2—钢丝

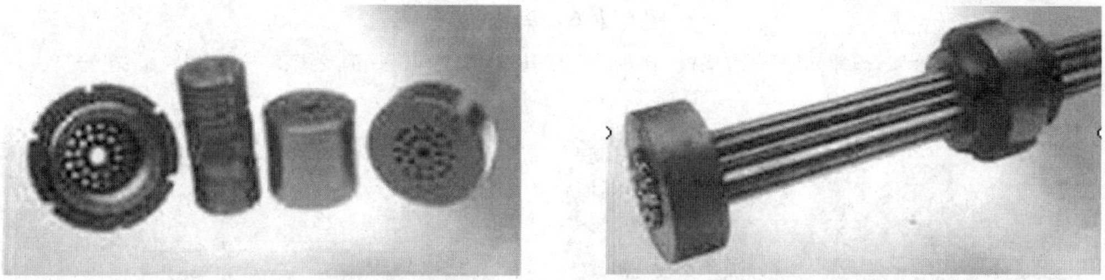

**图 6.1.3　镦头锚具**

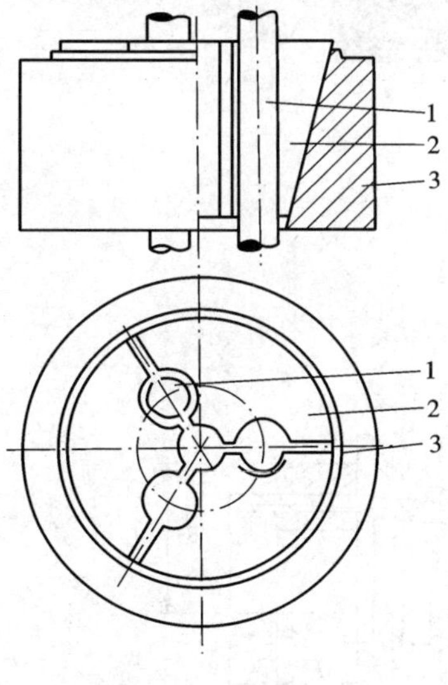


**图 6.1.4　JM 锚具**

1—预应力筋;2—夹片;3—锚具

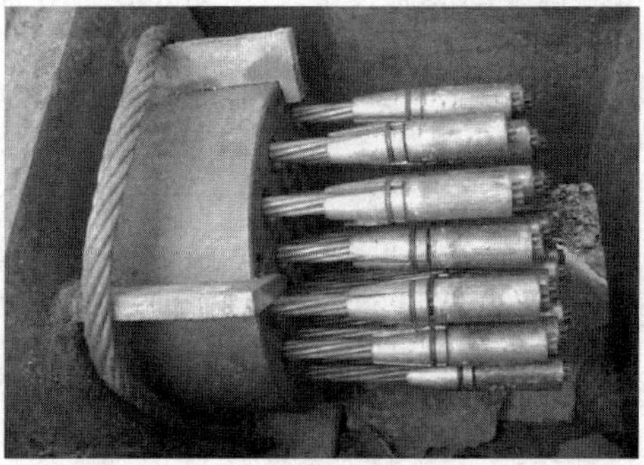

**图 6.1.5　JM 锚具**

3)扁锚

扁锚如图 6.1.6 和图 6.1.7 所示。

扁锚由扁锚头、垫板、扁形喇叭管及扁形管道等组成。

优点:张拉槽口扁小,可减少混凝土板厚,可以单根分束张拉,施工方便。

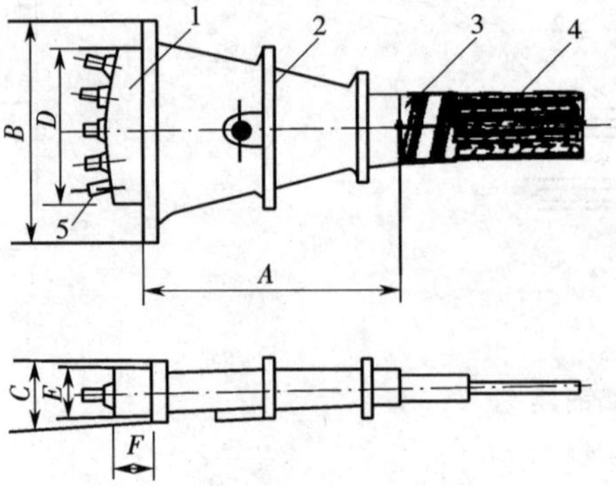


**图 6.1.6 扁锚构造**

1—锚板;2—扁形垫板和喇叭管;3—扁形波纹管;4—钢绞线;5—楔片

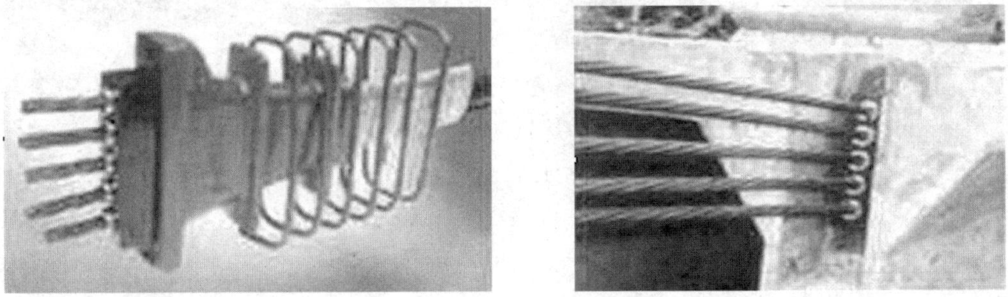

**图 6.1.7 扁锚**

4）楔片式锚具

楔片式锚具如图 6.1.8 和图 6.1.9 所示。

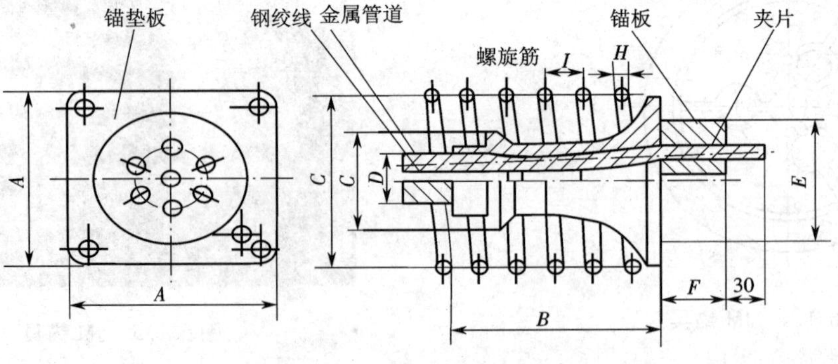


**图 6.1.8 楔片式锚具构造**

楔片式锚具也称为群锚，由多孔锚板与楔片组成。在每个锥形孔内装一副（二片或三片）楔片，夹持一根钢绞线。

优点：每束钢绞线的根数不受限制；任何一根钢绞线锚固失效，都不会引起整束锚固失效。

图 6.1.9 楔片式锚具

5)锥形锚具

锥形锚具如图 6.1.10 和图 6.1.11 所示。

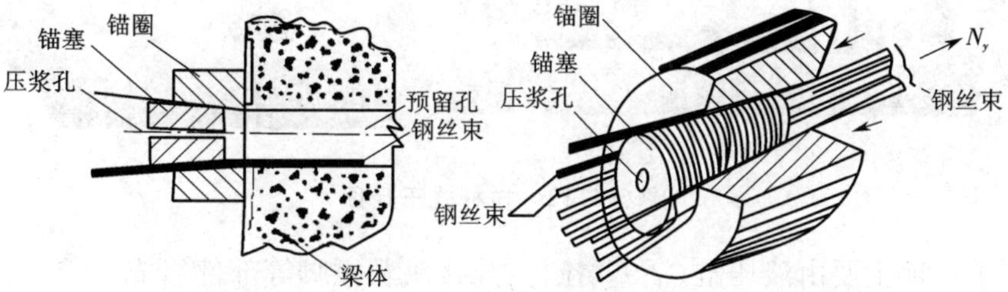


图 6.1.10 锥形锚具构造

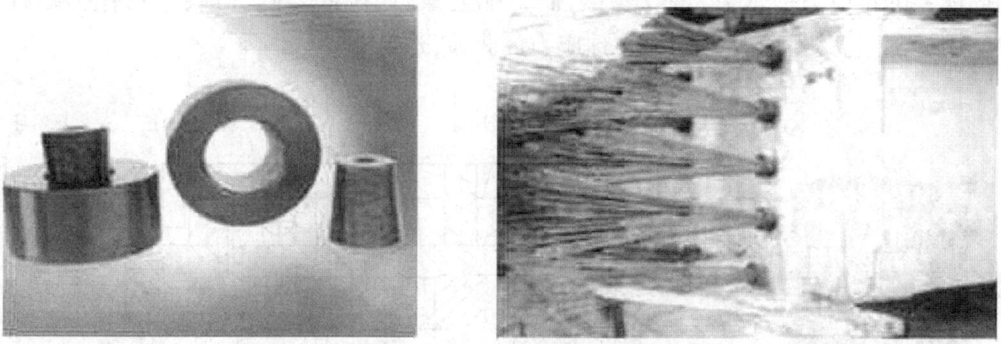

图 6.1.11 锥形锚具

楔片式锚具是用于锚固直径为 5 mm 钢丝的一种楔紧式锚具,由钢锚圈和锥形锚塞组成。优点:构造简单、价格低廉。

## (二)张拉设备

预应力张拉设备由预应力用液压千斤顶和供油的高压油泵以及波纹管组成。

### 1. 预应力用液压千斤顶

液压千斤顶常用类型有拉杆式千斤顶、穿心式千斤顶、锥锚式千斤顶和台座式千斤顶等。其代号见表 6.1.1。

**表 6.1.1 预应力用液压千斤顶分类及代号**

| 类型 | 拉杆式 | 穿心式 | | | 锥锚式 | 台座式 |
|---|---|---|---|---|---|---|
| | | 双作用 | 单作用 | 拉杆式 | | |
| 代号 | YDL | YDCS | YDC | YDCL | YDZ | YDT |

1）拉杆式千斤顶

拉杆式千斤顶（图 6.1.12）以活塞杆作为拉力杆件，适用于张拉 LM 型螺纹端杆锚具、JLM 精轧螺纹钢锚具、LZM 冷铸锚具等。

图 6.1.12 拉杆式千斤顶

拉杆式千斤顶主要由液压缸、活塞、拉杆、连接头及撑脚等部件组成。

2）穿心式千斤顶

穿心式千斤顶（图 6.1.13）是一种适应性较强的千斤顶，它既适用于张拉采用各种夹片式锚固体系的预应力钢丝束、钢绞线束，而且配上撑脚、拉杆等附件后，也可作为拉杆式千斤顶使用，因此它是目前较为常用的预应力筋张拉设备。

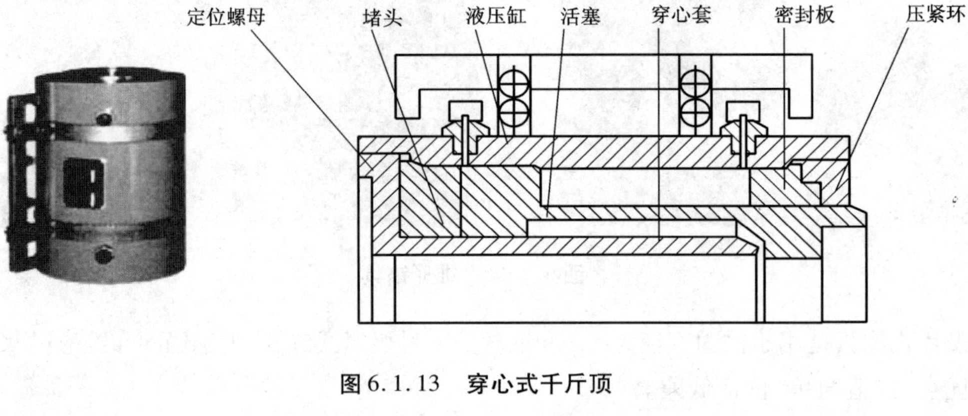


图 6.1.13 穿心式千斤顶

3）锥锚式千斤顶

锥锚式千斤顶（图 6.1.14）是一种专用千斤顶，主要用于张拉带有钢质锥形锚具的钢丝束。锥锚式千斤顶具有张拉、顶锚和退楔三种功能。

4）台座式千斤顶

台座式千斤顶（图 6.1.15）主要用于先张法张拉预应力筋，也可用于顶推、顶举及更换桥梁支座等施工。

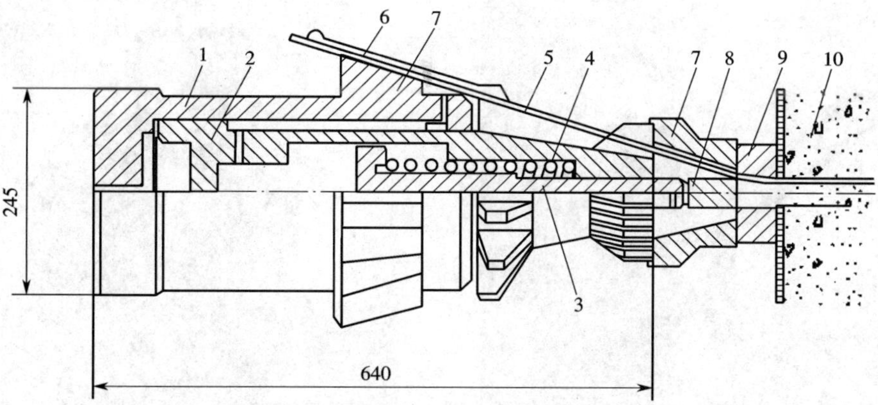


图 6.1.14　锥锚式千斤顶的构造和组成

1—张拉液压缸;2—顶压液压缸(张拉活塞);3—顶压活塞;4—弹簧;
5—预应力筋;6—楔块;7—对中套;8—锚塞;9—锚环;10—构件

图 6.1.15　台座式千斤顶

2. 高压油泵

高压油泵是预应力液压机具的动力源,如图 6.1.16 所示。其特点是流量较小,能够连续供油,且供油稳定,操作方便。其按驱动方式分为手动和电动两种。

3. 波纹管

后张法预应力工艺需要在构件中预留孔道,以便穿入预应力筋,其孔道预留的方法有很多,目前用得最多的方法是采用金属波纹管预埋在构件中成孔。波纹管如图 6.1.17 所示。

## 三、任务实施

按照学生工作页学习情境六任务一“锚固体系和张拉设备”,完成本任务的实施。

图 6.1.16 高压油泵

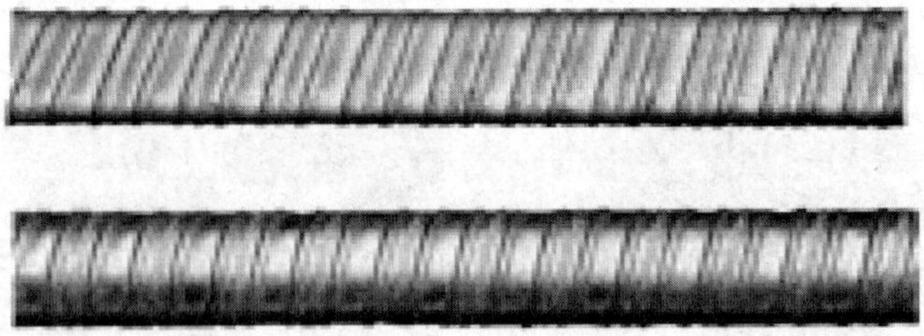

图 6.1.17 金属波纹管

## 四、课后练习

### (一)填空题

(1)锚固体系按用途可分为________________。

(2)锚固体系按预应力分,有________________等体系。

(3)锚固体系按锚固原理分,有________________等体系。

(4)镦头锚具利用________________来锚固预应力钢丝。

(5)JM 锚具利用________________原理来制造锚具,其夹具和锚具相同。

(6)扁锚由________________等组成。

(7)楔片式锚具由________________组成。在每个锥形孔内装一副(二片或三片)楔片,夹持一根钢绞线。

(8)预应力张拉设备由________________组成。

### (二)选择题

(1)液压千斤顶常用类型有(　　)。

A. 拉杆式千斤顶　　B. 台座式千斤顶　　C. 穿心式千斤顶　　D. 锥锚式千斤顶

(2)拉杆式千斤顶主要由(　　)等部件组成。

A. 液压缸　　B. 活塞　　C. 拉杆　　D. 连接头及撑脚

(3)锥锚式千斤顶具有(　　)三种功能。

A. 张拉　　B. 固定　　C. 顶锚　　D. 退楔

(4)高压油泵的特点有(　　)。

A. 流量较小　　B. 能够连续供油　　C. 供油稳定　　D. 操作方便

**(三)判断题**

(1)镦头锚具特点:加工简单、张拉方便、锚固可靠、成本低、可节约两端伸出的预应力钢丝。(　　)

(2)JM 锚具优点:预应力筋(钢绞线)相互靠近,结构尺寸小,混凝土构件需要扩孔。(　　)

(3)扁锚优点:张拉槽口扁小,可减少混凝土板厚,但不能单根分束张拉,施工不便。(　　)

(4)楔片式锚具优点:每束钢绞线的根数不受限制;任何一根钢绞线锚固失效,都不会引起整束锚固失效。(　　)

(5)锥形锚具是用于锚固直径为 5 mm 钢丝的一种楔紧式锚具,由钢锚圈和锥形锚塞组成。(　　)

(6)台座式千斤顶主要用于后张法张拉预应力筋,也可用于顶推、顶举及更换桥梁支座等施工。(　　)

(7)高压油泵按驱动方式分为手动和电动两种。(　　)

(8)波纹管的作用是在构件中进行预埋成孔,以便穿入预应力筋。(　　)

# 任务二　先张法施工

## 一、任务描述

根据先张法施工的相关知识和设计图纸,在勘探现场的情况下,能参与编制初步施工方案,能进行施工技术交底,能协助开展现场施工管理。

建议课时数:4。

## 二、相关知识

### (一)预应力钢筋混凝土与普通钢筋混凝土的区别

1. 受力破坏的时间点不同

图 6.2.1(a)所示是普通钢筋混凝土梁,在受荷载时,梁发生弯曲;当再加荷时,梁产生裂缝直至破坏。

图6.2.1(b)所示是预应力钢筋混凝土梁。在没有荷载时先在受拉区加一个压力,这个预先加的压力就是预应力。预加的压力使梁产生反拱,当梁受荷载时,梁回到平直状态,再增加荷载,则梁发生弯曲,当再增加荷载时梁才产生裂缝直到破坏。

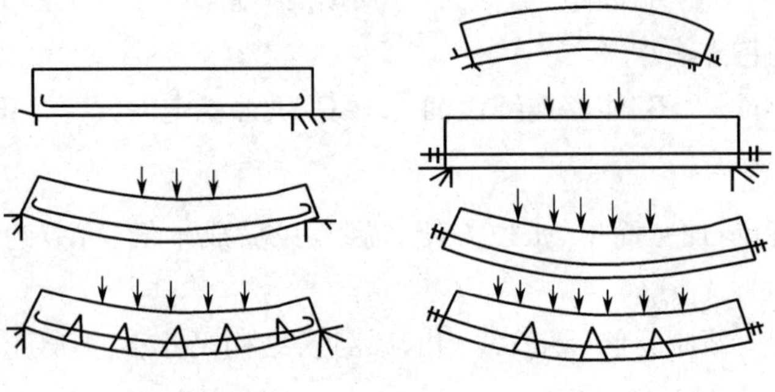

(a) (b)

**图6.2.1 梁受力弯曲示意**

(a)普通钢筋混凝土梁 (b)预应力钢筋混凝土梁

从破坏的时间点来说,前者早出现裂缝破坏,而后者不出现裂缝或推迟出现裂缝。

2. 预应力钢筋混凝土的优点

预应力钢筋混凝土与普通钢筋混凝土相比,有以下优点:

(1)提高了构件的抗裂度和刚度;

(2)增加了结构及构件的耐久性;

(3)结构自重轻,能用于大跨度结构;

(4)节约大量钢材,降低成本。

**(二)先张法施工**

先张法是在浇筑混凝土前张拉预应力筋,并将张拉的预应力筋临时锚固在台座或钢模上,然后浇筑混凝土,待混凝土强度至少达到设计强度的75%后,放松预应力筋,借助混凝土与预应力筋的黏结力,对混凝土施加预应力的一种施工工艺。

先张法一般适用于生产中小型构件,在固定的预制厂生产。

1. 工艺流程

先张法施工工艺流程如图6.2.2所示。

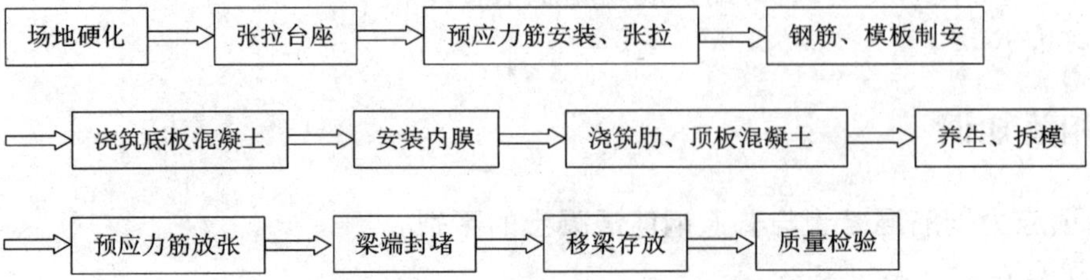


**图6.2.2 先张法施工工艺流程**

2. 施工要求

1)张拉台座

张拉台座是先张法生产预应力构件的操作平台,必须具备足够的强度、刚度和稳定性。按其构造可分为墩式台座和槽式台座两类。

Ⅰ. 墩式台座

墩式台座是由台面、承力架、横梁和定位钢板等组成,如图 6.2.3 和图 6.2.4 所示。它是靠自重力和土压力来平衡张拉力所产生的倾覆力矩,并靠土壤的反力和摩擦力来抵抗水平位移。

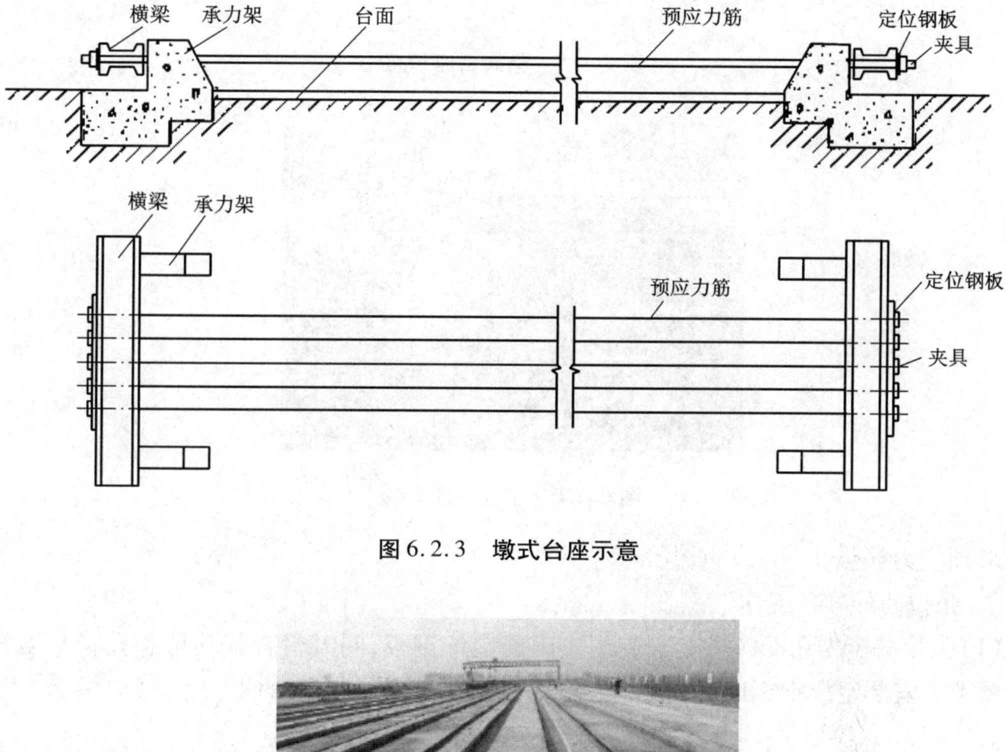


图 6.2.3　墩式台座示意

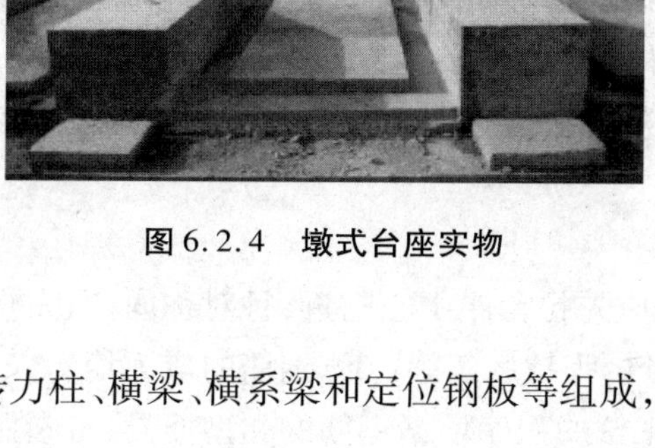

图 6.2.4　墩式台座实物

Ⅱ. 槽式台座

槽式台座是由台面、传力柱、横梁、横系梁和定位钢板等组成,如图 6.2.5 和图 6.2.6 所示。

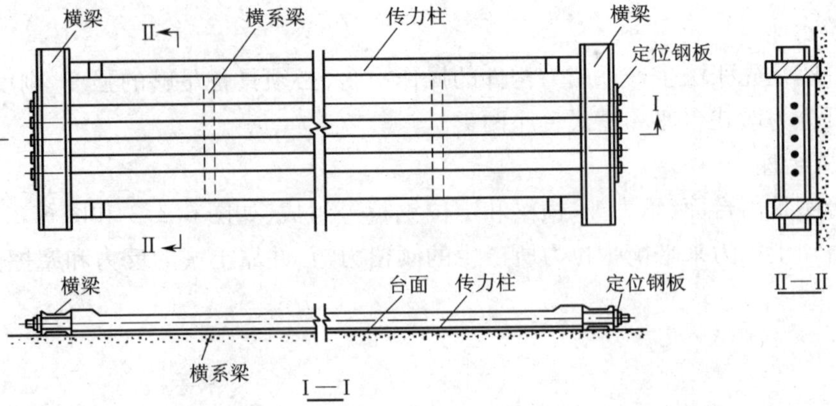


图 6.2.5 槽式台座示意

图 6.2.6 槽式台座实物

2）预应力筋张拉

Ⅰ.张拉前的准备工作

（1）张拉前应先在端横梁上安装预应力筋定位钢板，同时检查其孔位和孔径是否符合设计要求。安装定位钢板时，要保证最下层和最外侧预应力筋的混凝土保护层满足设计要求。

（2）预应力筋穿过端横梁和定位钢板后，将预应力筋临时固定于横梁上，穿筋时应保证预应力筋不被台面上的脱模剂污染。

（3）张拉设备的各个部件在张拉前应仔细检查，只有在一切无误的情况下才能开始张拉。

Ⅱ.张拉程序

（1）单根钢筋张拉时，应先拉台座中心附近，且对称向两边进行张拉；多根钢筋张拉时，必须使它们的初始长度一致，张拉后每根（束）钢筋的应力均匀。

（2）先张法预应力筋张拉的程序依据钢筋的类型而异，可参照表 6.2.1 执行。

**表 6.2.1　先张法预应力筋张拉程序**

| 预应力筋种类 | 张拉程序 |
|---|---|
| 钢筋 | 0→初应力→1.05$\sigma_{con}$（持荷 2 min）→0.9$\sigma_{con}$→$\sigma_{con}$（锚固） |
| 钢丝、钢绞线 | 0→初应力→1.05$\sigma_{con}$（持荷 2 min）→0→$\sigma_{con}$（锚固） |
| | 对于夹片式等具有自锚性能的锚具：<br>普通松弛力筋为 0→初应力→1.03$\sigma_{con}$（锚固）<br>低松弛力筋为 0→初应力→$\sigma_{con}$（持荷 2 min 锚固） |

注：1. $\sigma_{con}$为张拉时的控制预应力值，包括预应力损失值；

2. 超张拉数值超过规定的最大超张拉应力限值时，应按规定的限制张拉应力进行张拉；

3. 张拉钢筋时，为保证安全应在超张拉放张至 0.9$\sigma_{con}$时安装模板、普通钢筋及预埋件等。

（3）预应力筋张拉值的量测，如图 6.2.7 和图 6.2.8 所示。

图 6.2.7　预应力筋安装

图 6.2.8　预应力筋张拉值量测

3）预应力筋放张

放张顺序应符合设计要求，设计未规定时，应分阶段、对称、交错放张。

预应力钢筋放张的方法有千斤顶放松、砂筒放松等。

Ⅰ. 千斤顶放张

千斤顶放张如图 6.2.9 所示，张拉前在承力架与横梁之间各放置一个千斤顶，待混凝土达到规定放张强度后，两个千斤顶同时回油，使预应力筋慢慢回缩完成放松。

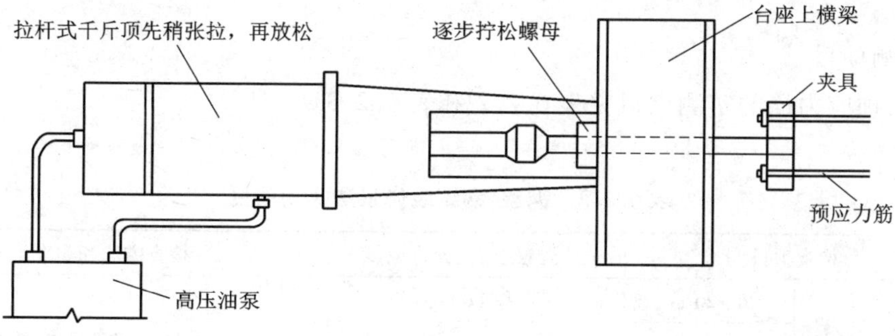


图 6.2.9　千斤顶放张示意

注意:用千斤顶放张时,应分数次完成,不可一次放张完成。

Ⅱ.砂筒放张

砂筒放张如图6.2.10所示,张拉前将砂筒放在台座承力架与横梁之间。预应力筋张拉时筒内砂子被压实,承担横梁的反力;放松时,打开出砂口,使砂子慢慢、均匀地流出,活塞徐徐顶入,直至张拉力放松为止。

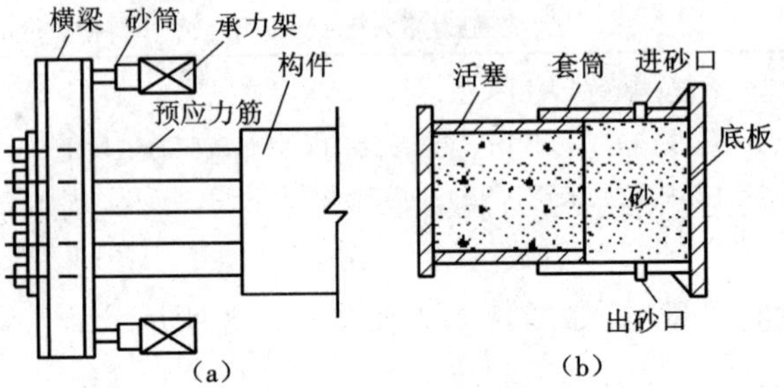


图6.2.10 砂筒放张示意

4)质量检验评定标准

Ⅰ.基本要求

(1)预应力筋的各项技术性能必须符合国家现行标准规定和设计要求。

(2)预应力束中的钢丝、钢绞线应梳理顺直,不得有缠绞、扭麻花现象,表面不应有损伤。

(3)单根钢绞线不允许断丝,单根钢筋不允许断筋或滑移。

(4)同一截面预应力筋接头面积不超过预应力筋总面积的25%,接头质量应满足施工技术规范的要求。

(5)预应力筋张拉或放张时混凝土强度和龄期必须符合设计要求,严格按照设计规定的张拉顺序进行操作。

(6)预应力钢丝采用镦头锚是时,镦头应圆整,不得有斜歪或破裂现象。

(7)千斤顶、油表、钢尺等器具应经检验校正。

(8)锚具、夹具和连接器应符合设计要求,按施工技术规范的要求经检验合格后方可使用。

Ⅱ.实测项目

先张法预应力筋的实测项目见表6.2.2和表6.2.3。

表6.2.2 钢丝、钢绞线先张法实测项目

| 项次 | 检查项目 | | 规定值或允许偏差 | 检查方法和频率 | 权值 |
|---|---|---|---|---|---|
| 1 | 镦头钢丝同束长度相对差/mm | $L>20$ m | $L/5\,000$ 及5 | 尺量:每批抽查2束 | 2 |
| | | 6 m$\leqslant L \leqslant$20 m | $L/3\,000$ | | |
| | | $L<6$ m | 2 | | |

续表

| 项次 | 检查项目 | 规定值或允许偏差 | 检查方法和频率 | 权值 |
|---|---|---|---|---|
| 2△ | 张拉应力值 | 符合设计要求 | 查油压表读数,每束 | 3 |
| 3△ | 张拉伸长率 | 符合设计规定,设计无规定时 ±6% | 尺量:每束 | 3 |
| 4 | 同一构件内断丝根数不超过钢丝总根数的百分数 | 1% | 目测:每根(束)检查 | 3 |

注:1. $L$ 为钢束长度;

2.“△”标识为关键项目(涉及结构安全和使用功能的重要实测项目)。

**表 6.2.3　粗钢筋先张法实测项目**

| 项次 | 检查项目 | 规定值或允许偏差 | 检查方法和频率 | 权值 |
|---|---|---|---|---|
| 1 | 冷拉钢筋接头在同一平面内的轴线偏位/mm | 2 及 1/10 直径 | 拉线用尺量:抽查 30% | 2 |
| 2 | 中心偏位/mm | 4% 短边及 5 | 尺量:全部 | 3 |
| 3 | 张拉应力值 | 符合设计要求 | 查油压表读数:全部 | 3 |
| 4 | 张拉伸长率 | 符合设计规定,无设计规定时 ±6% | 尺量:全部 | 3 |

## 三、任务实施

按照学生工作页学习情境六任务二“先张法施工”,完成本任务的实施。

## 四、课后练习

### (一)填空题

(1)张拉台座按其构造可分为________________两类。

(2)预应力钢筋放张的方法有________________等。

(3)当 $L>20$ m($L$ 为钢束长度)时,镦头钢丝同束长度相对差的允许偏差为________。

### (二)选择题

(1)墩式台座是由(　　)等组成。

A. 台面　　B. 承力架　　C. 横梁　　D. 定位钢板

(2)槽式台座是由(　　)等组成。

A. 台面　　B. 传力柱　　C. 横梁、横系梁　　D. 定位钢板

(3)张拉伸长率的允许偏差,应符合设计规定,设计无规定时(　　)%。

A. ±5　　B. ±6　　C. ±7　　D. ±8

### (三)判断题

(1)单根钢筋张拉时,应先拉台座中心附近,且对称向两边进行张拉;多根钢筋张拉时,必须使它们的初始长度一致,张拉后每根(束)钢筋的应力均匀。　(　　)

(2)张拉钢筋时,为保证安全应在超张拉放张至 $0.9\sigma_{con}$ 时安装模板、普通钢筋及预埋件

等。 (　　)

(3)预应力筋放张顺序应符合设计要求,设计未规定时,应分阶段、对称、交错放张。 (　　)

(4)预应力束中的钢丝、钢绞线应梳理顺直,不得有缠绞、扭麻花现象,表面损伤面积不得超过25%。 (　　)

(5)同一截面预应力筋接头面积不超过预应力筋总面积的50%,接头质量应满足施工技术规范的要求。 (　　)

**(四)简答题**

(1)简述预应力钢筋混凝土与普通钢筋混凝土相比有哪些优点。

(2)简述先张法施工工艺流程。

(3)简述先张法施工的张拉程序。

# 任务三　后张法施工

## 一、任务描述

根据后张法施工的相关知识和设计图纸,在勘探现场的情况下,能参与编制初步施工方案,能进行施工技术交底,能协助开展现场施工管理。

建议课时数:4。

## 二、相关知识

后张法制作预应力混凝土构件,一般在施工现场进行。后张法是先制作钢筋混凝土构件,在浇筑混凝土之前,按预应力筋的设计位置预留孔道(直线形或曲线形),待混凝土强度至少达到设计强度的75%后,将预应力筋穿入孔道,并利用构件本身作为张拉台座张拉预应力筋,张拉后用锚具牢固地将预应力筋锚于构件上,然后进行孔道压浆并浇筑封闭锚具的混凝土,混凝土因有锚具传递压力而得到预压应力。

**(一)工艺流程**

后张法施工工艺流程如图6.3.1所示。

**(二)预留孔道**

在构件中预留孔道的主要目的是穿预应力钢筋(束)及张拉锚固后灌浆。

1.预留孔道的基本要求

(1)孔道直径应保证预应力筋(束)能顺利穿过。

(2)孔道应按设计要求的位置、尺寸埋设准确、牢固,浇筑混凝土时不应出现移位和变形。

(3)在设计规定位置上留设灌浆孔。

(4)在曲线孔道的曲线波峰部位应设置排气兼泌水管,必要时可在最低点设置排水管。

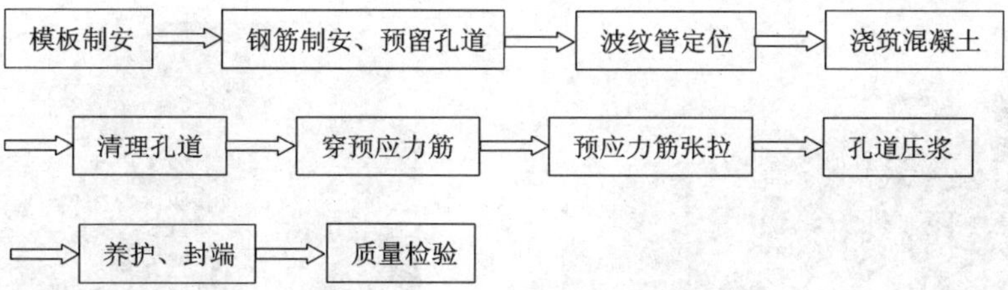


图6.3.1 后张法施工工艺流程

(5)灌浆孔及泌水管的孔径应能保证浆液畅通。

2. 预留孔道的方法

预留孔道的方法有钢管抽芯法、胶管抽芯法和预埋管法等。

1)钢管抽芯法

预先将平直、表面圆滑的钢管埋设在模板内的预应力筋孔道位置上,在浇筑混凝土后及拔管前,间隔一定时间要缓慢匀速地转动钢管;待混凝土初凝后、终凝前,用卷扬机匀速拔出钢管,即在构件中形成孔道。箱形梁底板预留孔道如图 6.3.2 所示。

2)胶管抽芯法

胶管采用 5 ~7 层帆布夹层,壁厚 6 ~7 mm 的普通橡胶管,用于直线、曲线或折线孔道成型。胶管一端密封,另一端接上阀门,安放在孔道设计位置上;待混凝土初凝后、终凝前,将胶管阀门打开放水(或放气)降压,胶管回缩与混凝土自行脱落。一般按先上后下、先曲后直的顺序将胶管抽出。箱形梁侧板预留孔道如图 6.3.3 所示。

图6.3.2 箱形梁底板预留孔道

图6.3.3 箱形梁侧板预留孔道

3)预埋管法

预埋管法是用钢筋井字架将黑铁皮管、薄钢管或金属螺旋管固定在设计位置上,在混凝土构件中埋管成型的一种施工方法,适用于预应力筋密集或曲线预应力筋的孔道埋设。T 形梁预留孔道如图 6.3.4 所示,T 形梁梁端预留孔道如图 6.3.5 所示。

**(三)预应力筋张拉**

1. 预应力筋的张拉方法

(1)对于曲线预应力筋和长度大于 24 m 的直线预应力筋,应采用两端同时张拉的方法;长度等于或小于 24 m 的直线预应力筋,可一端张拉,但张拉端宜分别设置在构件两端。

(2)对预埋波纹管孔道曲线预应力筋和长度大于 30 m 的直线预应力筋宜在两端张拉,

图6.3.4 T形梁预留孔道

图6.3.5 T形梁梁端预留孔道

长度等于或小于30 m的直线预应力筋可在一端张拉。

(3)安装张拉设备时,对于直线预应力筋,应使张拉力的作用线与孔道中心线重合;对于曲线预应力筋,应使张拉力的作用线与孔道中心线末端的切线方向重合。

2. 预应力筋的张拉程序

预应力筋的张拉控制应力应符合设计要求,施工时预应力筋需超张拉,可比设计要求提高3% ~5%。

(1)穿筋成束的预应力筋将一头对齐,按顺序编号套在穿束器上。

(2)预应力筋张拉顺序应按设计规定进行;如设计无规定,应采取分批分阶段对称进行。

(3)平卧重叠浇筑的预应力混凝土构件,张拉预应力筋的顺序是先上后下逐层进行。

(4)预应力筋的张拉程序,主要根据构件类型、张锚体系、松弛损失取值等因素确定。

(5)张拉程序可参照表6.3.1执行。

表6.3.1 后张法预应力筋张拉程序

| 预应力筋种类 | | 张拉程序 |
|---|---|---|
| 钢筋、钢筋束 | | 0→初应力→1.05$\sigma_{con}$(持荷2 min)→$\sigma_{con}$(锚固) |
| 钢绞线束 | 对于夹片式等具有自锚性能的锚具 | 普通松弛力筋为0→初应力→1.03$\sigma_{con}$(锚固)<br>低松弛力筋为0→初应力→$\sigma_{con}$(持荷2 min锚固) |
| | 其他锚具 | 0→初应力→1.05$\sigma_{con}$(持荷2 min)→$\sigma_{con}$(锚固) |
| 钢丝束 | 对于夹片式等具有自锚性能的锚具 | 普通松弛力筋为0→初应力→1.03$\sigma_{con}$(锚固)<br>低松弛力筋为0→初应力→$\sigma_{con}$(持荷2min锚固) |
| | 其他锚具 | 0→初应力→1.05$\sigma_{con}$(持荷2min)→0→$\sigma_{con}$(锚固) |
| 精轧螺纹钢筋 | 直线配筋时 | 0→初应力→$\sigma_{con}$(持荷2min锚固) |
| | 曲线配筋时 | 0→$\sigma_{con}$(持荷2min)→0(上述程序可反复几次)<br>→初应力→$\sigma_{con}$(持荷2min锚固) |

注:1. $\sigma_{con}$为张拉时的控制应力值,包括预应力损失值;

2. 两端同时张拉时,两端千斤顶升降压、画线、测伸长、插垫等工作应基本一致;

3. 梁的竖向预应力筋可一次拉到控制应力,然后于持荷5 min后测伸长和锚固。

预应力筋张拉、量测,如图6.3.6至图6.3.9所示。

图 6.3.6　T 形梁预制成型

图 6.3.7　T 形梁端头凿毛

图 6.3.8　T 形梁预应力张拉

图 6.3.9　张拉值量测

3. 张拉安全注意事项

(1)在张拉构件的两端应设置保护装置,如用麻袋、草包装土筑成土墙,以防止螺帽滑脱、钢筋断裂飞出伤人。

(2)在张拉操作中,预应力筋的两端严禁站人,操作人员应在侧面工作。

**(四)孔道压浆**

钢筋张拉完毕后,立即进行孔道灌浆,孔道内水泥浆应饱满、密实。

1. 作用

(1)保护预应力筋,防止锈蚀。

(2)使预应力筋与构件混凝土有效黏结。

(3)控制超载时裂缝的间距与宽度,并减轻构件两端锚具的负荷状况。

2. 技术要求

(1)水泥浆:水泥≥32.5 MPa,水灰比不应 >0.45,水泥浆强度不应 <30 N/mm$^2$。

(2)外加剂:减水剂(0.25% 木质素磺酸钙)、膨胀剂(0.05% 铝粉)。

(3)压浆顺序:先下后上,缓慢均匀,不得中断。

3. 注意事项

(1)预应力筋张拉后,应尽快用灰浆泵将水泥浆压灌到预应力孔道中去。

(2)灌浆用水泥浆应有足够的黏结力,且应有较大的流动性,较小的干缩性和泌水性。

(3)灌浆前,用压力水冲洗和湿润孔道。

(4)灌浆顺序应先下后上,以免上层孔道漏浆把下层孔道堵塞。

(5)灌浆工作应缓慢均匀连续进行,不得中断。

**(五)封端**

封端如图6.3.10至图6.3.13所示。

图6.3.10　T形梁封锚前清理

图6.3.11　T形梁封锚前扎筋

图6.3.12　箱形梁梁端清理

图6.3.13　箱形梁梁端封端

封端是将箱形梁端头外露的预应力筋、锚具用混凝土保护起来,并且成为梁体的组成部位。当箱形梁吊运至梁底座后,即可用切割机将露在工作锚盘外的预应力筋割除(注意应留出2~3 cm的锚前预应力筋),之后焊接封端钢筋、安装模板、浇筑混凝土。在此施工中需注意以下问题:

(1)封端前应先把梁端清理干净,清除锚垫板上的灰浆,梁端混凝土断面要凿毛;

(2)检验箱形梁长度等尺寸,混凝土浇筑后应安排洒水养护。

### (六)质量检验评定标准

1. 基本要求

除满足先张法的相关要求外,还需满足以下要求。

(1)制孔管道应安装牢固、接头密合、弯曲圆顺,锚垫板平面应与孔道轴线垂直。

(2)压浆工作在5 ℃以下进行时,应采取防冻或保温措施。

(3)孔道压浆的水泥浆性能和强度应符合施工技术规范要求,压浆时排气、排水孔应有水泥原浆溢出后方可封闭。

(4)按设计要求浇筑封锚混凝土。

2. 实测项目

后张法预应力筋的实测项目见表6.3.2。

**表6.3.2 后张法预应力筋的实测项目**

| 项次 | 检查项目 | | 规定值或允许偏差 | 检查方法和频率 | 权值 |
|---|---|---|---|---|---|
| 1 | 管道坐标/mm | 梁长方向 | ±30 | 尺量:抽查30,每根查10个点 | 2 |
| | | 梁高方向 | ±10 | | |
| 2 | 管道间距/mm | 同排 | 10 | 尺量:抽查30%,每根查5个点 | 1 |
| | | 上下层 | 10 | | |
| 3△ | 张拉应力值 | | 符合设计要求 | 查油压表读数:全部 | 4 |
| 4△ | 张拉伸长率 | | 符合设计规定,无设计规定时±6% | 尺量:全部 | 3 |
| 5 | 断丝滑丝数 | 钢束 | 每束1根,且每断面不超过钢丝总数的1% | 目测:每根(束) | 3 |
| | | 钢筋 | 不允许 | | |

注:"△"标识为关键项目(涉及结构安全和使用功能的重要实测项目)。

## 三、任务实施

按照学生工作页学习情境六任务三"后张法施工",完成本任务的实施。

## 四、课后练习

### (一)填空题

(1)在构件中预留孔道的主要目的是________________________________。

(2)对于曲线预应力筋和长度大于__________m的直线预应力筋,应采用两端同时张拉的方法;长度等于或小于________m的直线预应力筋,可一端张拉,但张拉端宜分别设置在构件两端。

(3)对预埋波纹管孔道曲线预应力筋和长度大于__________m的直线预应力筋宜在两端张拉,长度等于或小于__________m的直线预应力筋可在一端张拉。

(4)封端是将箱形梁端头外露的____________________用混凝土保护起来,并且成为梁体的组成部位。

(5)孔道压浆的水泥浆性能和强度应符合要求，压浆时________________应有水泥原浆溢出后方可封闭。

**(二)选择题**

(1)预留孔道的方法有(　　)等。

A. 钢管抽芯法　　B. 胶管抽芯法　　C. 预埋管法　　D. 预埋花管法

(2)预应力筋的张拉控制应力应符合设计要求，施工时预应力筋需超张拉，可比设计要求提高(　　)。

A. 1% ~3%　　B. 2% ~4%　　C. 3% ~5%　　D. 4% ~6%

(3)孔道压浆工作在(　　)℃以下进行时，应采取防冻或保温措施。

A. 3　　B. 4　　C. 5　　D. 6

(4)后张法预应力筋，梁长方向管道坐标的允许偏差为(　　)mm，梁高方向管道坐标的允许偏差为(　　)mm。

(5)后张法预应力筋，同排管道间距的允许偏差为(　　)mm，上下层管道间距的允许偏差为(　　)mm。

**(三)判断题**

(1)预埋管法适用于预应力筋密集或曲线预应力筋的孔道埋设。(　　)

(2)钢筋、钢筋束的张拉程序：0→初应力→1.03$\sigma_{con}$(持荷 2 min)→$\sigma_{con}$(锚固)。(　　)

(3)在张拉操作中，预应力筋的两端严禁站人，操作人员应在侧面工作。(　　)

(4)钢筋张拉完毕后，立即进行孔道灌浆，孔道内水泥浆应饱满、密实。(　　)

(5)制孔管道应安装牢固、接头密合、弯曲圆顺，锚垫板平面与孔道轴线可以垂直，也可以不垂直。(　　)

**(四)简答题**

(1)简述后张法施工工艺流程。

(2)简述预留孔道的基本要求。

(3)简述后张法施工预应力筋的张拉程序。

(4)简述孔道压浆的作用。

(5)简述孔道压浆的注意事项。

# 学习情境七　涵洞施工

## 一、能力目标

(1)能叙述圆管涵、箱涵、盖板涵和拱涵的构造、特征和施工工艺流程。
(2)能根据施工图纸,参与涵洞施工方案编制。
(3)能根据施工方案,协助开展现场施工管理。

## 二、知识目标

(1)掌握圆管涵施工工艺流程、施工要求和质量检验评定标准。
(2)熟悉箱涵和盖板涵施工工艺流程、施工要点和质量检验评定标准。
(3)了解拱涵施工工艺流程、拱圈施工要点和质量检验评定标准。

## 三、内容结构图

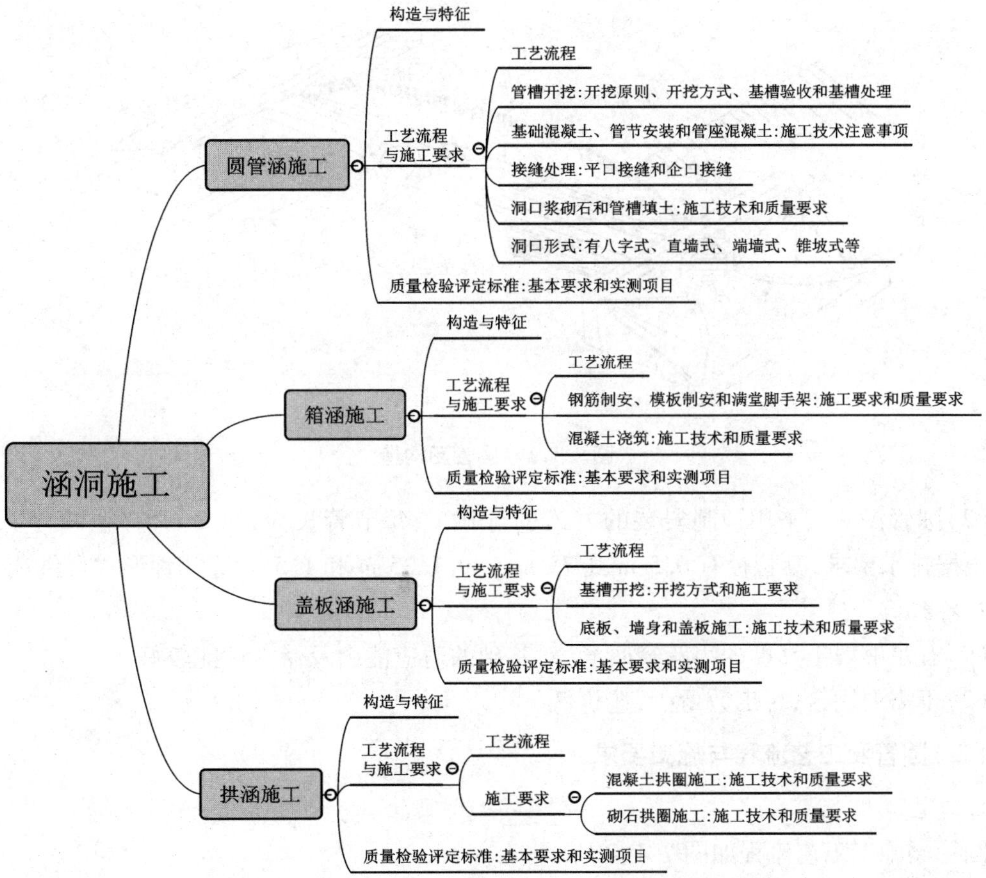

# 任务一　圆管涵施工

## 一、任务描述

根据圆管涵施工的相关知识和设计图纸，在勘探现场的情况下，能参与编制初步施工方案，能进行施工技术交底，能协助开展现场施工管理。

建议课时数：4。

## 二、相关知识

### （一）圆管涵构造与特征

圆管涵通常采用钢筋混凝土的结构形式，为适应路基的适度变形，目前也有采用波纹管的形式。本书仅就钢筋混凝土圆管涵进行叙述。

1. 构造

（1）圆管涵主要由管身、基础、接缝及防水层组成。各部分构造如图 7.1.1 所示。

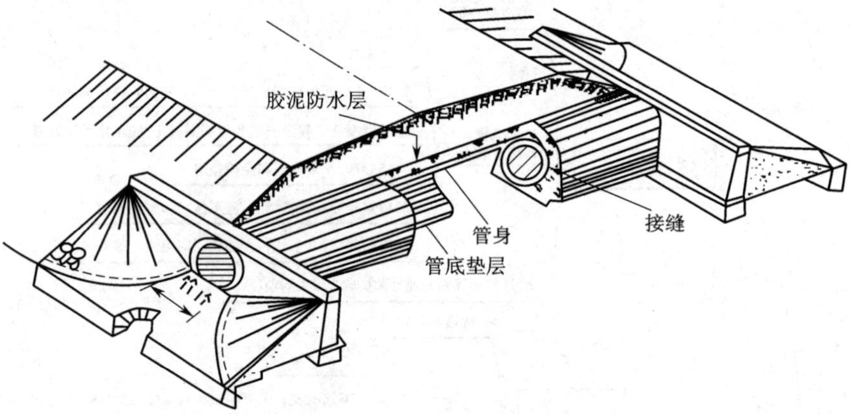


图 7.1.1　圆管涵构造

（2）圆管涵一般采用预制安装的方式进行施工，每节管长为 1 ~ 2 m，有平口与企口之分。根据排水要求，其管径有 0.5 m、0.75 m、1 m、1.25 m 和 1.5 m 等几种形式可供选择。

2. 特征

（1）有足够填土高度的小跨径暗涵，对基础的适应能力及受力性能较好。

（2）不需要墩台，圬工数量少，造价低。

### （二）圆管涵工艺流程与施工要求

1. 工艺流程

圆管涵施工工艺流程如图 7.1.2 所示。

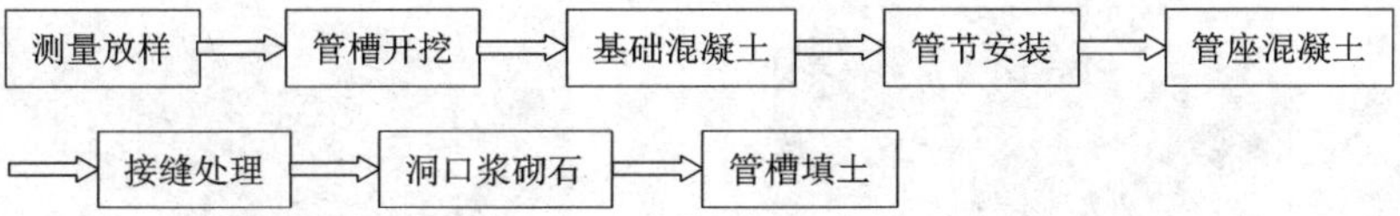


图 7.1.2 圆管涵施工工艺流程

2. 施工要求

1）测量放样

依据施工图纸测放管槽的开挖中心线及结构边线，并根据地形、土质和开挖深度的具体情况，调整管槽的开挖边线，经复核无误后，向监理单位提交报验单，合格后才可进行管槽的开挖。

2）管槽开挖

Ⅰ. 开挖原则

大方量采用机械开挖，小方量或不宜采用机械开挖的采取人工开挖。如采取机械开挖的方式，在挖至距设计基底标高还差 20～30 cm 时，应采取人工开挖并修整到设计标高，以免扰动地基土层结构。

Ⅱ. 开挖方式

具体采用何种开挖方式，应根据施工组织设计（或施工方案）拟定的管槽的开挖方式确定。管槽开挖后的形状，如图 7.1.3 所示。

Ⅲ. 基槽验收

基槽开挖完毕后，在自检合格的基础上，应及时向监理单位申请验槽，经监理单位组织各方验收合格后，才可进行下一道工序的施工。如地基承载力不满足设计要求，则应按设计变更单的具体要求进行处理。

Ⅳ. 基槽处理

常用的基槽处理方法有换土法、强夯法、砂袋法和水泥搅拌桩法等。具体采用何种处理方法，需要根据土质结构情况和设计的变更图纸进行。

3）基础混凝土

（1）在基础混凝土的下层，有时因土质问题，设计图纸往往设置碎石垫层，如图 7.1.4 所示。

（2）基础混凝土的宽度、厚度和强度等级均按设计要求进行施工。

（3）混凝土用插入式振捣器振捣后，再用平板式振捣器振平，然后再人工用木抹子抹平；待混凝土初凝后，用高压水枪冲毛，以便与管座混凝土接触面良好结合。

4）管节安装

（1）铺管前应复核基础混凝土顶面高程，测定管节中心线，管道两侧腋窝位置应设置垫块予以临时固定，如是企口管，则还需注意如下几点：

①排管顺序，应自下游排向上游，承口向上游方向，插口向下游方向；

②防水涂料，清除管节承口内表和插口外表的油污、杂物，橡胶圈周围应均匀涂抹防水涂料，以防渗水。

图 7.1.3　管槽开挖

图 7.1.4　碎石垫层

(2)铺管时,将管节平稳吊下,防止管节接口受损,然后人工辅助平移到接口处,并调整好管节的标高和轴线,并用水平尺对接头处进行检查,做到相邻管节的接缝宽度不大于1 cm。如是企口管,则用紧管设备将管子的插口慢慢插入承口,在承插管子的过程中,管节仍需悬吊着,以降低紧管时的拉力,管节拉紧后,调整管子的轴线和标高,然后用管枕击实。管节插入时,应避免橡胶圈出现扭曲、脱槽等现象。管节安装如图 7.1.5 所示。

5)管座混凝土

管座混凝土有 120°、135°、180°和 360°等几种包管形式。采用何种包管形式,要看设计图纸的具体要求。

Ⅰ.模板制安

可采用钢模板(或胶合板)就地立模,并设置水平和斜向支撑予以加固,使其稳定,以平衡混凝土入仓和振捣时所产生的侧向压力,如图 7.1.6 所示。

图 7.1.5　管节安装

图 7.1.6　模板制安

Ⅱ.混凝土浇筑

混凝土采用拌和场集中拌制、混凝土输送车运输和混凝土输送泵泵送入仓的方式进行浇筑,也可采用现场搅拌机拌和、手推车运输和通过溜槽入仓的方式进行浇筑,这需结合施工现场的具体情况而定;振捣采用插入式振动器进行振捣密实,同时特别要注意管道两侧腋窝处是否存在漏振或空洞现象,做最好采取薄层铺筑、人工喂料和随铺随振的方式进行浇筑。管座混凝土如图 7.1.7 所示。

6）接缝处理

Ⅰ.平口接缝

先用沥青麻絮填塞管节接缝，再用15 cm宽沥青油毡包缠两层；之后绑上铅丝，用水泥砂浆抹平、压实；最后充分养生，以防开裂或脱落。接缝处理如图7.1.8所示。

图7.1.7　**管座混凝土（180°包管）**

图7.1.8　**接缝处理**

Ⅱ.企口接缝

先在圆管的外表面和套环的内表面涂刷沥青涂层，以增强其黏性；再用沥青麻絮和沥青砂先后填塞所有接缝，使其稳固。

7）洞口浆砌石

洞口浆砌石，如图7.1.9和图7.1.10所示。

图7.1.9　**洞口八字墙砌石**

图7.1.10　**洞口实景**

（1）砌筑前，应将实验室提供的砂浆配合比换算成施工配合比，要求配料准确、拌和均匀；同时浇水湿润石块，并冲净表面泥土等杂物。

（2）采取从下到上、分层坐浆砌筑，石块应大面朝下，石块与石块之间应用小石块拌砂浆挤压密实，做到丁顺相间、咬合牢固、上下错缝、砂浆饱满。

（3）外露面应选用较平整的石块进行砌筑，砌筑上层块时应避免振动下层砌块。

（4）墙顶抹面前，需先将墙顶上的泥土杂物清扫干净并洒水湿润，再根据设计厚度进行铺浆抹面，要做到线条直顺、棱角分明。

（5）勾缝嵌入砌缝内的深度不得小于20 mm，做到表面平整美观，勾缝平顺、无脱落，缝宽大体一致，待砂浆初凝后，进行洒水养护，养护时间不少于7 d。

8)管槽填土

管槽填土如图 7.1.11 所示。

图 7.1.11 管槽填土

(1)涵洞完成后,当砌体砂浆或混凝土强度达到设计强度后,即可进行台背填土。填土前,采用机械配合人工方式清除表层垃圾,现场清理完成后进行填前碾压,使其密实度达到设计要求。如遇到地下水位较高,无法排干,可在水位线以下部分填筑砂卵石或级配碎石等。

(2)填土前,在墙背上按 15 cm 间距划出每层填土标志线,并建立台背回填记录卡,以此来控制填土施工。

(3)土料的选择应满足设计要求。回填时,应在涵管两侧不小于 2 倍孔径范围内同时填土,且均匀上升;每层回填厚度控制在 15 cm 左右,并用小型压实机分层、对称压实至设计要求的密实度;对一些边沿死角部位应进行人工夯实。严禁单侧回填,以免混凝土管产生位移。

(4)在管顶 50 cm 高度范围内填土时,严禁压路机开震作业,应采取每层 15 cm 进行静压多遍,使其压实度满足设计要求。

(5)填土压实度要求达到 96%(或设计要求),检查频率为每 50 $m^2$ 检查一点,不足 50 $m^2$ 时按 50 $m^2$ 计,对不合格的必须重新碾压,直至合格。

**(三)质量检验评定标准**

1. 基本要求

(1)管身顺直,进出水口、洞身、沟槽等衔接平顺,无阻水现象。

(2)帽石、一字墙或八字墙等平直,与路线边坡、线形匹配,棱角分明。

(3)涵洞处路面平顺,无跳车现象。

(4)外露混凝土表面平整、颜色一致。

(5)管壁顺直,接缝平整,填缝饱满。

2. 实测项目

管涵实测项目见表 7.1.1。

表 7.1.1 管涵实测项目

| 项次 | 检查项目 | | 规定值或允许偏差 | 检查方法和频率 | 权值 |
|---|---|---|---|---|---|
| 1 | 轴线偏位/mm | | 明涵 20，暗涵 50 | 经纬仪：检查 2 处 | 2 |
| 2△ | 流水面高程/mm | | ±20 | 水准仪、尺量：检查洞口 2 处，拉线检查中间 1 ~ 2 处 | 3 |
| 3 | 涵底铺砌厚度/mm | | +40，-10 | 尺量：检查 3 ~ 5 处 | 1 |
| 4 | 长度/mm | | +100，-50 | 尺量：检查中心线 | 1 |
| 5△ | 孔径/mm | | ±20 | 尺量：检查 3 ~ 5 处 | 3 |
| 6 | 净高/mm | | 明涵 ±20，暗涵 ±50 | 尺量：检查 3 ~ 5 处 | 1 |
| 7△ | 管座或垫层混凝土强度 | | 在合格标准内 | 混凝土试件强度 | 3 |
| 8 | 管座或垫层宽度、厚度 | | ≥设计值 | 尺量：抽查 3 个断面 | 2 |
| 9 | 相邻管节底面错台/mm | 管径≤1 m | 3 | 尺量：检查 3 ~ 5 个接头 | 2 |
| | | 管径 >1 m | 5 | | |

注："△"标识为关键项目（涉及结构安全和使用功能的重要实测项目）。

【知识链接】

## 涵洞的分类与洞口形式

1. 涵洞的分类

（1）按构造形式分类，有圆管涵、箱涵、盖板涵和拱涵等。

（2）按洞顶有无覆盖土分类，有明涵和暗涵等。（暗涵是指洞顶填土厚度大于 50 cm 的涵洞）

2. 涵洞的洞口形式

涵洞的洞口由端墙、翼墙（或护坡）、截水墙和缘石等组成部分。

常用的涵洞洞口形式有八字式、直墙式、端墙式、锥坡式等。

1）八字式洞口

八字式洞口如图 7.1.12 和图 7.1.13 所示。八字式洞口建筑为敞开斜置，两边八字形翼墙墙身高度随路堤的边坡而变。为缩短翼墙长度并便于施工，将其端部建为矮墙。八字翼墙配合路基边坡设置，工作量较小，水力性能好，施工简单，造价较低，因而是常用的洞口形式。

2）直墙式洞口

直墙式洞口如图 7.1.14 和图 7.1.15 所示。直墙式可视为敞开口为 0 °角的八字式洞口，适用于净宽窄且与涵洞宽度一样的渠道。因翼墙短，造价低，多与消力池配置适用。

3）端墙式洞口

端墙式洞口如图 7.1.16 和图 7.1.17 所示。端墙式为垂直涵洞纵轴线、部分挡住路堤边坡的矮墙，墙身高度由涵前高度而定，若兼作路基挡土墙，应按挡土墙需要的高度确定。端墙式洞口构造简单，但水力性能不好，适用于流速较小的人工渠道或不易受冲刷影响的岩石河沟上。

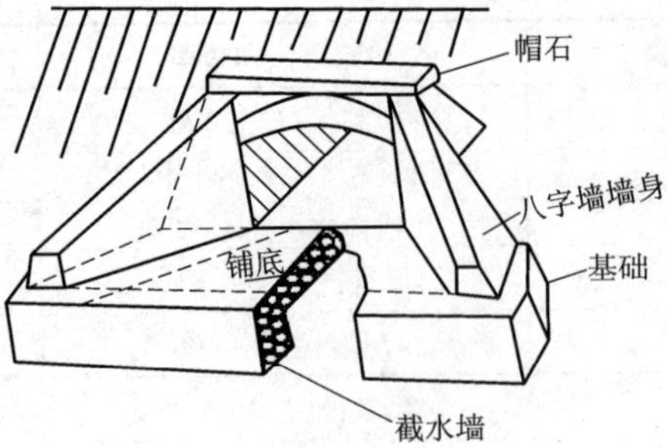


图 7.1.12 八字式洞口示意

图 7.1.13 八字式洞口实物

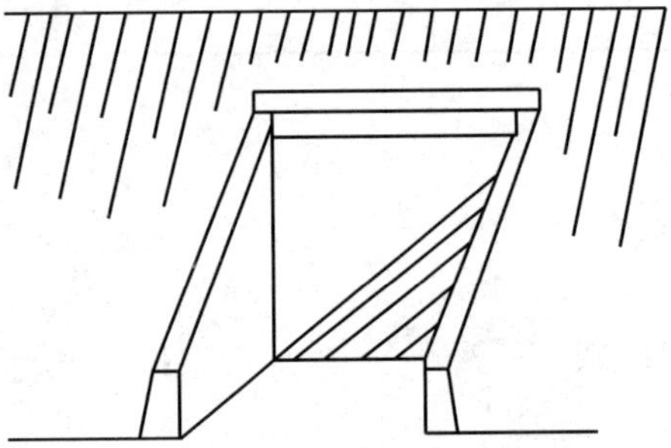

图 7.1.14 直墙式洞口示意

图 7.1.15 直墙式洞口实物

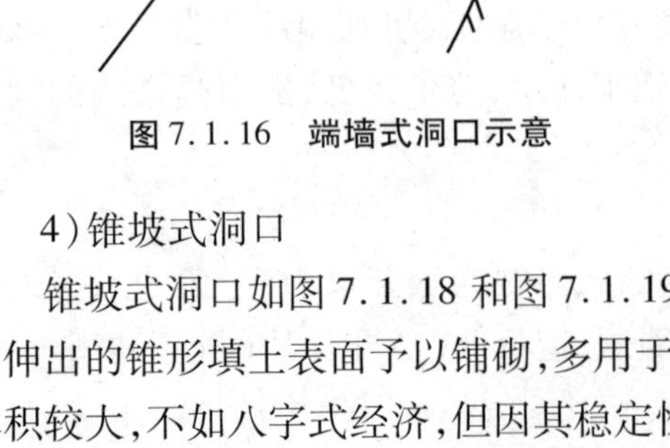

图 7.1.16 端墙式洞口示意

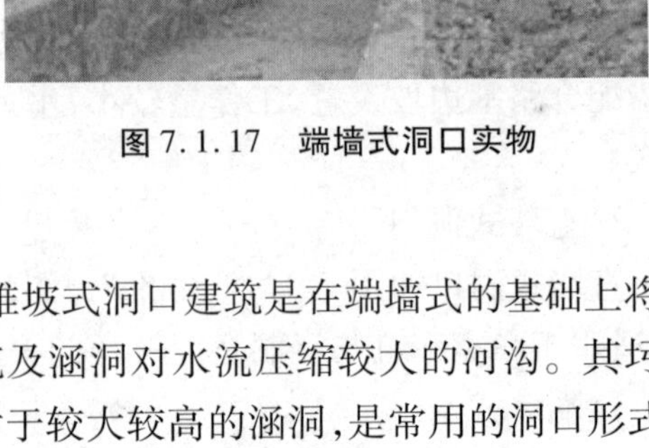

图 7.1.17 端墙式洞口实物

4）锥坡式洞口

锥坡式洞口如图 7.1.18 和图 7.1.19 所示。锥坡式洞口建筑是在端墙式的基础上将侧向伸出的锥形填土表面予以铺砌，多用于宽浅河流及涵洞对水流压缩较大的河沟。其圬工体积较大，不如八字式经济，但因其稳定性较好，对于较大较高的涵洞，是常用的洞口形式。

## 三、任务实施

按照学生工作页学习情境七任务一“圆管涵施工”，完成本任务的实施。

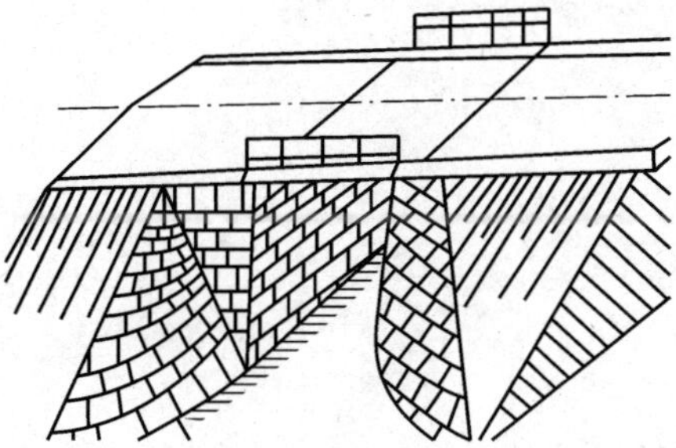
图 7.1.18 锥坡式洞口示意

图 7.1.19 锥坡式洞口实物

## 四、课后练习

### (一)填空题

(1)圆管涵管口接缝的形式有＿＿＿＿＿＿＿＿＿＿＿＿。

(2)涵洞按构造形式分,有＿＿＿＿＿＿＿＿＿＿＿＿＿＿＿＿＿＿＿＿等。

(3)涵洞按洞顶有无覆盖土分,有＿＿＿＿＿＿＿＿＿＿＿＿＿＿＿等。

(4)涵洞的洞口由＿＿＿＿＿＿＿＿＿＿＿＿＿＿＿＿＿＿＿＿等组成部分。

(5)直墙式洞口形式适用于＿＿＿＿＿＿＿＿＿＿＿＿＿＿＿＿＿＿＿＿＿＿。

### (二)选择题

(1)圆管涵主要由(　　)组成。

A. 管身　　B. 基础　　C. 接缝　　D. 防水层

(2)常用的基槽处理方法有(　　)等。

A. 换土法　　B. 强夯法　　C. 砂袋法　　D. 水泥搅拌桩法

(3)管座混凝土有(　　)等几种包管形式

A. 120°　　B. 135°　　C. 180°　　D. 360°

(4)对管道两侧腋窝处的混凝土浇筑,最好采取(　　)的方式进行浇筑。

A. 薄层铺筑　　B. 人工喂料　　C. 机械喂料　　D. 随铺随振

(5)常用的涵洞洞口形式有(　　)等。

A. 八字式　　B. 直墙式　　C. 端墙式　　D. 锥坡式

### (三)判断题

(1)有足够填土高度的小跨径暗涵对基础的适应能力及受力性能较好。(　　)

(2)排管顺序应自下游排向上游,承口向下游方向,插口向上游方向。(　　)

(3)明涵轴线偏位的允许偏差为 50 mm。(　　)

(4)暗涵轴线偏位的允许偏差为 20 mm。(　　)

(5)八字翼墙是常用的洞口形式。(　　)

(6)锥坡式洞口形式适用于流速较小的人工渠道或不易受冲刷影响的岩石河沟。(　　)

(7)端墙式洞口形式多用于宽浅河流及涵洞对水流压缩较大的河沟。 (　　)

**(四)简答题**

(1)简述圆管涵施工工艺流程。

(2)简述圆管涵管槽填土的施工技术要求。

(3)简述圆管涵管节安装的施工技术要求。

# 任务二　箱涵施工

## 一、任务描述

根据箱涵施工的相关知识和设计图纸,在勘探现场的情况下,能参与编制初步施工方案,能进行施工技术交底,能协助开展现场施工管理。

建议课时数:4。

## 二、相关知识

### (一)箱涵构造与特征

1. 构造

(1)箱涵主要由钢筋混凝土涵身、翼墙、基础和变形缝等部分组成。各部分构造如图7.2.1所示。

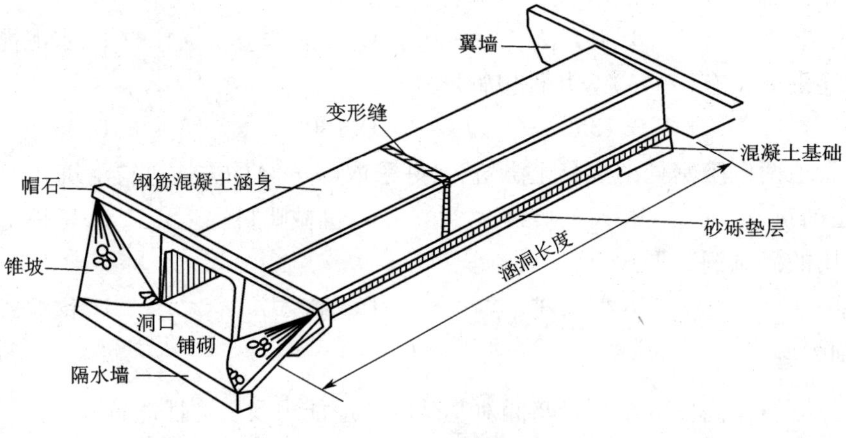


**图 7.2.1　箱涵构造**

2. 特征

整体性强,抗震性能好,但用钢量多、造价高、施工较困难。

### (二)箱涵工艺流程与施工要求

1. 工艺流程

(1)箱涵施工工艺流程如图 7.2.2 所示。

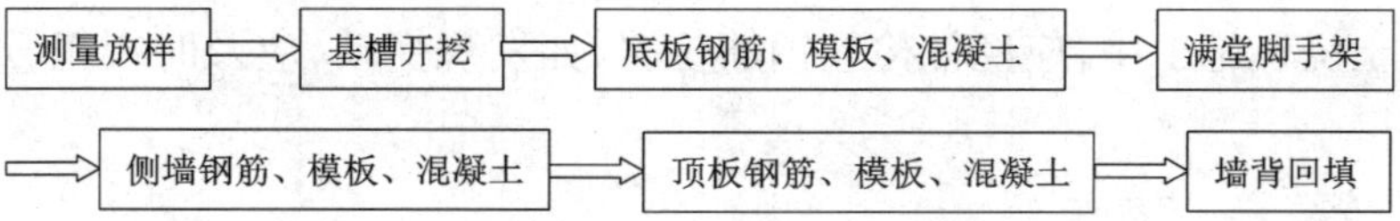


图 7.2.2 箱涵施工工艺流程

(2)箱涵涵身的施工程序。以涵身的沉降缝(或伸缩缝)为界,拟采取分段、分层浇筑的方式进行施工。涵身侧墙每段分两层浇筑完成,即绑扎底板钢筋后立模浇筑混凝土至底板内壁以上 30 cm 位置;然后搭设满堂脚手架,立涵身侧墙内侧模板和顶板底模板,绑扎侧墙钢筋后立涵身外侧模板,内、外侧模板加固后,自下而上、对称、分层地浇筑混凝土至箱涵顶面标高,混凝土浇筑后采用草袋浇水养护,混凝土达到设计强度后方才拆除模板。

2. 施工要求

测量放样、基槽开挖和墙背回填,参见“圆管涵施工”相关内容。下面仅就钢筋制安、模板制安、满堂脚手架及混凝土浇筑进行叙述。

1)钢筋制安

钢筋制安如图 7.2.3 和图 7.2.4 所示。

图 7.2.3 侧墙钢筋绑扎

图 7.2.4 侧墙绑扎混凝土垫块

(1)钢筋制作前,需进行下料长度计算,钢筋下料单需经过复核和技术部门负责人签字同意后,才可交付班组加工制作。

(2)采用绑扎、电弧焊的钢筋接头宜用切断机切割;采用螺纹连接和冷挤压连接的钢筋端头宜采用砂轮锯切割;钢筋末端弯钩及接头质量应符合设计要求和规范规定。

(3)成品钢筋应分别存放并标识。为防止混乱和造成成品钢筋变形,存放时应采取有效的防锈措施。

(4)钢筋安装的位置、间距、保护层及各部分钢筋的大小尺寸,均应符合设计文件的规定。

(5)在钢筋与模板之间设置的保护层垫块、多排钢筋之间支撑的短钢筋和架立筋应相互错开，分散布置，以保证钢筋安装位置正确和混凝土保护层厚度符合设计要求。

(6)架立筋按设计要求选用。安装后应有足够的刚度和稳定性，防止钢筋网倒塌。

(7)安装好的钢筋，为防止再沾有泥土和其他有害物质，应采取必要的保护措施。

(8)混凝土浇筑施工中，应经常检查钢筋位置，如发现变动，应及时校正，严禁擅自移动或割除钢筋。

2)模板制安

下面仅就侧墙模板制安进行叙述。模板制安如图7.2.5和图7.2.6所示。

图7.2.5 侧墙内侧模板安装

图7.2.6 侧墙外侧模板安装

Ⅰ.外侧模板

(1)采用组装式定型模板。围檩宜采用槽钢或双脚手钢管等，围檩型号、间距应经计算确定，并应满足规范要求。

(2)模板固定宜采用外撑(或外拉)与内拉相结合的方法。

Ⅱ.内侧模板

(1)根据结构尺寸，腋角及以上部分模板制作成定型模板。内模悬空支立，腋角水平部位用钢筋支立固定；腋角以上模板采用对拉螺栓与外模水平对拉。对拉螺栓与模板接触面采用锥形螺母连接。对拉螺栓宜选用圆钢加工制作全丝螺杆。内模竖向围檩和横向围檩与外模相对布置。

(2)侧墙模板安装就位前，应将已凿毛的混凝土面清洗干净，在施工缝以下约2 cm的墙面设置细薄胶条，模板加固后贴紧胶条，以防止漏浆。

(3)由于箱涵伸缩缝处设有止水带，因此制作模板时应考虑止水带中间厚度。为便于安装和拆除端头模板，宜分区分块制作。为确保止水带安装位置和混凝土浇筑时止水带不发生位移，安装模板时，在模板边肋与止水带接触面上设置止水带限位条。

(4)模板在每次使用前应清理整形，模板面板应涂刷脱模剂，不得采用污染混凝土的油剂。安装顶板钢筋时，应注意保护已涂刷脱模剂的模板。

(5)在混凝土的强度等级达到设计要求后，才可拆除模板。如提前拆模，则应经计算和试验复核，混凝土结构物实际强度已能承受自重及其他实际荷载时，经监理工程师批准后，方能提前拆模。

3)满堂脚手架

满堂脚手架如图7.2.7所示。

图7.2.7 满堂脚手架安装

以设计沉降缝(或伸缩缝)为界,分段搭设满堂钢管脚手架,并严格按照脚手架的设计规程、规范进行。安装时在立杆与底板的接触处垫置钢制底座,以免立杆刺入底板而引起下沉;在立杆的顶口安装可调节的螺旋顶托,立杆间距应通过计算确定;在立杆的纵横方向分别设置大小横杆及剪刀撑;考虑到混凝土浇筑的荷载及其他可能引起下沉的因素,必须设置施工预拱度;待满堂脚手架连接稳固后,再在其顶面铺设模板;安装完毕后,应对平面位置、顶部标高、节点连接及纵横向稳定性进行全面检查,符合要求后,才可浇筑箱涵顶板混凝土。

4)混凝土浇筑

(1)混凝土采用配料机配料、强制式搅拌机搅拌、混凝土搅拌车运输和混凝土泵泵送(或搭设溜槽)入仓的方式进行浇筑。

(2)混凝土浇筑前,首先应将实验室提供的混凝土配合比换算成施工配合比,然后对模板位置、尺寸、标高进行全面检查,并对基底进行洒水湿润。

(3)混凝土浇筑时,依次自下向上分层浇筑,分层厚度为30 cm左右,使用插入式振捣器垂直插入振捣,并采取快插慢拔的方式,振捣时间以混凝土不再冒出气泡为止。

(4)上层混凝土振捣时应插入下层混凝土5 cm左右,以使上下层混凝土结合密实,同时避免振动棒碰撞模板。

(5)混凝土浇筑完毕后,人工整平,待混凝土初凝后,用麻袋或薄膜覆盖、洒水养护,保持湿养护时间不少于7 d。

### (三)质量检验评定标准

1.基本要求

(1)混凝土所用的水泥、砂、石、水、外掺剂及混合材料的质量规格必须符合有关技术规范的要求,按规定的配合比施工。

(2)地基承载力及基础埋置深度需满足设计要求。

(3)箱体不得出现露筋和空洞现象。

2.实测项目

箱涵实测项目见表7.2.1。

**表 7.2.1 箱涵实测项目**

<table>
<tr><th>项次</th><th colspan="2">检查项目</th><th>规定值或允许偏差</th><th>检查方法和频率</th><th>权值</th></tr>
<tr><td>1</td><td colspan="2">轴线偏位/mm</td><td>明涵 20，暗涵 50</td><td>经纬仪：检查 2 处</td><td>2</td></tr>
<tr><td>2△</td><td colspan="2">流水面高程/mm</td><td>±20</td><td>水准仪、尺量：检查洞口 2 处，拉线检查中间 1～2 处</td><td>3</td></tr>
<tr><td>3</td><td colspan="2">涵底铺砌厚度/mm</td><td>+40，−10</td><td>尺量：检查 3～5 处</td><td>1</td></tr>
<tr><td>4</td><td colspan="2">长度/mm</td><td>+100，−50</td><td>尺量：检查中心线</td><td>1</td></tr>
<tr><td>5△</td><td colspan="2">孔径/mm</td><td>±20</td><td>尺量：检查 3～5 处</td><td>3</td></tr>
<tr><td>6</td><td colspan="2">净高/mm</td><td>明涵 ±20，暗涵 ±50</td><td>尺量：检查 3～5 处</td><td>1</td></tr>
<tr><td>7△</td><td colspan="2">混凝土强度</td><td>在合格标准内</td><td>混凝土试件强度</td><td>3</td></tr>
<tr><td>8</td><td colspan="2">高度/mm</td><td>+5，−10</td><td>尺量：检查 3 个断面</td><td>1</td></tr>
<tr><td>9</td><td colspan="2">宽度/mm</td><td>±30</td><td>尺量：检查 3 个断面</td><td>1</td></tr>
<tr><td rowspan="2">10</td><td rowspan="2">顶板厚/mm</td><td>明涵</td><td>+10，−0</td><td rowspan="2">尺量：检查 3～5 处</td><td rowspan="2">2</td></tr>
<tr><td>暗涵</td><td>不小于设计值</td></tr>
<tr><td>11</td><td colspan="2">侧墙和底板厚/mm</td><td>不小于设计值</td><td>尺量：检查 3～5 处</td><td>1</td></tr>
<tr><td>12</td><td colspan="2">平整度/mm</td><td>5</td><td>2 m 直尺：每 10 m 检查 2 处</td><td>1</td></tr>
</table>

注："△"标识为关键项目（涉及结构安全和使用功能的重要实测项目）。

## 三、任务实施

按照学生工作页学习情境七任务二"箱涵施工"，完成本任务的实施。

## 四、课后练习

### （一）填空题

（1）箱涵涵身的施工，以涵身的沉降缝（或伸缩缝）为界，拟采取__________浇筑的方式进行施工。

（2）箱涵涵身侧墙每段分两层浇筑完成。分层处宜设在底板内壁以上________cm 的位置。

（3）采用绑扎、电弧焊的钢筋接头宜采用________切割；采用螺纹连接和冷挤压连接的钢筋端头宜采用________切割。

（4）成品钢筋应分别__________。存放时应采取______________。

### （二）选择题

（1）箱涵主要由（　　）等部分组成。

A. 钢筋混凝土涵身　B. 翼墙　C. 基础　D. 变形缝

（2）钢筋安装的（　　），均应符合设计文件的规定。

A. 位置　B. 间距

C. 保护层　D. 各部分钢筋的大小尺寸

(3)满堂脚手架安装完毕后,应对(　　)进行全面检查,符合要求后,才可浇筑箱涵顶板混凝土。

A. 平面位置　B. 顶部标高　C. 节点连接　D. 纵横向稳定性

(4)箱涵高度的允许偏差为(　　)mm。

A. +5,-10　B. +0,-5　C. +5,0　D. +10,-10

(5)箱涵宽度的允许偏差为(　　)mm。

A. ±10　B. ±20　C. ±30　D. ±40

**(三)判断题**

(1)箱涵涵身侧墙宜采取自下而上、对称、分层浇筑混凝土至箱涵顶面标高。(　　)

(2)箱涵侧墙外侧模板固定宜采用外撑(或外拉)与内拉相结合的方法。(　　)

(3)为保证钢筋安装位置正确和保护层厚度,在钢筋与模板之间设置混凝土保护层,多排钢筋之间支撑短钢筋和架立筋等应相互错开、分散布置。(　　)

(4)为确保止水带安装位置和混凝土浇筑时止水带不发生位移,安装模板时,在模板边肋与止水带接触面上设置止水带限位条。(　　)

**(四)简答题**

(1)简述箱涵施工工艺流程。

(2)简述箱涵涵身的施工程序。

(3)简述箱涵内侧模板制安的施工要求。

# 任务三　盖板涵施工

## 一、任务描述

根据盖板涵施工的相关知识和设计图纸,在勘探现场的情况下,能参与编制初步施工方案,能进行施工技术交底,能协助开展现场施工管理。

建议课时数:4。

## 二、相关知识

### (一)盖板涵构造与特征

1. 构造

盖板涵主要由盖板、涵台、基础、洞身铺砌、伸缩缝及防水层等组成。各部分构造如图7.3.1所示。

2. 特征

(1)低路堤上的明涵或一般路堤暗涵构造较简单,维修容易。

(2)跨径较小时用石盖板,跨径大时用钢筋混凝土盖板。

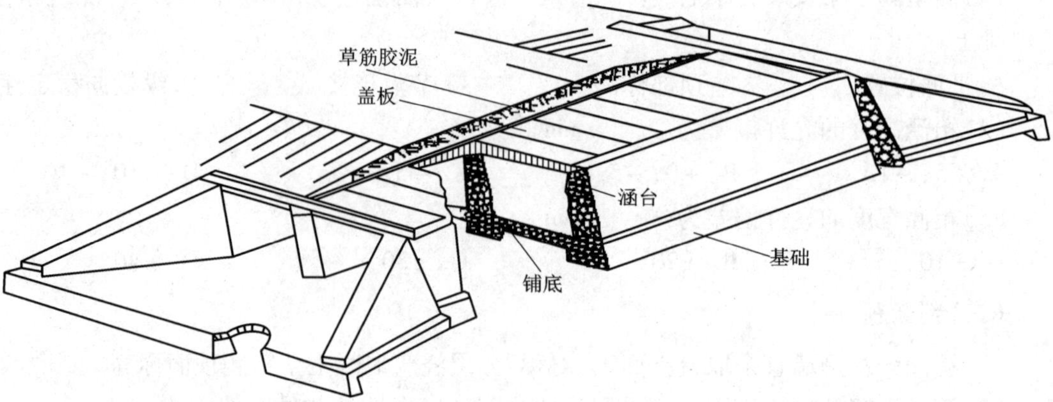


图 7.3.1　盖板涵构造

**(二)盖板涵工艺流程与施工要求**

1. 工艺流程

盖板涵施工工艺流程如图 7.3.2 所示。

基槽开挖 ⇒ 底板施工 ⇒ 墙身施工 ⇒ 盖板施工 ⇒ 台背填土

图 7.3.2　盖板涵施工工艺流程

2. 施工要求

1)基槽开挖

Ⅰ. 测量放样

根据施工控制网点,用全站仪放出涵洞轴线及基坑开挖边线;用水准仪测出地面高程,以便控制开挖深度。

Ⅱ. 基坑开挖

(1)开挖前,对测放出的基坑开挖边线,每边向外分别延伸 50 cm 的宽度,并用白灰画出边线。

(2)采取自上而下的方式进行开挖,当挖至离设计基底标高 0.2 ~ 0.3 m 时,采用人工开挖,并修整成型。

(3)在开挖过程中,如发现水文、地质情况与设计不符时,应及时书面报请监理单位,并按监理批复文件或设计变更通知单组织实施。

(4)在挖至设计基底标高并自检合格后,及时向监理单位书面申请基坑验收,在监理单位组织建设各方联检并确认地基承载力满足设计要求后,才可进入下一道工序。如不满足,则按设计单位的变更通知单进行地基处理,直至合格为止。

2)底板施工

Ⅰ. 模板制安

(1)模板可选择采用钢模板或胶合板,并按照设计图纸尺寸计算模板模数。

(2)按测量放出的基础边线拼接模板并对其进行临时固定,同时拉线调整模板并在模板的外侧用斜撑和水平撑进行加固,使其满足浇筑混凝土所需的强度、刚度和稳定性要求。

Ⅱ.混凝土浇筑

(1)混凝土采用配料机配料、强制式搅拌机搅拌、混凝土搅拌车运输和混凝土泵泵送(或搭设溜槽)入仓的方式进行浇筑。

(2)混凝土浇筑前,首先应将实验室提供的混凝土配合比换算成施工配合比,然后对模板位置、尺寸、标高进行全面检查,并对基底进行洒水湿润。

(3)混凝土浇筑时,依次自下向上分层浇筑,分层厚度为 30 cm 左右,使用插入式振捣器垂直插入振捣,并采取快插慢拔的方式,振捣时间以混凝土不再冒出气泡为止。

(4)上层混凝土振捣时应插入下层混凝土 5 cm 左右一起振捣,以使上下层混凝土结合密实,同时避免振动棒碰撞模板。

(5)混凝土浇筑完毕后,人工整平,待混凝土初凝后,用麻袋或薄膜覆盖、洒水养护,保持湿养护时间不少于 7 d。

3)墙身施工

墙身施工如图 7.3.3 和图 7.3.4 所示。

图 7.3.3 盖板涵浆砌石墙身

图 7.3.4 盖板涵钢筋混凝土墙身

(1)利用全站仪测放墙身的纵横轴线和边线,经复核无误后报请监理单位验收合格后,才可进行砌筑。

(2)砌筑前,应将实验室提供的砂浆配合比换算成施工配合比,要求配料准确,拌和均匀;同时浇水湿润石块,并冲净表面泥土等杂物。

(3)按墙身的设计坡度要求事先搭设坡度架,并随砌筑高度的上升逐步接长加高。

(4)按照“先角石,再镶面,后填腹”的砌石顺序,并采用坐浆法进行砌筑,石块应大面朝下,石块与石块之间应用小石块拌砂浆挤压密实,做到丁顺相间、咬合牢固、上下错缝、砂浆饱满。

(5)墙身的外露面应选用较平整的石块进行砌筑;砌筑上层块时应避免振动下层砌块;砌筑因故中断后恢复砌筑时,已砌筑的砌层表面应加以清扫和湿润。

(6)如分段砌筑,相邻两工作段的砌筑高度不宜超过 1.2 m,分段位置宜尽量留置在沉降缝处。

(7)勾缝嵌入砌缝内的深度不得小于 20 mm,做到表面平整美观,勾缝平顺、无脱落,缝宽大体一致,待砂浆初凝后,进行洒水养护,养护时间不少于 7 d。

4)盖板施工

Ⅰ.盖板预制

Ⅰ)模板制安

模板优先选用钢模板,以利模板周转使用。

平整场地并进行硬化,铺设底模支撑梁并加固稳定后,组装底模;之后安装侧模,并按设计图纸尺寸将侧模与底模连接牢固,做到模板板面平整、接缝严密、不漏浆,并有足够的强度和刚度,确保在浇筑混凝土时模板不变形,最后在整个模板内侧涂刷脱模剂,以利混凝土浇筑后拆模。

Ⅱ)钢筋制安

钢筋制作在施工现场进行,加工成型后的尺寸应符合设计要求。

钢筋安装应按施工图纸要求进行排放、绑扎,其型号、直径、间距和位置应与设计相符,并符合施工验收规程规范的要求。

为确保混凝土的保护层,在钢筋与模板间应放置所需厚度的混凝土预制垫块。

Ⅲ)混凝土浇筑

拌和前,应将实验室配合比调整为施工配合比,搅拌机称量设备通过计量检验,准确控制水灰比,保证混凝土的和易性。

浇筑前,对模板位置、尺寸、标高进行全面检查,并对底面进行洒水湿润;浇筑时,使用插入式振捣器振捣,避免振动棒碰撞模板。

浇筑完毕后,人工整平、拉毛,待混凝土初凝后,用土工布覆盖、洒水养护。

在混凝土强度达到 2.5 MPa 以上方可拆除侧模;内模应在混凝土强度能保证其表面不发生塌陷和裂缝时,才可拆除。

Ⅳ)盖板起吊、存放

当混凝土强度达到设计强度的 75% 后,才可脱模吊装。分批分堆存放,分层堆放时上下层盖板在支点上应垫放 10 cm×10 cm 的方木,且堆放层数不宜超过 3 层。

Ⅱ.盖板安装

盖板安装如图 7.3.5 和图 7.3.6 所示。

图 7.3.5　盖板安装

图 7.3.6　盖板涵实景

(1)吊装时,在钢丝绳与盖板接触部位垫上泡沫板,以免钢丝绳破坏棱角。

(2)运输时,盖板叠放层数不应超过3层,且各层支撑点在同一铅垂线上并绑稳坐实,以防运输过程中损坏盖板。

(3)安装时,吊机应慢速靠近并辅助就位,如用撬杠等工具时,要采取保护措施,避免损坏盖板棱角。

(4)盖板与涵台的接头必须用小石子顶紧,并填塞M10水泥砂浆。当其达到设计强度等级要求并报请监理验收合格后,才可进行台背填土。

(5)盖板及台身顶面防水层应按设计要求进行施工。如设计无要求时,可采用涂刷热沥青两层,每层厚1~1.5 mm,两层间铺设油毡纸一层。

(6)盖板接缝位置应与涵台沉降缝位置相一致,即两者在铅垂线上重合。

**(三)质量检验评定标准**

1.基本要求

(1)涵台线条顺直,表面平整。

(2)蜂窝、麻面面积不得超过该面面积的0.5%。

(3)砌缝匀称,勾缝平顺,无开裂和脱落现象。

(4)安装前,盖板、涵台、墩及支承面检验必须合格。

(5)盖板就位后,板与支承面须密合,否则应重新安装。

(6)板与板之间接缝填充材料的规格和强度应符合设计要求,并与沉降缝吻合。

2.实测项目

盖板涵实测项目见表7.3.1。

**表7.3.1 盖板涵实测项目**

<table>
<tr><th>项次</th><th colspan="2">检查项目</th><th>规定值或允许偏差</th><th>检查方法和频率</th><th>权值</th></tr>
<tr><td>1</td><td colspan="2">轴线偏位/mm</td><td>明涵20,暗涵50</td><td>经纬仪:检查2处</td><td>2</td></tr>
<tr><td>2△</td><td colspan="2">流水面高程/mm</td><td>±20</td><td>水准仪、尺量:检查洞口2处,拉线检查中间1~2处</td><td>3</td></tr>
<tr><td>3</td><td colspan="2">涵底铺砌厚度/mm</td><td>+40,-10</td><td>尺量:检查3~5处</td><td>1</td></tr>
<tr><td>4</td><td colspan="2">长度/mm</td><td>+100,-50</td><td>尺量:检查中心线</td><td>1</td></tr>
<tr><td>5△</td><td colspan="2">孔径/mm</td><td>±20</td><td>尺量:检查3~5处</td><td>3</td></tr>
<tr><td>6</td><td colspan="2">净高/mm</td><td>明涵±20,暗涵±50</td><td>尺量:检查3~5处</td><td>1</td></tr>
<tr><td>7△</td><td colspan="2">混凝土强度</td><td>在合格标准内</td><td>混凝土试件强度</td><td>3</td></tr>
<tr><td rowspan="2">8</td><td rowspan="2">涵台断面尺寸/mm</td><td>片石砌体</td><td>+30,-10</td><td rowspan="2">尺量:检查3~5处</td><td rowspan="2">1</td></tr>
<tr><td>混凝土</td><td>+20,-10</td></tr>
<tr><td rowspan="2">9△</td><td rowspan="2">高度/mm</td><td>明涵</td><td>+10,-0</td><td rowspan="4">尺量:抽查30%的板,每板检查3个断面</td><td rowspan="2">2</td></tr>
<tr><td>暗涵</td><td>不小于设计值</td></tr>
<tr><td rowspan="2">10</td><td rowspan="2">宽度/mm</td><td>现浇</td><td>±20</td><td rowspan="2">1</td></tr>
<tr><td>预制</td><td>±10</td></tr>
</table>

续表

| 项次 | 检查项目 | 规定值或允许偏差 | 检查方法和频率 | 权值 |
|---|---|---|---|---|
| 11 | 长度/mm | +20，-10 | 尺量:抽查30%的板,每板检查两侧 | 1 |

注:"△"标识为关键项目(涉及结构安全和使用功能的重要实测项目)。

## 三、任务实施

按照学生工作页学习情境七任务三"盖板涵施工",完成本任务的实施。

## 四、课后练习

### (一)填空题

(1)盖板涵主要由________________________________等组成。

(2)盖板涵,在跨径较小时用__________,在跨径大时用____________。

(3)盖板涵基坑开挖采取________________的方式进行开挖,当挖至离设计基底标高________________时,采用人工开挖,并修整成型。

(4)盖板涵底板混凝土浇筑完毕,待混凝土初凝后,用______________养护,保持湿养护时间不少于__________。

(5)盖板涵墙身,如采取分段砌筑,相邻两工作段的砌筑高度不宜超过_____m,分段位置宜尽量留置在__________处。

### (二)选择题

(1)盖板涵墙身砌筑时,按照(　　)的砌石顺序。

A. 先角石　　B. 先镶面　　C. 再镶面　　D. 后填腹

(2)盖板涵墙身砌筑时,石块应大面朝下,石块与石块之间应用小石块拌砂浆挤压密实,做到(　　)。

A. 丁顺相间　　B. 咬合牢固　　C. 上下错缝　　D. 砂浆饱满

(3)盖板涵墙身砌筑勾缝嵌入砌缝内的深度不得小于20 mm,做到(　　)。

A. 表面平整美观　　B. 勾缝平顺　　C. 无脱落　　D. 缝宽大体一致

(4)当盖板混凝土达到设计强度等级的(　　)后,才可脱模吊装,分批分堆存放。

A. 70%　　B. 75%　　C. 80%　　D. 85%

(5)预制盖板分层堆放时,上下层盖板在支点上应垫放10×10的方木,且堆放层数不宜超过(　　)层。

A. 3　　B. 4　　C. 5　　D. 6

(6)盖板涵,片石砌体涵台断面尺寸允许偏差为(　　)mm。

A. ±10　　B. ±20　　C. ±30　　D. ±50

### (三)判断题

(1)盖板运输时,盖板叠放层数不应超过5层,且各层支撑点在同一铅垂线上并绑稳坐

实,以防运输过程中损坏盖板。 (　)

(2)盖板安装时,吊机应慢速靠近并辅助就位,如用撬杠等工具,要采取保护措施,避免损坏盖板棱角。 (　)

(3)盖板及台身顶面防水层应按设计要求进行施工。如设计无要求时,可采用涂刷热沥青两层,每层厚1~1.5 mm,两层间铺设油毡纸一层。 (　)

(4)盖板就位后,如板与支承面不密合,可用小石子垫实。 (　)

(5)盖板涵净高,对明涵的允许偏差为±20 mm,对暗涵的允许偏差为±50 mm。 (　)

(6)混凝土盖板涵,涵台断面尺寸的允许偏差为±100 mm。 (　)

**(四)简答题**

(1)简述盖板涵施工工艺流程。

(2)简述盖板涵墙身施工的技术要求。

(3)简述盖板涵盖板制安的技术要求。

# 任务四　拱涵施工

## 一、任务描述

根据拱涵施工的相关知识和设计图纸,在勘探现场的情况下,能参与编制初步施工方案,能进行施工技术交底,能协助开展现场施工管理。

建议课时数:4。

## 二、相关知识

### (一)拱涵构造与特征

1.构造

拱涵主要由拱圈、护拱、拱上建筑、涵台、基础、铺底、沉降缝及排水设施等组成。各部分构造如图7.4.1所示。

2.特征

(1)跨越深沟或高路堤时设置,山区石料资源丰富,可用石拱涵。

(2)跨径较大,承载力也较大,但自重引起的恒载也较大,施工工序较繁多。

### (二)拱涵工艺流程与施工要求

1.工艺流程

拱涵施工工艺流程如图7.4.2所示。

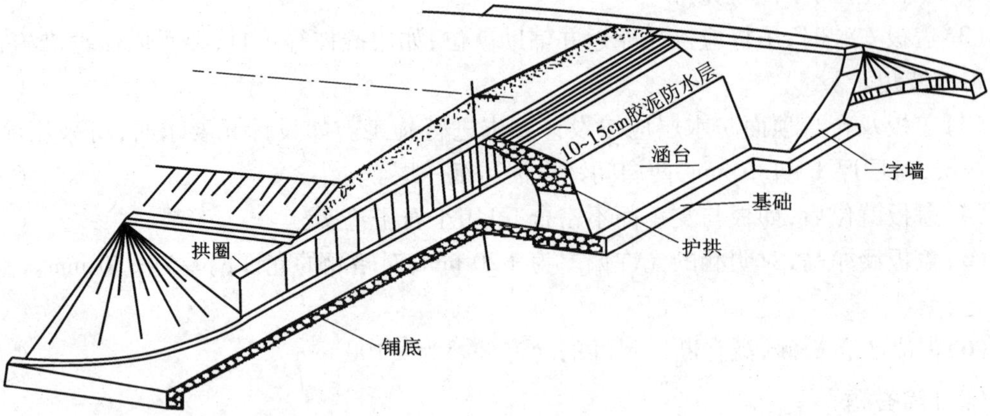


图 7.4.1 拱涵构造

基槽开挖 → 底板施工 → 拱身施工 → 拱顶施工 → 台背填土

图 7.4.2 拱涵施工工艺流程

2. 施工要求

1)混凝土拱圈施工

Ⅰ. 钢筋安装

严格控制钢筋间距与位置,绑扎要牢固,扎丝头向内弯曲。钢筋与模板间放置混凝土预制垫块,混凝土预制垫块与模板接触面要小,尺寸要规整。安装完成检查钢筋骨架的轴线偏位、预埋钢筋位置、顶面高程,做到钢筋骨架顺直,无变形、松脱、开焊等现象。

Ⅱ. 模板安装

拱圈模板安装如图 7.4.3 和图 7.4.4 所示,也可采用定制钢拱架的形式,如图 7.4.6 所示。

图 7.4.3 拱圈模板——钢支撑

图 7.4.4 拱圈模板——满堂脚手架

以设计沉降缝(或伸缩缝)为界,分段搭设满堂钢管脚手架,并严格按照脚手架的设计规程规范进行。安装时,在立杆与地面的接触处垫置枕木,以免立杆刺入地面而引起拱架沉陷;在钢管脚手架的顶面安装定制的钢拱架,同时留置施工预拱度,待钢拱架连接稳固后,再在钢拱架的顶面铺设模板;为便于拱架的拆卸,在拱架的适当部位设置相应的木楔;

安装完毕后,应对拱平面位置、顶部标高、节点连接及纵横向稳定性进行全面检查,符合要求后,方可进行砌筑(或浇筑混凝土)。

Ⅲ.拱圈浇筑

混凝土拱涵如图 7.4.5 所示。

图 7.4.5 混凝土拱涵

按设计沉降缝进行浇筑,浇筑前应对模板位置、尺寸、标高进行全面检查,从两端拱脚起向拱顶方向对称、均衡地浇筑,最后浇筑拱顶混凝土,浇筑应连续进行,浇筑时,依次向上分层浇筑,使用插入式振捣器分两遍振捣,同时应避免振动棒碰撞模板。

浇筑完毕后,人工整平,待混凝土初凝后,用塑料薄膜覆盖,洒水养护。当拱圈混凝土强度达到设计强度的 80% 后才可拆除模板,拆除时,从拱顶向拱脚依次卸落,并不得用敲打等方法进行拆除,以免损伤混凝土表面。

2)砌石拱圈施工

砌石拱涵如图 7.4.7 所示。

图 7.4.6 钢拱架

图 7.4.7 浆砌石拱涵

(1)拱圈及护拱砌筑,用钢材制作拱架,拱架上铺设厚度为 5 cm 的木板。

(2)利用全站仪测放拱圈的纵横轴线和边线,经复核无误后报请监理单位验收合格后,才可进行砌筑。

(3)砌筑前,应将实验室提供的砂浆配合比换算成施工配合比,要求配料准确,拌和均匀;同时浇水湿润石块,并冲净表面泥土等杂物。

(4)先砌拱脚部分,做到纵向和横向保持对称和均匀砌筑、砂浆饱满。

(5)设置观测点,随时观测拱圈的变形情况。拱圈辐射缝做到垂直于拱轴切线方向,砌缝做到上大、下小、均匀,宽度为 1 ~ 2 cm。

(6)拱圈合龙在砂浆强度到设计强度的75%时进行，在浆砌砂浆强度到达设计要求后拆除拱架。

(7)勾缝嵌入砌缝内的深度不得小于20 mm，做到表面平整美观，勾缝平顺、无脱落，缝宽大体一致，待砂浆初凝后，进行洒水养护，养护时间不少于7 d。

### (三)质量检验评定标准

1. 基本要求

(1)混凝土表面平整，棱线顺直，无严重啃边、掉角现象。

(2)蜂窝、麻面面积不得超过该面面积的0.5%。

(3)所用的水泥、砂、石、水、外掺剂、混合材料及石料的强度、质量和规格必须符合有关技术规范的要求，按规定的配合比施工。

(4)地基承载力及基础埋置深度须满足设计要求。

(5)混凝土不得出现露筋和空洞现象。

(6)砌块应错缝、坐浆挤紧，嵌缝料和砂浆饱满，无空洞、宽缝、大堆砂浆填隙和假缝。

2. 实测项目

拱涵实测项目见表7.4.1。

**表7.4.1 拱涵实测项目**

| 项次 | 检查项目 | | 规定值或允许偏差 | 检查方法和频率 | 权值 |
|---|---|---|---|---|---|
| 1 | 轴线偏位/mm | | 明涵20，暗涵50 | 经纬仪：检查2处 | 2 |
| 2△ | 流水面高程/mm | | ±20 | 水准仪、尺量：检查洞口2处，拉线检查中间1~2处 | 3 |
| 3 | 涵底铺砌厚度/mm | | +40，-10 | 尺量：检查3~5处 | 1 |
| 4 | 长度/mm | | +100，-50 | 尺量：检查中心线 | 1 |
| 5△ | 孔径/mm | | ±20 | 尺量：检查3~5处 | 3 |
| 6 | 净高/mm | | 明涵±20，暗涵±50 | 尺量：检查3~5处 | 1 |
| 7△ | 混凝土强度 | | 在合格标准内 | 混凝土试件强度 | 3 |
| 8 | 涵台断面尺寸/mm | 片石砌体 | +30，-10 | 尺量：检查3~5处 | 1 |
| | | 混凝土 | +20，-10 | | |
| 9 | 拱圈厚度/mm | 砌体 | ±20 | 尺量：检查拱顶、拱脚3处 | 2 |
| | | 混凝土 | ±15 | | |
| 10 | 内弧线偏离设计弧线/mm | | ±20 | 样板：检查拱顶、1/4跨3处 | 1 |

注："△"标识为关键项目(涉及结构安全和使用功能的重要实测项目)。

## 三、任务实施

按照学生工作页学习情境七任务四"拱涵施工"，完成本任务的实施。

## 四、课后练习

### (一)填空题

(1)拱涵主要由________________________________等组成。

(2)在钢管脚手架的顶面安装定制的钢拱架,同时留置____________。

(3)砌块应错缝、坐浆挤紧,嵌缝料和砂浆饱满,无____________。

(4)对砌体拱涵,拱圈厚度的允许偏差为____________。

**(二)选择题**

(1)拱涵特征有(　　)等。

A. 跨径较大　　B. 承载力也较大

C. 自重引起的恒载也较大　　D. 施工工序较繁多

(2)拱圈钢筋安装完成后,检查(　　),做到钢筋骨架顺直,无变形、松脱、开焊等现象。

A. 钢筋骨架的轴线偏位　　B. 预埋钢筋位置

C. 顶面高程　　D. 底面高程

(3)设置观测点,随时观测拱圈的变形情况。拱圈辐射缝做到垂直于拱轴切线方向,砌缝做到(　　)。

A. 上大　　B. 下小　　C. 均匀　　D. 宽度 1 ~2 cm

(4)拱圈合龙在砂浆强度到设计强度(　　)时进行,在浆砌砂浆强度达到设计要求后拆除拱架。

A. 70%　　B. 75%　　C. 80%　　D. 85%

(5)混凝土拱涵的基本要求,蜂窝、麻面面积不得超过该面面积的(　　)。

A. 0.5%　　B. 1.0%　　C. 1.5%　　D. 2.0%

(6)拱涵长度的允许偏差为(　　)mm。

A. +50,-50　　B. +50,-100　　C. +100,-50　　D. +100,-100

(7)拱涵内弧线偏离设计弧线的允许偏差为(　　)mm。

A. ±20　　B. ±30　　C. ±40　　D. ±50

**(三)判断题**

(1)拱圈模板安装时,在立杆与地面的接触处垫置枕木,以免立杆刺入地面而引起拱架沉陷。(　　)

(2)拆除时,从拱脚向拱顶依次卸落,并不得用敲打等方法进行拆除,以免损伤混凝土表面。(　　)

(3)拱圈砌筑,应先砌拱脚部分,做到纵向和横向保持对称和均匀砌筑、砂浆饱满。(　　)

(4)对混凝土拱涵,拱圈厚度的允许偏差为±20 mm。(　　)

**(四)简答题**

(1)简述拱涵施工工艺流程。

(2)简述混凝土拱涵拱圈的施工要点。

(3)简述砌石拱涵的施工要点。

# 学生工作页

# 学习情境一 绪论

## 任务一 桥梁发展史

### 一、目的和要求

(1)了解桥梁的建设与发展概况。

(2)通过对相关知识的阅读,能叙述古今中外经典桥梁的结构形式及特点。

### 二、项目准备

#### (一)布置任务

编写桥梁发展史调查报告。

#### (二)任务分析

首先将学生进行分组(每组6~8人,扮演项目经理部技术员)和选出组长(扮演项目经理),明确每组任务;然后带领学生实地勘察桥梁,并结合桥梁建设、发展情况进行调查、分析和讨论;最后由组长分配各组员需完成的工作任务。

#### (三)收集信息,回答问题

(1)实地勘察桥梁,并通过课程学习和上网查阅桥梁发展史的相关资讯获取信息,完成教师工作页学习情境一任务一"桥梁发展史"的课后练习。

(2)上网查询桥梁建设、发展相关资讯。

### 三、项目计划与决策

#### (一)项目计划

(1)研究资讯:各组研究上网查询获得的桥梁建设、发展相关资讯。

(2)分析任务:各组结合相关资讯分析任务。

(3)制订计划:各组根据任务制订计划,组长布置各组员需完成的任务。

#### (二)项目决策

(1)各组根据桥梁建设、发展相关资讯深化讨论,确定桥梁发展史的调查内容。

(2)各组根据桥梁发展史的调查内容,完成调查报告编写。

## 四、项目实施

### (一)桥梁发展史的调查内容

(1)国内古、现代经典桥梁建设发展历程、结构形式及特点。

(2)国外古、现代经典桥梁建设发展历程、结构形式及特点。

(3)其他。

### (二)桥梁发展史的调查报告

**调查报告**

班级:××× 姓名:×××

## 五、考核评价

| 考核内容 | 分值 | 自评得分 | 互评得分 | 教师评分 |
|---|---|---|---|---|
| 信息收集能力 | 10 | | | |
| 信息提取、组合能力 | 30 | | | |
| 现场勘察、分析比较能力 | 20 | | | |
| 协作能力 | 10 | | | |
| 调查报告编写能力 | 20 | | | |
| 工作态度 | 10 | | | |

# 任务二 桥梁的组成与分类

## 一、目的和要求

(1)熟悉桥梁的组成、分类、常用尺寸参数及常用术语名称。

(2)能简述梁桥、拱桥、刚架桥的受力特点。

(3)能正确识读桥梁工程施工图。

(4)初步具备会审施工图纸的能力。

## 二、项目准备

### (一)布置任务

编写桥梁的组成与分类见习报告。

### (二)任务分析

首先将施工图纸、资料发放给学生,并进行分组(每组6~8人,扮演项目经理部技术员)和选出组长(扮演项目经理),明确每组任务;然后带领学生勘察现场,并根据工程实际情况进行分析讨论;最后由组长分配各组员需完成的工作任务。

### (三)收集信息,回答问题

(1)勘察现场,结合施工图纸资料,并通过课程学习和上网查阅相关资讯获取信息,完成教师工作页学习情境一任务二“桥梁的组成与分类”的课后练习。

(2)上网查询桥梁的组成与分类的相关资讯。

## 三、项目计划与决策

### (一)项目计划

(1)研究图纸:各组根据工程资料,分析研究施工图纸。

(2)分析任务:各组结合图纸资料分析任务。

(3)制订计划:各组根据任务制订计划,组长布置各组员需完成的任务。

### (二)项目决策

(1)确定见习内容:各组根据施工图纸和工程实际情况进一步深化讨论,确定桥梁的组成与分类见习内容。

(2)编写见习报告:各组根据桥梁的组成与分类见习内容,完成见习报告编写。

## 四、项目实施

### (一)桥梁的组成与分类见习内容

(1)桥梁的组成:上部结构、下部结构和附属结构等。

(2)桥梁的主要尺寸:净跨径、标准跨径、计算跨径、总跨径和桥梁全长等。

(3)桥梁术语名称:低水位、高水位、设计洪水位、桥梁高度、桥下净空高度、建筑高度、净矢高、计算矢高和矢跨比等。

(4)按桥梁的结构体系可分为梁桥、拱桥、刚架桥、悬索桥和组合体系桥等。

(5)按桥梁跨径和全长的不同可分为特大桥、大桥、中桥、小桥和涵洞等。

### (二)桥梁的组成与分类见习报告

见习报告

班级:××× 姓名:×××

## 五、考核评价

| 考核内容 | 分值 | 自评得分 | 互评得分 | 教师评分 |
|---|---|---|---|---|
| 信息收集能力 | 10 | | | |
| 施工图识读能力 | 30 | | | |
| 现场勘察分析能力 | 20 | | | |
| 协作能力 | 10 | | | |
| 见习报告编写能力 | 20 | | | |
| 工作态度 | 10 | | | |

# 任务三　桥梁施工准备

## 一、目的和要求

(1)熟悉桥梁施工准备的分类、内容和要求。

(2)通过对相关知识的阅读,能叙述桥梁施工准备的内容。

## 二、项目准备

### (一)布置任务

编写桥梁施工准备见习报告。

### (二)任务分析

首先将施工图纸、资料发放给学生,并进行分组(每组6~8人,扮演项目经理部技术员)和选出组长(扮演项目经理),明确每组任务;然后带领学生勘察现场,并根据工程实际情况进行分析讨论;最后由组长分配各组员需完成的工作任务。

### (三)收集信息,回答问题

(1)勘察现场,结合施工图纸资料,并通过课程学习和上网查阅相关资讯获取信息,完成教师工作页学习情境一任务三"桥梁施工准备"的课后练习。

(2)上网查询桥梁施工准备的相关资讯。

## 三、项目计划与决策

### (一)项目计划

(1)研究图纸:各组根据工程资料,分析研究施工图纸。

(2)分析任务:各组结合图纸资料分析任务。

(3)制订计划:各组根据任务制订计划,组长布置各组员需完成的任务。

### (二)项目决策

(1)确定见习内容:各组根据施工图纸和工程实际情况进一步深化讨论,确定桥梁施工准备见习内容。

(2)编写见习报告:各组根据桥梁施工准备见习内容,完成见习报告编写。

## 四、项目实施

### (一)桥梁施工准备见习内容

(1)按工作的范围不同进行分类:施工总准备、单项(单位)工程施工条件准备和分部(分项)工程作业条件准备。

(2)按工程所处的施工阶段不同进行分类:开工前的施工准备和各阶段施工前的施工准备。

(3)桥梁施工准备的内容包括:组织准备、技术准备、物资准备和施工现场准备等。

(4)施工准备工作必须贯穿施工全过程,施工准备工作要取得各协作相关单位的友好支持与配合。

### (二)桥梁施工准备见习报告

**见习报告**

班级:××× 姓名:×××

| |
|---|
| |

## 五、考核评价

| 考核内容 | 分值 | 自评得分 | 互评得分 | 教师评分 |
|---|---|---|---|---|
| 信息收集能力 | 10 | | | |
| 施工图识读能力 | 30 | | | |
| 现场勘察分析能力 | 20 | | | |
| 协作能力 | 10 | | | |
| 见习报告编写能力 | 20 | | | |
| 工作态度 | 10 | | | |

# 学习情境二　桥梁基础施工

## 任务一　扩大基础施工

### 一、目的和要求

(1)了解施工围堰种类、适用条件和构造要求。

(2)掌握扩大基础施工工艺流程、技术要求和质量检验评定标准。

(3)能够根据施工图纸对扩大基础施工进行技术交底。

### 二、项目准备

#### (一)布置任务

识读《×××桥梁工程 工设计图纸》的相关内容,编写扩大基础施工作业指导书或施工技术安全交底。

#### (二)任务分析

首先将施工图纸、资料发放给学生,并进行分组(每组 6~8 人,扮演项目经理部技术员)和选出组长(扮演项目经理),明确每组任务;然后带领学生勘察现场,并根据工程实际情况进行分析讨论,最后由组长分配各组员需完成的工作任务。

#### (三)收集信息,回答问题

(1)勘察现场,结合施工图纸资料,并通过课程学习和查阅相关规范、标准获取信息,完成教师工作页学习情境二任务一"扩大基础施工"的课后练习。

(2)相关规范、标准:《公路桥涵施工技术规范》(JTG/T F50—2011)、《公路工程质量检验评定标准　第一册　土建工程》(JTG F80/1—2017)。

### 三、项目计划与决策

#### (一)项目计划

(1)研究图纸:各组根据工程资料,分析研究施工图纸。

(2)分析任务:各组结合图纸资料分析任务。

(3)制订计划:各组根据任务制订计划,组长布置各组员需完成的任务。

### (二)项目决策

(1)确定技术交底内容:各组根据施工图纸和工程实际情况进一步深化讨论,并参照类似工程经验,确定扩大基础施工技术交底内容。

(2)编写作业指导书:各组根据技术交底内容,完成扩大基础施工作业指导书编写。

## 四、项目实施

### (一)扩大基础施工作业指导书

限于篇幅,以下内容仅列提纲,具体实施需细化、可行。

(1)坐标、高程控制网的设置,墩台位置、高程的测放与复核。

(2)施工围堰形式选择、构造要求和施工要点。

(3)基坑开挖方式选择、坑壁加固方法和基坑排水方式和注意事项。

(4)基底处理的原则和基底检验的内容,石砌基础施工要求和注意事项。

(5)钢筋的抽样与检验要求、钢筋下料长度、钢筋备料单和钢筋制作安装的施工要求和注意事项。

(6)混凝土配料、拌制、运输和浇筑的施工要求和注意事项。

(7)质量检验评定的基本要求和实测项目允许偏差。

### (二)扩大基础施工技术、安全交底

**施工技术交底记录表**

编号:×××

<table>
<tr><td>工程名称</td><td colspan="2">×××</td><td>部位名称</td><td>×××</td></tr>
<tr><td>工序名称</td><td colspan="2">×××</td><td>交底日期</td><td>年 月 日</td></tr>
<tr><td>交底单位</td><td colspan="2">×××项目经理部</td><td>交底人</td><td>×××</td></tr>
<tr><td>接收单位</td><td colspan="2">×××</td><td>接收人</td><td>×××</td></tr>
<tr><td colspan="5">交底内容:</td></tr>
<tr><td rowspan="3">会签栏</td><td colspan="2">参加单位</td><td colspan="2">参加人员</td></tr>
<tr><td colspan="2"></td><td colspan="2"></td></tr>
<tr><td colspan="2"></td><td colspan="2"></td></tr>
</table>

复核人: 记录人: 年 月 日

**施工安全交底记录表**

编号：×××

<table>
<tr><td>工程名称</td><td>×××</td><td>部位名称</td><td>×××</td></tr>
<tr><td>工序名称</td><td>×××</td><td>交底日期</td><td>年　月　日</td></tr>
<tr><td>交底单位</td><td>×××项目经理部</td><td>交底人</td><td>×××</td></tr>
<tr><td>接收单位</td><td>×××</td><td>接收人</td><td>×××</td></tr>
<tr><td colspan="4">交底内容：</td></tr>
<tr><td rowspan="3">会签栏</td><td>参加单位</td><td colspan="2">参加人员</td></tr>
<tr><td></td><td colspan="2"></td></tr>
<tr><td></td><td colspan="2"></td></tr>
</table>

复核人：　　　　记录人：　　　　年　月　日

## 五、考核评价

| 考核内容 | 分值 | 自评得分 | 互评得分 | 教师评分 |
|---|---|---|---|---|
| 信息收集能力 | 10 | | | |
| 施工图识读能力 | 30 | | | |
| 现场勘察分析能力 | 20 | | | |
| 协作能力 | 10 | | | |
| 作业指导书编写能力 | 20 | | | |
| 工作态度 | 10 | | | |

# 任务二　桩基础施工

## 一、目的和要求

(1)掌握钻(挖)孔灌注桩施工工艺流程。

(2)熟悉钻(挖)孔灌注桩施工技术要求和质量检验评定标准。

(3)能够根据施工图纸对钻(挖)孔灌注桩施工进行技术交底。

## 二、项目准备

### (一)布置任务

识读《×××桥梁工程施工设计图纸》的相关内容，编写钻(挖)孔灌注桩施工作业指导书或施工技术安全交底。

**(二)任务分析**

首先将施工图纸、资料发放给学生,并进行分组(每组6~8人,扮演项目经理部技术员)和选出组长(扮演项目经理),明确每组任务;然后带领学生勘察现场,并根据工程实际情况进行分析讨论,最后由组长分配各组员需完成的工作任务。

**(三)收集信息,回答问题**

(1)勘察现场,结合施工图纸资料,并通过课程学习和查阅相关规范、标准获取信息,完成教师工作页学习情境二任务二"桩基础施工"的课后练习。

(2)相关规范、标准:《公路桥涵施工技术规范》(JTG/T F50—2011)、《公路工程质量检验评定标准　第一册　土建工程》(JTG F80/1—2017)。

## 三、项目计划与决策

**(一)项目计划**

(1)研究图纸:各组根据工程资料,分析研究施工图纸。

(2)分析任务:各组结合图纸资料分析任务。

(3)制订计划:各组根据任务制订计划,组长布置各组员需完成的任务。

**(二)项目决策**

(1)确定技术交底内容:各组根据施工图纸和工程实际情况进一步深化讨论,并参照类似工程经验,确定钻(挖)孔灌注桩施工技术交底内容。

(2)编写作业指导书:各组根据技术交底内容,完成钻(挖)孔灌注桩施工作业指导书编写。

## 四、项目实施

**(一)钻(挖)孔灌注桩施工作业指导书**

限于篇幅,以下内容仅列提纲,具体实施需细化、可行。

(1)埋设护筒、制备泥浆的要求。

(2)钻孔设备的选择,钻孔施工的技术要求,清孔的方法与要求。

(3)钢筋笼的制作、吊放的技术要求,水下灌注混凝土的施工要求。

(4)常见钻孔问题的处理方法。

(5)人工挖孔桩的施工要求和安全要求。

(6)桩基检测及承台施工的技术要求。

(7)质量检验评定的基本要求和实测项目允许偏差。

## (二)钻(挖)孔灌注桩施工技术、安全交底

**施工技术交底记录表**

编号:×××

| 工程名称 | ××× | 部位名称 | ××× |
|---|---|---|---|
| 工序名称 | ××× | 交底日期 | 年 月 日 |
| 交底单位 | ×××项目经理部 | 交底人 | ××× |
| 接收单位 | ××× | 接收人 | ××× |
| 交底内容: | | | |
| 会签栏 | 参加单位 | 参加人员 | |
| | | | |
| | | | |

复核人: 记录人: 年 月 日

**施工安全交底记录表**

编号:×××

| 工程名称 | ××× | 部位名称 | ××× |
|---|---|---|---|
| 工序名称 | ××× | 交底日期 | 年 月 日 |
| 交底单位 | ×××项目经理部 | 交底人 | ××× |
| 接收单位 | ××× | 接收人 | ××× |
| 交底内容: | | | |
| 会签栏 | 参加单位 | 参加人员 | |
| | | | |
| | | | |

复核人: 记录人: 年 月 日

# 五、考核评价

| 考核内容 | 分值 | 自评得分 | 互评得分 | 教师评分 |
|---|---|---|---|---|
| 信息收集能力 | 10 | | | |
| 施工图识读能力 | 30 | | | |
| 现场勘察分析能力 | 20 | | | |

续表

| 考核内容 | 分值 | 自评得分 | 互评得分 | 教师评分 |
|---|---|---|---|---|
| 协作能力 | 10 | | | |
| 作业指导书编写能力 | 20 | | | |
| 工作态度 | 10 | | | |

# ★任务三　沉井基础施工

## 一、目的和要求

(1)掌握沉井基础施工工艺流程。

(2)熟悉沉井基础施工技术要求和质量检验评定标准。

(3)能够根据施工图纸对沉井基础施工进行技术交底。

## 二、项目准备

### (一)布置任务

识读《×××桥梁工程施工设计图纸》的相关内容,编写沉井基础施工作业指导书或施工技术安全交底。

### (二)任务分析

首先将施工图纸、资料发放给学生,并进行分组(每组6~8人,扮演项目经理部技术员)和选出组长(扮演项目经理),明确每组任务;然后带领学生勘察现场,并根据工程实际情况进行分析讨论,最后由组长分配各组员需完成的工作任务。

### (三)收集信息,回答问题

(1)勘察现场,结合施工图纸资料,并通过课程学习和查阅相关规范、标准获取信息,完成教师工作页学习情境二任务三“沉井基础施工”的课后练习。

(2)相关规范、标准:《公路桥涵施工技术规范》(JTG/T F50—2011)、《公路工程质量检验评定标准　第一册　土建工程》(JTG F80/1—2017)。

## 三、项目计划与决策

### (一)项目计划

(1)研究图纸:各组根据工程资料,分析研究施工图纸。

(2)分析任务:各组结合图纸资料分析任务。

(3)制订计划:各组根据任务制订计划,组长布置各组员需完成的任务。

### (二)项目决策

(1)确定技术交底内容:各组根据施工图纸和工程实际情况进一步深化讨论,并参照类似工程经验,确定沉井基础施工技术交底内容。

(2)编写作业指导书:各组根据技术交底内容,完成沉井基础施工作业指导书编写。

## 四、项目实施

### (一)沉井基础施工作业指导书

限于篇幅,以下内容仅列提纲,具体实施需细化、可行。

(1)旱地沉井基础施工工艺流程和制作第一节沉井的技术要求。

(2)沉井下沉、接高和封底的技术要求。

(3)水中沉井施工工艺流程和技术要求。

(4)浮运沉井施工工艺流程和技术要求。

(5)沉井产生倾斜、位移、扭转和下沉困难等问题的处理。

(6)质量检验评定的基本要求和实测项目允许偏差。

### (二)沉井基础施工技术、安全交底

**施工技术交底记录表**

编号:×××

| 工程名称 | ××× | 部位名称 | ××× |
|---|---|---|---|
| 工序名称 | ××× | 交底日期 | 年 月 日 |
| 交底单位 | ×××项目经理部 | 交底人 | ××× |
| 接收单位 | ××× | 接收人 | ××× |
| 交底内容: | | | |
| 会签栏 | 参加单位 | 参加人员 | |
| | | | |
| | | | |

复核人:　　　　记录人:　　　　年　月　日

**施工安全交底记录表**

编号:×××

| 工程名称 | ××× | 部位名称 | ××× |
|---|---|---|---|
| 工序名称 | ××× | 交底日期 | 年 月 日 |
| 交底单位 | ×××项目经理部 | 交底人 | ××× |
| 接收单位 | ××× | 接收人 | ××× |

续表

| 交底内容： | | |
|---|---|---|
| 会签栏 | 参加单位 | 参加人员 |
| | | |
| | | |

复核人： 记录人： 年 月 日

## 五、考核评价

| 考核内容 | 分值 | 自评得分 | 互评得分 | 教师评分 |
|---|---|---|---|---|
| 信息收集能力 | 10 | | | |
| 施工图识读能力 | 30 | | | |
| 现场勘察分析能力 | 20 | | | |
| 协作能力 | 10 | | | |
| 作业指导书编写能力 | 20 | | | |
| 工作态度 | 10 | | | |

# 学习情境三　桥梁墩台施工

## 任务一　墩台类型与构造

### 一、目的和要求

(1)熟悉桥梁墩台的类型、构造、特点和适用范围。

(2)能正确识读桥梁墩台类型与构造施工图。

(3)初步具备会审施工图纸的能力。

### 二、项目准备

#### (一)布置任务

识读《×××桥梁工程施工设计图纸》的相关内容,编写墩台类型与构造见习报告。

#### (二)任务分析

首先将施工图纸、资料发放给学生,并进行分组(每组6~8人,扮演项目经理部技术员)和选出组长(扮演项目经理),明确每组任务;然后带领学生勘察现场,并根据工程实际情况进行分析讨论,最后由组长分配各组员需完成的工作任务。

#### (三)收集信息,回答问题

(1)勘察现场,结合施工图纸资料,并通过课程学习和上网查阅相关资讯获取信息,完成教师工作页学习情境三任务一“墩台类型与构造”的课后练习。

(2)上网查询桥梁墩台类型与构造的相关资讯。

### 三、项目计划与决策

#### (一)项目计划

(1)研究图纸:各组根据工程资料,分析研究施工图纸。

(2)分析任务:各组结合图纸资料分析任务。

(3)制订计划:各组根据任务制订计划,组长布置各组员需完成的任务。

#### (二)项目决策

(1)确定见习内容:各组根据施工图纸和工程实际情况进一步深化讨论,确定墩台类型与构造见习内容。

(2)编写见习报告:各组根据见习内容,完成墩台类型与构造见习报告编写。

## 四、项目实施

### (一)墩台类型与构造见习内容

(1)桥墩的类型、构造和特点。如实体桥墩、空心桥墩、桩柱式桥墩、柔性排架桩墩和框架式桥墩等。

(2)桥台的类型、构造和特点。如重力式桥台、钢筋混凝土薄壁桥台、埋置式桥台和组合式桥台等。

(3)其他。

### (二)墩台类型与构造见习报告

**见习报告**

班级:××× 姓名:×××

| |
|---|
| |

## 五、考核评价

| 考核内容 | 分值 | 自评得分 | 互评得分 | 教师评分 |
|---|---|---|---|---|
| 信息收集能力 | 10 | | | |
| 施工图识读能力 | 30 | | | |
| 现场勘察分析能力 | 20 | | | |
| 协作能力 | 10 | | | |
| 见习报告编写能力 | 20 | | | |
| 工作态度 | 10 | | | |

# 任务二　墩台施工

## 一、目的和要求

(1)掌握圬工、混凝土墩台施工工艺流程。

(2)熟悉圬工、混凝土墩台施工技术要求和质量检验评定标准。

(3)能够根据施工图纸对圬工、混凝土墩台施工进行技术交底。

## 二、项目准备

### (一)布置任务

识读《×××桥梁工程施工设计图纸》的相关内容,编写圬工、混凝土墩台施工作业指导书或施工技术安全交底。

### (二)任务分析

首先将施工图纸、资料发放给学生,并进行分组(每组 6~8 人,扮演项目经理部技术员)和选出组长(扮演项目经理),明确每组任务;然后带领学生勘察现场,并根据工程实际情况进行分析讨论,最后由组长分配各组员需完成的工作任务。

### (三)收集信息,回答问题

(1)勘察现场,结合施工图纸资料,并通过课程学习和查阅相关规范、标准获取信息,完成教师工作页学习情境三任务二“墩台施工”的课后练习。

(2)相关规范、标准:《公路桥涵施工技术规范》(JTG/T F50—2011)、《公路工程质量检验评定标准　第一册　土建工程》(JTG F80/1—2017)。

## 三、项目计划与决策

### (一)项目计划

(1)研究图纸:各组根据工程资料,分析研究施工图纸。

(2)分析任务:各组结合图纸资料分析任务。

(3)制订计划:各组根据任务制订计划,组长布置各组员需完成的任务。

### (二)项目决策

(1)确定技术交底内容:各组根据施工图纸和工程实际情况进一步深化讨论,并参照类似工程经验,确定圬工、混凝土墩台施工技术交底内容。

(2)编写作业指导书:各组根据技术交底内容,完成圬工、混凝土墩台施工作业指导书编写。

## 四、项目实施

### (一)圬工、混凝土墩台施工作业指导书

限于篇幅,以下内容仅列提纲,具体实施需细化、可行。

(1)圬工墩台施工:工艺流程、定位放样、材料准备、搭设脚架、砌筑和台背填土。

(2)圬工墩台施工质量检验评定的基本要求和实测项目允许偏差。

(3)混凝土墩台施工:工艺流程、定位放样、模板制安、钢筋制安、混凝土浇筑和养护。

(4)混凝土墩台施工质量检验评定的基本要求和实测项目允许偏差。

### (二)圬工、混凝土墩台施工技术、安全交底

**施工技术交底记录表**

编号:×××

| | | | |
|---|---|---|---|
| 工程名称 | ××× | 部位名称 | ××× |
| 工序名称 | ××× | 交底日期 | 年 月 日 |
| 交底单位 | ×××项目经理部 | 交底人 | ××× |
| 接收单位 | ××× | 接收人 | ××× |
| 交底内容: | | | |
| 会签栏 | 参加单位 | 参加人员 | |
| | | | |
| | | | |

复核人: 记录人: 年 月 日

**施工安全交底记录表**

编号:×××

| | | | |
|---|---|---|---|
| 工程名称 | ××× | 部位名称 | ××× |
| 工序名称 | ××× | 交底日期 | 年 月 日 |
| 交底单位 | ×××项目经理部 | 交底人 | ××× |
| 接收单位 | ××× | 接收人 | ××× |
| 交底内容: | | | |
| 会签栏 | 参加单位 | 参加人员 | |
| | | | |
| | | | |

复核人: 记录人: 年 月 日

## 五、考核评价

| 考核内容 | 分值 | 自评得分 | 互评得分 | 教师评分 |
|---|---|---|---|---|
| 信息收集能力 | 10 | | | |
| 施工图识读能力 | 30 | | | |
| 现场勘察分析能力 | 20 | | | |
| 协作能力 | 10 | | | |
| 作业指导书编写能力 | 20 | | | |
| 工作态度 | 10 | | | |

# ★任务三　支座安装

## 一、目的和要求

(1)能识读支座的型号。

(2)掌握支座安装要求、注意事项和质量检验评定标准。

(3)能够根据施工图纸对支座安装施工进行技术交底。

## 二、项目准备

### (一)布置任务

识读《×××桥梁工程施工设计图纸》的相关内容,编写支座安装施工作业指导书或施工技术安全交底。

### (二)任务分析

首先将施工图纸、资料发放给学生,并进行分组(每组6~8人,扮演项目经理部技术员)和选出组长(扮演项目经理),明确每组任务;然后带领学生勘察现场,并根据工程实际情况进行分析讨论,最后由组长分配各组员需完成的工作任务。

### (三)收集信息,回答问题

(1)勘察现场,结合施工图纸资料,并通过课程学习和查阅相关规范、标准获取信息,完成教师工作页学习情境三任务三"支座安装"的课后练习。

(2)相关规范、标准:《公路桥涵施工技术规范》(JTG/T F50—2011)、《公路工程质量检验评定标准 第一册 土建工程》(JTG F80/1—2017)。

## 三、项目计划与决策

### (一)项目计划

(1)研究图纸:各组根据工程资料,分析研究施工图纸。

(2)分析任务:各组结合图纸资料分析任务。

(3)制订计划:各组根据任务制订计划,组长布置各组员需完成的任务。

### (二)项目决策

(1)确定技术交底内容:各组根据施工图纸和工程实际情况进一步深化讨论,并参照类似工程经验,确定支座安装施工技术交底内容。

(2)编写作业指导书:各组根据技术交底内容,完成支座安装施工作业指导书编写。

## 四、项目实施

### (一)支座安装施工作业指导书

限于篇幅,以下内容仅列提纲,具体实施需细化、可行。

(1)普通板式、四氟板式及盆式橡胶支座的构造和特点。

(2)支座安装要求和注意事项。

(3)质量检验评定的基本要求和实测项目允许偏差。

### (二)支座安装施工技术、安全交底

**施工技术交底记录表**

编号:×××

<table>
<tr><td>工程名称</td><td>×××</td><td>部位名称</td><td>×××</td></tr>
<tr><td>工序名称</td><td>×××</td><td>交底日期</td><td>年　月　日</td></tr>
<tr><td>交底单位</td><td>×××项目经理部</td><td>交底人</td><td>×××</td></tr>
<tr><td>接收单位</td><td>×××</td><td>接收人</td><td>×××</td></tr>
<tr><td colspan="4">交底内容:</td></tr>
<tr><td rowspan="3">会签栏</td><td colspan="2">参加单位</td><td>参加人员</td></tr>
<tr><td colspan="2"></td><td></td></tr>
<tr><td colspan="2"></td><td></td></tr>
</table>

复核人:　　　　　　　　　　记录人:　　　　　　　　　　年　　月　　日

**施工安全交底记录表**

编号：×××

| 工程名称 | ××× | 部位名称 | ××× |
|---|---|---|---|
| 工序名称 | ××× | 交底日期 | 年 月 日 |
| 交底单位 | ×××项目经理部 | 交底人 | ××× |
| 接收单位 | ××× | 接收人 | ××× |
| 交底内容： | | | |
| 会签栏 | 参加单位 | 参加人员 | |
| | | | |
| | | | |

复核人： 记录人： 年 月 日

## 五、考核评价

| 考核内容 | 分值 | 自评得分 | 互评得分 | 教师评分 |
|---|---|---|---|---|
| 信息收集能力 | 10 | | | |
| 施工图识读能力 | 30 | | | |
| 现场勘察分析能力 | 20 | | | |
| 协作能力 | 10 | | | |
| 作业指导书编写能力 | 20 | | | |
| 工作态度 | 10 | | | |

# 学习情境四　桥梁上部结构施工

## 任务一　简支梁桥就地浇筑法施工

### 一、目的和要求

(1)掌握简支梁桥就地浇筑法施工的工艺流程。

(2)熟悉简支梁桥就地浇筑法施工技术要求和质量检验评定标准。

(3)能够根据施工图纸对简支梁桥就地浇筑法施工进行技术交底。

### 二、项目准备

#### (一)布置任务

识读《×××桥梁工程施工设计图纸》的相关内容,编写简支梁桥就地浇筑法施工作业指导书或施工技术安全交底。

#### (二)任务分析

首先将施工图纸、资料发放给学生,并进行分组(每组6~8人,扮演项目经理部技术员)和选出组长(扮演项目经理),明确每组任务;然后带领学生勘察现场,并根据工程实际情况进行分析讨论,最后由组长分配各组员需完成的工作任务。

#### (三)收集信息,回答问题

(1)勘察现场,结合施工图纸资料,并通过课程学习和查阅相关规范、标准获取信息,完成教师工作页学习情境四任务一"简支梁桥就地浇筑法施工"的课后练习。

(2)相关规范、标准:《公路桥涵施工技术规范》(JTG/T F50—2011)、《公路工程质量检验评定标准 第一册 土建工程》(JTG F80/1—2017)。

### 三、项目计划与决策

#### (一)项目计划

(1)研究图纸:各组根据工程资料,分析研究施工图纸。

(2)分析任务:各组结合图纸资料分析任务。

(3)制订计划:各组根据任务制订计划,组长布置各组员需完成的任务。

### (二)项目决策

(1)确定技术交底内容:各组根据施工图纸和工程实际情况进一步深化讨论,并参照类似工程经验,确定简支梁桥就地浇筑法施工技术交底内容。

(2)编写作业指导书:各组根据技术交底内容,完成简支梁桥就地浇筑法施工作业指导书编写。

## 四、项目实施

### (一)简支梁桥就地浇筑法施工作业指导书

限于篇幅,以下内容仅列提纲,具体实施需细化、可行。

(1)就地浇筑法施工:工艺流程、支架搭设、模板制安、钢筋制安、混凝土施工。

(2)模板及支架的拆除。

(3)质量检验评定的基本要求和实测项目允许偏差。

### (二)简支梁桥就地浇筑法施工技术、安全交底

**施工技术交底记录表**

编号:×××

<table>
<tr><td>工程名称</td><td>×××</td><td>部位名称</td><td>×××</td></tr>
<tr><td>工序名称</td><td>×××</td><td>交底日期</td><td>年　月　日</td></tr>
<tr><td>交底单位</td><td>×××项目经理部</td><td>交底人</td><td>×××</td></tr>
<tr><td>接收单位</td><td>×××</td><td>接收人</td><td>×××</td></tr>
<tr><td colspan="4">交底内容:</td></tr>
<tr><td rowspan="3">会签栏</td><td>参加单位</td><td colspan="2">参加人员</td></tr>
<tr><td></td><td colspan="2"></td></tr>
<tr><td></td><td colspan="2"></td></tr>
</table>

复核人:　　　　　　　　记录人:　　　　　　　　年　月　日

**施工安全交底记录表**

编号:×××

| | | | |
|---|---|---|---|
| 工程名称 | ××× | 部位名称 | ××× |
| 工序名称 | ××× | 交底日期 | 年　月　日 |
| 交底单位 | ×××项目经理部 | 交底人 | ××× |
| 接收单位 | ××× | 接收人 | ××× |

续表

| 交底内容： | | |
|---|---|---|
| 会签栏 | 参加单位 | 参加人员 |
| | | |
| | | |

复核人：　　　　　　　　记录人：　　　　　　　　年　　月　　日

## 五、考核评价

| 考核内容 | 分值 | 自评得分 | 互评得分 | 教师评分 |
|---|---|---|---|---|
| 信息收集能力 | 10 | | | |
| 施工图识读能力 | 30 | | | |
| 现场勘察分析能力 | 20 | | | |
| 协作能力 | 10 | | | |
| 作业指导书编写能力 | 20 | | | |
| 工作态度 | 10 | | | |

# 任务二　简支梁桥预制安装法施工

## 一、目的和要求

(1)掌握简支梁桥预制安装法施工的工艺流程。

(2)熟悉简支梁桥预制安装法施工技术要求和质量检验评定标准。

(3)能够根据施工图纸对简支梁桥预制安装法施工进行技术交底。

## 二、项目准备

### (一)布置任务

识读《×××桥梁工程施工设计图纸》的相关内容，编写简支梁桥预制安装法施工作业指导书或施工技术安全交底。

### (二)任务分析

首先将施工图纸、资料发放给学生，并进行分组(每组6~8人，扮演项目经理部技术员)和选出组长(扮演项目经理)，明确每组任务；然后带领学生勘察现场，并根据工程实际情况进行分析讨论，最后由组长分配各组员需完成的工作任务。

**(三)收集信息，回答问题**

(1)勘察现场，结合施工图纸资料，并通过课程学习和查阅相关规范、标准获取信息，完成教师工作页学习情境四任务二“简支梁桥预制安装法施工”的课后练习。

(2)相关规范、标准:《公路桥涵施工技术规范》(JTG/T F50—2011)、《公路工程质量检验评定标准》(JTG F80/1—2017)。

## 三、项目计划与决策

**(一)项目计划**

(1)研究图纸:各组根据工程资料，分析研究施工图纸。

(2)分析任务:各组结合图纸资料分析任务。

(3)制订计划:各组根据任务制订计划，组长布置各组员需完成的任务。

**(二)项目决策**

(1)确定技术交底内容:各组根据施工图纸和工程实际情况进一步深化讨论，并参照类似工程经验，确定简支梁桥预制安装法施工技术交底内容。

(2)编写作业指导书:各组根据技术交底内容，完成简支梁桥预制安装法施工作业指导书编写。

## 四、项目实施

**(一)简支梁桥预制安装法施工作业指导书**

限于篇幅，以下内容仅列提纲，具体实施需细化、可行。

(1)预制安装法施工:工艺流程、预制场选择、梁底台座、钢筋安装、混凝土浇筑。

(2)构件的起吊、堆放、运输和安装。

(3)质量检验评定的基本要求和实测项目允许偏差。

**(二)简支梁桥预制安装法施工技术、安全交底**

**施工技术交底记录表**

编号:×××

| | | | |
|---|---|---|---|
| 工程名称 | ××× | 部位名称 | ××× |
| 工序名称 | ××× | 交底日期 | 年　月　日 |
| 交底单位 | ×××项目经理部 | 交底人 | ××× |
| 接收单位 | ××× | 接收人 | ××× |
| 交底内容: | | | |

续表

| 会签栏 | 参加单位 | 参加人员 |
| --- | --- | --- |
| | | |
| | | |

复核人： 记录人： 年 月 日

**施工安全交底记录表**

编号：×××

| 工程名称 | ××× | 部位名称 | ××× |
| --- | --- | --- | --- |
| 工序名称 | ××× | 交底日期 | 年 月 日 |
| 交底单位 | ×××项目经理部 | 交底人 | ××× |
| 接收单位 | ××× | 接收人 | ××× |
| 交底内容： | | | |
| 会签栏 | 参加单位 | | 参加人员 |
| | | | |
| | | | |

复核人： 记录人： 年 月 日

## 五、考核评价

| 考核内容 | 分值 | 自评得分 | 互评得分 | 教师评分 |
| --- | --- | --- | --- | --- |
| 信息收集能力 | 10 | | | |
| 施工图识读能力 | 30 | | | |
| 现场勘察分析能力 | 20 | | | |
| 协作能力 | 10 | | | |
| 作业指导书编写能力 | 20 | | | |
| 工作态度 | 10 | | | |

# ★任务三　拱桥施工

## 一、目的和要求

(1)掌握钢筋混凝土拱桥、石(或混凝土预制块)拱桥支架施工法的工艺流程。

(2)熟悉钢筋混凝土拱桥、石(或混凝土预制块)拱桥支架施工法技术要求和质量检验评定标准。

(3)能够根据施工图纸对钢筋混凝土拱桥、石(或混凝土预制块)拱桥支架施工法进行技术交底。

## 二、项目准备

### (一)布置任务

识读《×××桥梁工程施工设计图纸》的相关内容,编写钢筋混凝土拱桥、石(或混凝土预制块)拱桥支架施工法作业指导书或施工技术安全交底。

### (二)任务分析

首先将施工图纸、资料发放给学生,并进行分组(每组6~8人,扮演项目经理部技术员)和选出组长(扮演项目经理),明确每组任务;然后带领学生勘察现场,并根据工程实际情况进行分析讨论,最后由组长分配各组员需完成的工作任务。

### (三)收集信息,回答问题

(1)勘察现场,结合施工图纸资料,并通过课程学习和查阅相关规范、标准获取信息,完成教师工作页学习情境四任务三“拱桥施工”的课后练习。

(2)相关规范、标准:《公路桥涵施工技术规范》(JTG/T F50—2011)、《公路工程质量检验评定标准 第一册 土建工程》(JTG F80/1—2017)。

## 三、项目计划与决策

### (一)项目计划

(1)研究图纸:各组根据工程资料,分析研究施工图纸。

(2)分析任务:各组结合图纸资料分析任务。

(3)制订计划:各组根据任务制订计划,组长布置各组员需完成的任务。

### (二)项目决策

(1)确定技术交底内容:各组根据施工图纸和工程实际情况进一步深化讨论,并参照类似工程经验,确定钢筋混凝土拱桥、石(或混凝土预制块)拱桥支架施工法技术交底内容。

(2)编写作业指导书:各组根据技术交底内容,完成钢筋混凝土拱桥、石(或混凝土预制块)拱桥支架施工法作业指导书编写。

## 四、项目实施

### (一)钢筋混凝土拱桥、石(或混凝土预制块)拱桥支架施工法作业指导书

限于篇幅,以下内容仅列提纲,具体实施需细化、可行。

(1)钢筋混凝土拱桥施工:工艺流程、拱架搭设、施工预拱度的设置、拱圈或拱肋浇筑、拱上建筑施工和拱架卸落等。

(2)石(或混凝土预制块)拱桥施工:砌筑材料、拱圈基本砌筑方法和原则、拱圈的砌筑与合龙、拱上建筑的施工等。

(3)质量检验评定的基本要求和实测项目允许偏差。

**(二)钢筋混凝土拱桥、石(或混凝土预制块)拱桥支架施工法技术、安全交底**

**施工技术交底记录表**

编号:×××

| 工程名称 | ××× | 部位名称 | ××× |
|---|---|---|---|
| 工序名称 | ××× | 交底日期 | 年 月 日 |
| 交底单位 | ×××项目经理部 | 交底人 | ××× |
| 接收单位 | ××× | 接收人 | ××× |
| 交底内容: | | | |
| 会签栏 | 参加单位 | 参加人员 | |
| | | | |
| | | | |

复核人: 记录人: 年 月 日

**施工安全交底记录表**

编号:×××

| 工程名称 | ××× | 部位名称 | ××× |
|---|---|---|---|
| 工序名称 | ××× | 交底日期 | 年 月 日 |
| 交底单位 | ×××项目经理部 | 交底人 | ××× |
| 接收单位 | ××× | 接收人 | ××× |
| 交底内容: | | | |
| 会签栏 | 参加单位 | 参加人员 | |
| | | | |
| | | | |

复核人: 记录人: 年 月 日

## 五、考核评价

| 考核内容 | 分值 | 自评得分 | 互评得分 | 教师评分 |
|---|---|---|---|---|
| 信息收集能力 | 10 | | | |
| 施工图识读能力 | 30 | | | |
| 现场勘察分析能力 | 20 | | | |
| 协作能力 | 10 | | | |
| 作业指导书编写能力 | 20 | | | |
| 工作态度 | 10 | | | |

# 学习情境五　桥面系及附属工程施工

## 任务一　梁间接缝与桥面铺装层施工

### 一、目的和要求

(1)熟悉梁间接缝构造特点和施工要点。

(2)掌握桥面铺装层施工的工艺流程、技术要求和质量检验评定标准。

(3)能够根据施工图纸对梁间接缝与桥面铺装层施工进行技术交底。

### 二、项目准备

#### (一)布置任务

识读《×××桥梁工程施工设计图纸》的相关内容,编写梁间接缝与桥面铺装层施工作业指导书或施工技术安全交底。

#### (二)任务分析

首先将施工图纸、资料发放给学生,并进行分组(每组6~8人,扮演项目经理部技术员)和选出组长(扮演项目经理),明确每组任务;然后带领学生勘察现场,并根据工程实际情况进行分析讨论,最后由组长分配各组员需完成的工作任务。

#### (三)收集信息,回答问题

(1)勘察现场,结合施工图纸资料,并通过课程学习和查阅相关规范、标准获取信息,完成教师工作页学习情境五任务一"梁间接缝与桥面铺装层施工"的课后练习。

(2)相关规范、标准:《公路桥涵施工技术规范》(JTG/T F50—2011)、《公路工程质量检验评定标准　第一册　土建工程》(JTG F80/1—2017)。

### 三、项目计划与决策

#### (一)项目计划

(1)研究图纸:各组根据工程资料,分析研究施工图纸。

(2)分析任务:各组结合图纸资料分析任务。

(3)制订计划:各组根据任务制订计划,组长布置各组员需完成的任务。

### （二）项目决策

（1）确定技术交底内容：各组根据施工图纸和工程实际情况进一步深化讨论，并参照类似工程经验，确定梁间接缝与桥面铺装层施工技术交底内容。

（2）编写作业指导书：各组根据技术交底内容，完成梁间接缝与桥面铺装层施工作业指导书编写。

## 四、项目实施

### （一）梁间接缝与桥面铺装层施工作业指导书

限于篇幅，以下内容仅列提纲，具体实施需细化、可行。

（1）简支板桥（梁桥）铰接缝构造及施工要点。

（2）钢筋混凝土铺装层施工：工艺流程、梁顶标高的测定和调整、梁顶处理、绑扎、布设桥面钢筋网、混凝土浇筑。

（3）沥青混凝土面层施工：工艺流程、施工要求和质量要求。

（4）质量检验评定的基本要求和实测项目允许偏差。

### （二）梁间接缝与桥面铺装层施工技术、安全交底

**施工技术交底记录表**

编号：×××

<table>
<tr><td>工程名称</td><td colspan="2">×××</td><td>部位名称</td><td>×××</td></tr>
<tr><td>工序名称</td><td colspan="2">×××</td><td>交底日期</td><td>年 月 日</td></tr>
<tr><td>交底单位</td><td colspan="2">×××项目经理部</td><td>交底人</td><td>×××</td></tr>
<tr><td>接收单位</td><td colspan="2">×××</td><td>接收人</td><td>×××</td></tr>
<tr><td colspan="5">交底内容：</td></tr>
<tr><td rowspan="3">会签栏</td><td colspan="2">参加单位</td><td colspan="2">参加人员</td></tr>
<tr><td colspan="2"></td><td colspan="2"></td></tr>
<tr><td colspan="2"></td><td colspan="2"></td></tr>
</table>

复核人： 记录人： 年 月 日

**施工安全交底记录表**

编号：×××

| 工程名称 | ××× | 部位名称 | ××× |
|---|---|---|---|
| 工序名称 | ××× | 交底日期 | 年 月 日 |
| 交底单位 | ×××项目经理部 | 交底人 | ××× |
| 接收单位 | ××× | 接收人 | ××× |

续表

<table>
<tr><td colspan="3">交底内容：</td></tr>
<tr><td rowspan="3">会签栏</td><td>参加单位</td><td>参加人员</td></tr>
<tr><td></td><td></td></tr>
<tr><td></td><td></td></tr>
</table>

复核人： 记录人： 年 月 日

## 五、考核评价

| 考核内容 | 分值 | 自评得分 | 互评得分 | 教师评分 |
|---|---|---|---|---|
| 信息收集能力 | 10 | | | |
| 施工图识读能力 | 30 | | | |
| 现场勘察分析能力 | 20 | | | |
| 协作能力 | 10 | | | |
| 作业指导书编写能力 | 20 | | | |
| 工作态度 | 10 | | | |

# 任务二　伸缩装置施工

## 一、目的和要求

(1)掌握伸缩装置的构造、特点、适用范围、施工要点和质量检验评定标准。

(2)能够根据施工图纸对伸缩装置施工进行技术交底。

## 二、项目准备

### (一)布置任务

识读《×××桥梁工程施工设计图纸》的相关内容，编写伸缩装置施工作业指导书或施工技术安全交底。

### (二)任务分析

首先将施工图纸、资料发放给学生，并进行分组(每组6~8人，扮演项目经理部技术员)和选出组长(扮演项目经理)，明确每组任务；然后带领学生勘察现场，并根据工程实际情况进行分析讨论，最后由组长分配各组员需完成的工作任务。

### (三)收集信息,回答问题

(1)勘察现场,结合施工图纸资料,并通过课程学习和查阅相关规范、标准获取信息,完成教师工作页学习情境五任务二“伸缩装置施工”的课后练习。

(2)相关规范、标准:《公路桥涵施工技术规范》(JTG/T F50—2011)、《公路工程质量检验评定标准 第一册 土建工程》(JTG F80/1—2017)。

## 三、项目计划与决策

### (一)项目计划

(1)研究图纸:各组根据工程资料,分析研究施工图纸。

(2)分析任务:各组结合图纸资料分析任务。

(3)制订计划:各组根据任务制订计划,组长布置各组员需完成的任务。

### (二)项目决策

(1)确定技术交底内容:各组根据施工图纸和工程实际情况进一步深化讨论,并参照类似工程经验,确定伸缩装置施工技术交底内容。

(2)编写作业指导书:各组根据技术交底内容,完成伸缩装置施工作业指导书编写。

## 四、项目实施

### (一)伸缩装置施工作业指导书

限于篇幅,以下内容仅列提纲,具体实施需细化、可行。

(1)板式橡胶伸缩装置:构造、特点及施工要点。

(2)梳齿板式伸缩装置:构造、特点及施工要点。

(3)模数式伸缩装置:构造、特点及施工要点。

(4)无缝式伸缩装置:构造、特点及施工要点。

(5)质量检验评定的基本要求和实测项目允许偏差。

### (二)伸缩装置施工技术、安全交底

**施工技术交底记录表**

编号:×××

| | | | |
|---|---|---|---|
| 工程名称 | ××× | 部位名称 | ××× |
| 工序名称 | ××× | 交底日期 | 年 月 日 |
| 交底单位 | ×××项目经理部 | 交底人 | ××× |
| 接收单位 | ××× | 接收人 | ××× |
| 交底内容: | | | |

续表

| 会签栏 | 参加单位 | 参加人员 |
|---|---|---|
| | | |
| | | |

复核人： 记录人： 年 月 日

**施工安全交底记录表**

编号：×××

| 工程名称 | ××× | 部位名称 | ××× |
|---|---|---|---|
| 工序名称 | ××× | 交底日期 | 年 月 日 |
| 交底单位 | ×××项目经理部 | 交底人 | ××× |
| 接收单位 | ××× | 接收人 | ××× |
| 交底内容： | | | |
| 会签栏 | 参加单位 | 参加人员 | |
| | | | |
| | | | |

复核人： 记录人： 年 月 日

## 五、考核评价

| 考核内容 | 分值 | 自评得分 | 互评得分 | 教师评分 |
|---|---|---|---|---|
| 信息收集能力 | 10 | | | |
| 施工图识读能力 | 30 | | | |
| 现场勘察分析能力 | 20 | | | |
| 协作能力 | 10 | | | |
| 作业指导书编写能力 | 20 | | | |
| 工作态度 | 10 | | | |

# 任务三　栏杆(护栏)与锥坡施工

## 一、目的和要求

(1)掌握栏杆(护栏)与锥坡施工的构造、施工要点和质量检验评定标准。

(2)能够根据施工图纸对栏杆(护栏)与锥坡施工进行技术交底。

## 二、项目准备

### (一)布置任务

识读《×××桥梁工程施工设计图纸》的相关内容,编写栏杆(护栏)与锥坡施工作业指导书或施工技术安全交底。

### (二)任务分析

首先将施工图纸、资料发放给学生,并进行分组(每组6~8人,扮演项目经理部技术员)和选出组长(扮演项目经理),明确每组任务;然后带领学生勘察现场,并根据工程实际情况进行分析讨论,最后由组长分配各组员需完成的工作任务。

### (三)收集信息,回答问题

(1)勘察现场,结合施工图纸资料,并通过课程学习和查阅相关规范、标准获取信息,完成教师工作页学习情境五任务三"栏杆(护栏)与锥坡施工"的课后练习。

(2)相关规范、标准:《公路桥涵施工技术规范》(JTG/T F50—2011)、《公路工程质量检验评定标准 第一册 土建工程》(JTG F80/1—2017)。

## 三、项目计划与决策

### (一)项目计划

(1)研究图纸:各组根据工程资料,分析研究施工图纸。

(2)分析任务:各组结合图纸资料分析任务。

(3)制订计划:各组根据任务制订计划,组长布置各组员需完成的任务。

### (二)项目决策

(1)确定技术交底内容:各组根据施工图纸和工程实际情况进一步深化讨论,并参照类似工程经验,确定栏杆(护栏)与锥坡施工技术交底内容。

(2)编写作业指导书:各组根据技术交底内容,完成栏杆(护栏)与锥坡施工作业指导书编写。

## 四、项目实施

### （一）栏杆（护栏）与锥坡施工作业指导书

限于篇幅，以下内容仅列提纲，具体实施需细化、可行。

（1）栏杆（护栏）：构造及施工要点。

（2）栏杆（护栏）施工质量检验评定的基本要求和实测项目允许偏差。

（3）锥坡施工：工艺流程、测量放样、坡面修整、基坑开挖、垂裙及坡面砌筑、浆砌片石勾缝和砌体养护等。

（4）锥坡施工质量检验评定的基本要求和实测项目允许偏差。

### （二）栏杆（护栏）与锥坡施工技术、安全交底

**施工技术交底记录表**

编号：×××

| | | | | |
|---|---|---|---|---|
| 工程名称 | ××× | | 部位名称 | ××× |
| 工序名称 | ××× | | 交底日期 | 年 月 日 |
| 交底单位 | ×××项目经理部 | | 交底人 | ××× |
| 接收单位 | ××× | | 接收人 | ××× |
| 交底内容： | | | | |
| 会签栏 | 参加单位 | | 参加人员 | |
| | | | | |
| | | | | |

复核人： 记录人： 年 月 日

**施工安全交底记录表**

编号：×××

| | | | |
|---|---|---|---|
| 工程名称 | ××× | 部位名称 | ××× |
| 工序名称 | ××× | 交底日期 | 年 月 日 |
| 交底单位 | ×××项目经理部 | 交底人 | ××× |
| 接收单位 | ××× | 接收人 | ××× |
| 交底内容： | | | |

续表

| | | |
|---|---|---|
| 会签栏 | 参加单位 | 参加人员 |
| | | |
| | | |

复核人： 记录人： 年 月 日

## 五、考核评价

| 考核内容 | 分值 | 自评得分 | 互评得分 | 教师评分 |
|---|---|---|---|---|
| 信息收集能力 | 10 | | | |
| 施工图识读能力 | 30 | | | |
| 现场勘察分析能力 | 20 | | | |
| 协作能力 | 10 | | | |
| 作业指导书编写能力 | 20 | | | |
| 工作态度 | 10 | | | |

# ★学习情境六　预应力混凝土施工

## 任务一　锚固体系和张拉设备

### 一、目的和要求

(1)掌握锚固体系和张拉设备的分类和特点。

(2)能正确识读锚固体系和张拉设备种类与型号。

(3)初步具备会审施工图纸的能力。

### 二、项目准备

#### (一)布置任务

识读《×××桥梁工程施工设计图纸》的相关内容,编写锚固体系和张拉设备见习报告。

#### (二)任务分析

首先将施工图纸、资料发放给学生,并进行分组(每组6~8人,扮演项目经理部技术员)和选出组长(扮演项目经理),明确每组任务;然后带领学生勘察现场,并根据工程实际情况进行分析讨论,最后由组长分配各组员需完成的工作任务。

#### (三)收集信息,回答问题

(1)勘察现场,结合施工图纸资料,并通过课程学习和上网查阅相关资讯获取信息,完成教师工作页学习情境六任务一"锚固体系和张拉设备"的课后练习。

(2)上网查询桥梁锚固体系和张拉设备的相关资讯。

### 三、项目计划与决策

#### (一)项目计划

(1)研究图纸:各组根据工程资料,分析研究施工图纸。

(2)分析任务:各组结合图纸资料分析任务。

(3)制订计划:各组根据任务制订计划,组长布置各组员需完成的任务。

#### (二)项目决策

(1)确定见习内容:各组根据施工图纸和工程实际情况进一步深化讨论,确定锚固体系和张拉设备见习内容。

(2)编写见习报告:各组根据见习内容,完成锚固体系和张拉设备见习报告编写。

## 四、项目实施

### (一)锚固体系和张拉设备见习内容

(1)锚固体系按预应力分,有钢丝束镦头锚固、钢绞线夹片锚固和精轧螺纹钢筋锚固等体系,按锚固原理分有支承锚固、楔紧锚固、握裹锚固和组合锚固等体系。

(2)几种常用锚具的构造与特点。

(3)预应力张拉设备由预应力用液压千斤顶和供油的高压油泵组成。其中,液压千斤顶常用类型有拉杆式千斤顶、穿心式千斤顶、锥锚式千斤顶和台座式千斤顶等。

### (二)锚固体系和张拉设备见习报告

见习报告

班级:××× 姓名:×××

| |
|---|
| |

## 五、考核评价

| 考核内容 | 分值 | 自评得分 | 互评得分 | 教师评分 |
|---|---|---|---|---|
| 信息收集能力 | 10 | | | |
| 施工图识读能力 | 30 | | | |
| 现场勘察分析能力 | 20 | | | |
| 协作能力 | 10 | | | |
| 见习报告编写能力 | 20 | | | |
| 工作态度 | 10 | | | |

# 任务二　先张法施工

## 一、目的和要求

(1)掌握先张法施工的含义、工艺流程、施工要点和质量检验评定标准。

(2)能够根据施工图纸对先张法施工进行技术交底。

## 二、项目准备

### (一)布置任务

识读《×××桥梁工程施工设计图纸》的相关内容,编写先张法施工作业指导书或施工技术安全交底。

### (二)任务分析

首先将施工图纸、资料发放给学生,并进行分组(每组6~8人,扮演项目经理部技术员)和选出组长(扮演项目经理),明确每组任务;然后带领学生勘察现场,并根据工程实际情况进行分析讨论,最后由组长分配各组员需完成的工作任务。

### (三)收集信息,回答问题

(1)勘察现场,结合施工图纸资料,并通过课程学习和查阅相关规范、标准获取信息,完成教师工作页学习情境六任务二"先张法施工"的课后练习。

(2)相关规范、标准:《公路桥涵施工技术规范》(JTG/T F50—2011)、《公路工程质量检验评定标准　第一册　土建工程》(JTG F80/1—2017)。

## 三、项目计划与决策

### (一)项目计划

(1)研究图纸:各组根据工程资料,分析研究施工图纸。

(2)分析任务:各组结合图纸资料分析任务。

(3)制订计划:各组根据任务制订计划,组长布置各组员需完成的任务。

### (二)项目决策

(1)确定技术交底内容:各组根据施工图纸和工程实际情况进一步深化讨论,并参照类似工程经验,确定先张法施工技术交底内容。

(2)编写作业指导书:各组根据技术交底内容,完成先张法施工作业指导书编写。

## 四、项目实施

### (一)先张法施工作业指导书

限于篇幅,以下内容仅列提纲,具体实施需细化、可行。

(1)先张法施工的工艺流程。

(2)先张法施工技术要求:张拉台座、预应力筋张拉(张拉前准备工作、张拉程序)、预应力筋放张等。

(3)先张法质量检验评定的基本要求和实测项目允许偏差。

**(二)先张法施工技术、安全交底**

**施工技术交底记录表**

编号:×××

| 工程名称 | ××× | 部位名称 | ××× |
|---|---|---|---|
| 工序名称 | ××× | 交底日期 | 年　月　日 |
| 交底单位 | ×××项目经理部 | 交底人 | ××× |
| 接收单位 | ××× | 接收人 | ××× |
| 交底内容: | | | |
| 会签栏 | 参加单位 | 参加人员 | |
| | | | |
| | | | |

复核人:　　　　记录人:　　　　年　月　日

**施工安全交底记录表**

编号:×××

| 工程名称 | ××× | 部位名称 | ××× |
|---|---|---|---|
| 工序名称 | ××× | 交底日期 | 年　月　日 |
| 交底单位 | ×××项目经理部 | 交底人 | ××× |
| 接收单位 | ××× | 接收人 | ××× |
| 交底内容: | | | |
| 会签栏 | 参加单位 | 参加人员 | |
| | | | |
| | | | |

复核人:　　　　记录人:　　　　年　月　日

## 五、考核评价

| 考核内容 | 分值 | 自评得分 | 互评得分 | 教师评分 |
| --- | --- | --- | --- | --- |
| 信息收集能力 | 10 | | | |
| 施工图识读能力 | 30 | | | |
| 现场勘察分析能力 | 20 | | | |
| 协作能力 | 10 | | | |
| 作业指导书编写能力 | 20 | | | |
| 工作态度 | 10 | | | |

# 任务三　后张法施工

## 一、目的和要求

(1)掌握后张法施工的含义、工艺流程、施工要点和质量检验评定标准。

(2)能够根据施工图纸对后张法施工进行技术交底。

## 二、项目准备

### (一)布置任务

识读《×××桥梁工程施工设计图纸》的相关内容,编写后张法施工作业指导书或施工技术安全交底。

### (二)任务分析

首先将施工图纸、资料发放给学生,并进行分组(每组 6~8 人,扮演项目经理部技术员)和选出组长(扮演项目经理),明确每组任务;然后带领学生勘察现场,并根据工程实际情况进行分析讨论,最后由组长分配各组员需完成的工作任务。

### (三)收集信息,回答问题

(1)勘察现场,结合施工图纸资料,并通过课程学习和查阅相关规范、标准获取信息,完成教师工作页学习情境六任务三“后张法施工”的课后练习。

(2)相关规范、标准:《公路桥涵施工技术规范》(JTG/T F50—2011)、《公路工程质量检验评定标准　第一册　土建工程》(JTG F80/1—2017)。

## 三、项目计划与决策

### (一)项目计划

(1)研究图纸:各组根据工程资料,分析研究施工图纸。

(2)分析任务:各组结合图纸资料分析任务。

(3)制订计划:各组根据任务制订计划,组长布置各组员需完成的任务。

### (二)项目决策

(1)确定技术交底内容:各组根据施工图纸和工程实际情况进一步深化讨论,并参照类似工程经验,确定后张法施工技术交底内容。

(2)编写作业指导书:各组根据技术交底内容,完成后张法施工作业指导书编写。

## 四、项目实施

### (一)后张法施工作业指导书

限于篇幅,以下内容仅列提纲,具体实施需细化、可行。

(1)后张法施工的工艺流程。

(2)预留孔道的基本要求和方法、预应力筋的张拉方法和张拉程序、张拉安全注意事项、孔道压浆的技术要求和注意事项、封端等。

(3)后张法质量检验评定的基本要求和实测项目允许偏差。

### (二)后张法施工技术、安全交底

**施工技术交底记录表**

编号:×××

| 工程名称 | ××× | 部位名称 | ××× |
|---|---|---|---|
| 工序名称 | ××× | 交底日期 | 年　月　日 |
| 交底单位 | ×××项目经理部 | 交底人 | ××× |
| 接收单位 | ××× | 接收人 | ××× |
| 交底内容: | | | |
| 会签栏 | 参加单位 | 参加人员 | |
| | | | |
| | | | |

复核人:　　　　　　　　记录人:　　　　　　　　年　　月　　日

**施工安全交底记录表**

编号:×××

| 工程名称 | ××× | 部位名称 | ××× |
|---|---|---|---|
| 工序名称 | ××× | 交底日期 | 年　月　日 |
| 交底单位 | ×××项目经理部 | 交底人 | ××× |
| 接收单位 | ××× | 接收人 | ××× |

续表

<table>
<tr><td colspan="3">交底内容：<br><br><br></td></tr>
<tr><td rowspan="3">会签栏</td><td>参加单位</td><td>参加人员</td></tr>
<tr><td></td><td></td></tr>
<tr><td></td><td></td></tr>
</table>

复核人： 记录人： 年 月 日

## 五、考核评价

| 考核内容 | 分值 | 自评得分 | 互评得分 | 教师评分 |
| --- | --- | --- | --- | --- |
| 信息收集能力 | 10 | | | |
| 施工图识读能力 | 30 | | | |
| 现场勘察分析能力 | 20 | | | |
| 协作能力 | 10 | | | |
| 作业指导书编写能力 | 20 | | | |
| 工作态度 | 10 | | | |

# 学习情境七　涵洞施工

## 任务一　圆管涵施工

### 一、目的和要求

(1)掌握圆管涵的构造、特征、施工工艺流程、施工要求和质量检验评定标准。

(2)能够根据施工图纸对圆管涵施工进行技术交底。

### 二、项目准备

#### (一)布置任务

识读《×××桥梁工程施工设计图纸》的相关内容,编写圆管涵施工作业指导书或施工技术安全交底。

#### (二)任务分析

首先将施工图纸、资料发放给学生,并进行分组(每组6~8人,扮演项目经理部技术员)和选出组长(扮演项目经理),明确每组任务;然后带领学生勘察现场,并根据工程实际情况进行分析讨论,最后由组长分配各组员需完成的工作任务。

#### (三)收集信息,回答问题

(1)勘察现场,结合施工图纸资料,并通过课程学习和查阅相关规范、标准获取信息,完成教师工作页学习情境七任务一"圆管涵施工"的课后练习。

(2)相关规范、标准:《公路桥涵施工技术规范》(JTG/T F50—2011)、《公路工程质量检验评定标准 第一册 土建工程》(JTG F80/1—2017)。

### 三、项目计划与决策

#### (一)项目计划

(1)研究图纸:各组根据工程资料,分析研究施工图纸。

(2)分析任务:各组结合图纸资料分析任务。

(3)制订计划:各组根据任务制订计划,组长布置各组员需完成的任务。

#### (二)项目决策

(1)确定技术交底内容:各组根据施工图纸和工程实际情况进一步深化讨论,并参照类似工程经验，确定圆管涵施工技术交底内容。

(2)编写作业指导书：各组根据技术交底内容，完成圆管涵施工作业指导书编写。

## 四、项目实施

### (一)圆管涵施工作业指导书

限于篇幅，以下内容仅列提纲，具体实施需细化、可行。

(1)圆管涵：构造与特征、施工工艺流程、测量放样、管槽开挖与基槽处理、基础混凝土、管节安装、管座混凝土、接缝处理、洞口浆砌石和管槽填土等。

(2)圆管涵施工质量检验评定的基本要求和实测项目允许偏差。

### (二)圆管涵施工技术、安全交底

**施工技术交底记录表**

编号：×××

<table>
<tr><td>工程名称</td><td colspan="2">×××</td><td>部位名称</td><td>×××</td></tr>
<tr><td>工序名称</td><td colspan="2">×××</td><td>交底日期</td><td>年　月　日</td></tr>
<tr><td>交底单位</td><td colspan="2">×××项目经理部</td><td>交底人</td><td>×××</td></tr>
<tr><td>接收单位</td><td colspan="2">×××</td><td>接收人</td><td>×××</td></tr>
<tr><td colspan="5">交底内容：</td></tr>
<tr><td rowspan="3">会签栏</td><td colspan="2">参加单位</td><td colspan="2">参加人员</td></tr>
<tr><td colspan="2"></td><td colspan="2"></td></tr>
<tr><td colspan="2"></td><td colspan="2"></td></tr>
</table>

复核人：　　　　记录人：　　　　年　月　日

**施工安全交底记录表**

编号：×××

<table>
<tr><td>工程名称</td><td>×××</td><td>部位名称</td><td>×××</td></tr>
<tr><td>工序名称</td><td>×××</td><td>交底日期</td><td>年　月　日</td></tr>
<tr><td>交底单位</td><td>×××项目经理部</td><td>交底人</td><td>×××</td></tr>
<tr><td>接收单位</td><td>×××</td><td>接收人</td><td>×××</td></tr>
<tr><td colspan="4">交底内容：</td></tr>
</table>

续表

| 会签栏 | 参加单位 | 参加人员 |
| --- | --- | --- |
| | | |
| | | |

复核人： 记录人： 年 月 日

## 五、考核评价

| 考核内容 | 分值 | 自评得分 | 互评得分 | 教师评分 |
| --- | --- | --- | --- | --- |
| 信息收集能力 | 10 | | | |
| 施工图识读能力 | 30 | | | |
| 现场勘察分析能力 | 20 | | | |
| 协作能力 | 10 | | | |
| 作业指导书编写能力 | 20 | | | |
| 工作态度 | 10 | | | |

# 任务二　箱涵施工

## 一、目的和要求

(1)掌握箱涵的构造、特征、施工工艺流程、施工要求和质量检验评定标准。

(2)能够根据施工图纸对箱涵施工进行技术交底。

## 二、项目准备

### (一)布置任务

识读《×××桥梁工程施工设计图纸》的相关内容，编写箱涵施工作业指导书或施工技术安全交底。

### (二)任务分析

首先将施工图纸、资料发放给学生，并进行分组(每组6~8人，扮演项目经理部技术员)和选出组长(扮演项目经理)，明确每组任务；然后带领学生勘察现场，并根据工程实际情况进行分析讨论，最后由组长分配各组员需完成的工作任务。

### (三)收集信息，回答问题

(1)勘察现场，结合施工图纸资料，并通过课程学习和查阅相关规范、标准获取信息，完成教师工作页学习情境七任务二"箱涵施工"的课后练习。

(2)相关规范、标准：《公路桥涵施工技术规范》(JTG/T F50—2011)、《公路工程质量检

验评定标准　第一册　土建工程》(JTG F80/1—2017)。

## 三、项目计划与决策

### (一)项目计划

(1)研究图纸:各组根据工程资料,分析研究施工图纸。

(2)分析任务:各组结合图纸资料分析任务。

(3)制订计划:各组根据任务制订计划,组长布置各组员需完成的任务。

### (二)项目决策

(1)确定技术交底内容:各组根据施工图纸和工程实际情况进一步深化讨论,并参照类似工程经验,确定箱涵施工技术交底内容。

(2)编写作业指导书:各组根据技术交底内容,完成箱涵施工作业指导书编写。

## 四、项目实施

### (一)箱涵施工作业指导书

限于篇幅,以下内容仅列提纲,具体实施需细化、可行。

(1)箱涵:构造与特征、施工工艺流程、钢筋制安、模板制安、底板混凝土浇筑、侧墙混凝土浇筑、满堂脚手架、顶板混凝土浇筑和养护等。

(2)箱涵施工质量检验评定的基本要求和实测项目允许偏差。

### (二)箱涵施工技术、安全交底

**施工技术交底记录表**

编号:×××

| 工程名称 | ××× | 部位名称 | ××× |
|---|---|---|---|
| 工序名称 | ××× | 交底日期 | 年　月　日 |
| 交底单位 | ×××项目经理部 | 交底人 | ××× |
| 接收单位 | ××× | 接收人 | ××× |
| 交底内容: | | | |
| 会签栏 | 参加单位 | | 参加人员 |
| | | | |
| | | | |

复核人:　　　　　　　　记录人:　　　　　　　　年　月　日

施工安全交底记录表

编号:×××

<table>
<tr><td>工程名称</td><td>×××</td><td>部位名称</td><td colspan="2">×××</td></tr>
<tr><td>工序名称</td><td>×××</td><td>交底日期</td><td colspan="2">年 月 日</td></tr>
<tr><td>交底单位</td><td>×××项目经理部</td><td>交底人</td><td colspan="2">×××</td></tr>
<tr><td>接收单位</td><td>×××</td><td>接收人</td><td colspan="2">×××</td></tr>
<tr><td colspan="5">交底内容:</td></tr>
<tr><td rowspan="3">会签栏</td><td colspan="2">参加单位</td><td colspan="2">参加人员</td></tr>
<tr><td colspan="2"></td><td colspan="2"></td></tr>
<tr><td colspan="2"></td><td colspan="2"></td></tr>
</table>

复核人: 记录人: 年 月 日

## 五、考核评价

| 考核内容 | 分值 | 自评得分 | 互评得分 | 教师评分 |
|---|---|---|---|---|
| 信息收集能力 | 10 | | | |
| 施工图识读能力 | 30 | | | |
| 现场勘察分析能力 | 20 | | | |
| 协作能力 | 10 | | | |
| 作业指导书编写能力 | 20 | | | |
| 工作态度 | 10 | | | |

# 任务三 盖板涵施工

## 一、目的和要求

(1)掌握盖板涵的构造、特征、施工工艺流程、施工要求和质量检验评定标准。

(2)能够根据施工图纸对盖板涵施工进行技术交底。

## 二、项目准备

### (一)布置任务

识读《×××桥梁工程施工设计图纸》的相关内容,编写盖板涵施工作业指导书或施工技术安全交底。

### (二)任务分析

首先将施工图纸、资料发放给学生,并进行分组(每组 6 ~ 8 人,扮演项目经理部技术员)和选出组长(扮演项目经理),明确每组任务;然后带领学生勘察现场,并根据工程实际情况进行分析讨论,最后由组长分配各组员需完成的工作任务。

### (三)收集信息,回答问题

(1)勘察现场,结合施工图纸资料,并通过课程学习和查阅相关规范、标准获取信息,完成教师工作页学习情境七任务三“盖板涵施工”的课后练习。

(2)相关规范、标准:《公路桥涵施工技术规范》(JTG/T F50—2011)、《公路工程质量检验评定标准　第一册　土建工程》(JTG F80/1—2017)。

## 四、项目计划与决策

### (一)项目计划

(1)研究图纸:各组根据工程资料,分析研究施工图纸。

(2)分析任务:各组结合图纸资料分析任务。

(3)制订计划:各组根据任务制订计划,组长布置各组员需完成的任务。

### (二)项目决策

(1)确定技术交底内容:各组根据施工图纸和工程实际情况进一步深化讨论,并参照类似工程经验,确定盖板涵施工技术交底内容。

(2)编写作业指导书:各组根据技术交底内容,完成盖板涵施工作业指导书编写。

## 四、项目实施

### (一)盖板涵施工作业指导书

限于篇幅,以下内容仅列提纲,具体实施需细化、可行。

(1)盖板涵:构造与特征、施工工艺流程、基槽开挖、底板施工、墙身施工、盖板预制和盖板安装等。

(2)盖板涵施工质量检验评定的基本要求和实测项目允许偏差。

### (二)盖板涵施工技术、安全交底

**施工技术交底记录表**

编号:×××

| | | | |
|---|---|---|---|
| 工程名称 | ××× | 部位名称 | ××× |
| 工序名称 | ××× | 交底日期 | 年　月　日 |
| 交底单位 | ×××项目经理部 | 交底人 | ××× |
| 接收单位 | ××× | 接收人 | ××× |

续表

<table>
<tr><td colspan="3">交底内容：</td></tr>
<tr><td rowspan="3">会签栏</td><td>参加单位</td><td>参加人员</td></tr>
<tr><td></td><td></td></tr>
<tr><td></td><td></td></tr>
</table>

复核人：　　　　　　　　记录人：　　　　　　　　年　月　日

**施工安全交底记录表**

编号：×××

<table>
<tr><td>工程名称</td><td colspan="2">×××</td><td>部位名称</td><td>×××</td></tr>
<tr><td>工序名称</td><td colspan="2">×××</td><td>交底日期</td><td>年　月　日</td></tr>
<tr><td>交底单位</td><td colspan="2">×××项目经理部</td><td>交底人</td><td>×××</td></tr>
<tr><td>接收单位</td><td colspan="2">×××</td><td>接收人</td><td>×××</td></tr>
<tr><td colspan="5">交底内容：</td></tr>
<tr><td rowspan="3">会签栏</td><td colspan="2">参加单位</td><td colspan="2">参加人员</td></tr>
<tr><td colspan="2"></td><td colspan="2"></td></tr>
<tr><td colspan="2"></td><td colspan="2"></td></tr>
</table>

复核人：　　　　　　　　记录人：　　　　　　　　年　月　日

## 五、考核评价

| 考核内容 | 分值 | 自评得分 | 互评得分 | 教师评分 |
|---|---|---|---|---|
| 信息收集能力 | 10 | | | |
| 施工图识读能力 | 30 | | | |
| 现场勘察分析能力 | 20 | | | |
| 协作能力 | 10 | | | |
| 作业指导书编写能力 | 20 | | | |
| 工作态度 | 10 | | | |

# ★任务四　拱涵施工

## 一、目的和要求

(1)掌握拱涵的构造、特征、施工工艺流程、施工要求和质量检验评定标准。

(2)能够根据施工图纸对拱涵施工进行技术交底。

## 二、项目准备

### (一)布置任务

识读《×××桥梁工程施工设计图纸》的相关内容,编写拱涵施工作业指导书或施工技术安全交底。

### (二)任务分析

首先将施工图纸、资料发放给学生,并进行分组(每组 6~8 人,扮演项目经理部技术员)和选出组长(扮演项目经理),明确每组任务;然后带领学生勘察现场,并根据工程实际情况进行分析讨论,最后由组长分配各组员需完成的工作任务。

### (三)收集信息,回答问题

(1)勘察现场,结合施工图纸资料,并通过课程学习和查阅相关规范、标准获取信息,完成教师工作页学习情境七任务四“拱涵施工”的课后练习。

(2)相关规范、标准:《公路桥涵施工技术规范》(JTG/T F50—2011)、《公路工程质量检验评定标准　第一册　土建工程》(JTG F80/1—2017)。

## 三、项目计划与决策

### (一)项目计划

(1)研究图纸:各组根据工程资料,分析研究施工图纸。

(2)分析任务:各组结合图纸资料分析任务。

(3)制订计划:各组根据任务制订计划,组长布置各组员需完成的任务。

### (二)项目决策

(1)确定技术交底内容:各组根据施工图纸和工程实际情况进一步深化讨论,并参照类似工程经验,确定拱涵施工技术交底内容。

(2)编写作业指导书:各组根据技术交底内容,完成拱涵施工作业指导书编写。

## 四、项目实施

### (一)拱涵施工作业指导书

限于篇幅,以下内容仅列提纲,具体实施需细化、可行。

(1)拱涵:构造与特征、施工工艺流程、钢筋制安、模板制安、混凝土拱圈浇筑施工要点和砌石拱圈施工要点等。

(2)拱涵施工质量检验评定的基本要求和实测项目允许偏差。

## (二)拱涵施工技术、安全交底

**施工技术交底记录表**

编号:×××

<table>
<tr><td>工程名称</td><td>×××</td><td>部位名称</td><td>×××</td></tr>
<tr><td>工序名称</td><td>×××</td><td>交底日期</td><td>年　月　日</td></tr>
<tr><td>交底单位</td><td>×××项目经理部</td><td>交底人</td><td>×××</td></tr>
<tr><td>接收单位</td><td>×××</td><td>接收人</td><td>×××</td></tr>
<tr><td colspan="4">交底内容:</td></tr>
<tr><td rowspan="3">会签栏</td><td colspan="2">参加单位</td><td>参加人员</td></tr>
<tr><td colspan="2"></td><td></td></tr>
<tr><td colspan="2"></td><td></td></tr>
</table>

复核人:　　　　记录人:　　　　年　月　日

**施工安全交底记录表**

编号:×××

<table>
<tr><td>工程名称</td><td>×××</td><td>部位名称</td><td>×××</td></tr>
<tr><td>工序名称</td><td>×××</td><td>交底日期</td><td>年　月　日</td></tr>
<tr><td>交底单位</td><td>×××项目经理部</td><td>交底人</td><td>×××</td></tr>
<tr><td>接收单位</td><td>×××</td><td>接收人</td><td>×××</td></tr>
<tr><td colspan="4">交底内容:</td></tr>
<tr><td rowspan="3">会签栏</td><td colspan="2">参加单位</td><td>参加人员</td></tr>
<tr><td colspan="2"></td><td></td></tr>
<tr><td colspan="2"></td><td></td></tr>
</table>

复核人:　　　　记录人:　　　　年　月　日

## 五、考核评价

| 考核内容 | 分值 | 自评得分 | 互评得分 | 教师评分 |
|---|---|---|---|---|
| 信息收集能力 | 10 | | | |
| 施工图识读能力 | 30 | | | |
| 现场勘察分析能力 | 20 | | | |
| 协作能力 | 10 | | | |
| 作业指导书编写能力 | 20 | | | |
| 工作态度 | 10 | | | |